O.W. BARTH ✷

Sharon Salzberg

WAHRE LIEBE

Der buddhistische Weg,
mit sich selbst und anderen
glücklich zu leben

Aus dem Amerikanischen
von Gerd Bausch

O.W. BARTH

Die in diesem Buch gegebenen Empfehlungen wurden von Verfasser und Verlag mit größter Sorgfalt erarbeitet und geprüft. Sie sind allgemeiner Natur und können eine professionelle medizinische oder psychologische Behandlung nicht ersetzen. Eine Garantie und Haftung kann nicht übernommen werden. Leser mit gesundheitlichen Problemen sollten einen Arzt zu Rate ziehen, um abzuklären, ob die hier dargestellten Meditationen für sie in Frage kommen.

Die amerikanische Originalausgabe erschien 2017 unter dem Titel
»Real Love« bei Flatiron Books, New York.

Besuchen Sie uns im Internet:
www.ow-barth.de

FSC
www.fsc.org
MIX
Papier aus ver-
antwortungsvollen
Quellen
FSC® C083411

Deutsche Erstausgabe
© 2017 by Sharon Salzberg
© 2017 der deutschsprachigen Ausgabe O. W. Barth Verlag
Ein Imprint der Verlagsgruppe
Droemer Knaur GmbH & Co. KG, München.
Alle Rechte vorbehalten. Das Werk darf – auch teilweise – nur mit
Genehmigung des Verlags wiedergegeben werden.
Redaktion: Susanne Klein
Covergestaltung: atelier-sanna.com, München
Coverabbildung: Thinkstock / Hemera Technologies
Satz: Sandra Hacke
Druck und Bindung: CPI books GmbH, Leck
ISBN 978-3-426-29253-2

2   4   5   3   1

Für meine Lehrerin Nani Bala Barua (Dipa Ma),
die große Verluste hinnehmen musste und schließlich
die Kraft der grenzenlosen Liebe entdeckte.

Inhalt

EINLEITUNG:
Suche nach Liebe

*Wir brauchen uns nicht auf die Suche nach Liebe
zu machen, sondern sollten eher in Ruhe
der Liebe erlauben, uns zu entdecken.*
— JOHN O'DONOHUE —

Unser Bild von der Liebe ist aus verschiedenen Stoffen gewebt, aus all den vielen Dingen, die wir von Kindesbeinen
an über sie gehört haben. Wir erwarten, dass sie uns viel
Aufregendes, Glück, Zuneigung, Feuer, Anmut, Zärtlichkeit, Annehmlichkeiten, Sicherheit und noch vieles mehr
schenken wird – und am besten alles zugleich.

Auch die Popkultur hat in vielerlei Hinsicht unsere Vorstellungen verzerrt, da sie die Liebe gleichsetzt mit eroti-
schen Abenteuern oder romantischen Affären, die wie ein
Donnerschlag oder sanft wie der Mondschein daherkom-
men. Aufgrund dieser Idealisierung der Liebe sagen und
tun wir Dinge, die wir eigentlich nicht meinen oder wollen.
Wir halten verzweifelt an Beziehungen fest, obwohl sie
notgedrungen im Wandel begriffen sind, uns in Frage stellen oder uns schlicht entgleiten. In vielen Buchhandlungen
findet sich eine Abteilung mit Literatur über Liebe, wo
allerdings hauptsächlich Bücher angeboten werden, in denen es um romantische Beziehungen geht. Sie beschreiben,
wie man zu einer Beziehung kommt, wie man sie aufrecht-
erhält und wie man sie heilt. Ein Verleger drückte dies mir

gegenüber folgendermaßen aus: »Der Markt an Büchern über Liebe ist gesättigt.«

Vielleicht glauben wir, wir bekämen so viel Liebe, wie wir verdienen, und das sei nicht besonders viel. Wir sagen uns möglicherweise: »Ich habe einfach kein Glück in der Liebe«, oder: »Ich bin einfach zu sehr verletzt worden, um liebesfähig zu sein!«. Unter Umständen sind wir auch so zynisch (was manchmal eine Maske ist, hinter der wir unser gebrochenes Herz oder unsere Einsamkeit zu verstecken suchen), dass wir überzeugt sind, Liebe sei eine armselige Täuschung. Einige von uns meinen, innerlich mit dem Thema Liebe abgeschlossen zu haben, da sie ihrer Ansicht nach weit mehr kostet, als sie je geben kann. In solchen Momenten, in denen unser Herz verletzt ist und wir Liebe eigentlich am meisten brauchen, erscheint es uns manchmal als die beste Verteidigung, unser Herz zu verschließen.

Vielen von uns hat man erzählt, dass, liebten wir die anderen nur genügend und opferten uns selbst auf, es nicht weiter ins Gewicht fiele, wenn wir uns selbst keine Liebe entgegenbrächten. Wir könnten durchaus weiterhin darauf verzichten. Oder wenn wir eine Freundin, einen Freund oder ein Kind nur tief genug liebten, die Liebe selbst alle Wunden heile, weswegen wir keine leidvollen Rückfälle und Enttäuschungen mehr erleben würden. Wenn wir leiden, käme es daher, dass wir bei der Liebe etwas falsch machten. Vielleicht hat man uns auch suggeriert, dass es in dieser Welt einfach nur Liebe bräuchte und es nicht nötig sei, Missstände zu bekämpfen oder Grausamkeiten und Ungerechtigkeiten zu benennen.

Doch abgesehen von all dem möchten wir als Menschen natürlich ein Leben führen, in dem wir dazugehören, mit anderen verbunden sind und uns in dieser Welt zu Hause fühlen. Wir sehnen uns nach Wärme und nach einem erfüllteren Leben, in dem sich uns genügend Gelegenheiten bieten. Liebe scheint uns all dies zu ermöglichen. Intuitiv spüren wir, dass es da so etwas wie eine Qualität der wahren Liebe geben muss, die jenseits der engen Gassen liegt, in denen man uns auftrug, unser Leben zu führen – eine Möglichkeit, die nicht allein ein Ideal oder einfach nur abstrakt ist. Wir spüren, dass wir uns noch weit tiefer mit uns selbst und anderen verbinden können.

Während eines Meditationsretreats in Myanmar (das damals noch Burma hieß) kam es zu einem entscheidenden Wendepunkte in meinem Leben. Ich praktizierte intensive Liebende-Güte-Meditation und schenkte mir selbst und anderen den ganzen Tag über Wünsche des Wohlergehens wie: »Möge ich glücklich sein!«, oder: »Möget ihr alle glücklich sein!«. Im Verlauf der Praxis kam ich zu eben dieser Schwelle: Auf der einen Seite war meine bisherige Vorstellung, dass ich hinsichtlich jeglicher Gefühle der Liebe in meinem Leben gänzlich von anderen abhängig sei. Ich stellte mir Liebe quasi wie ein Paket vor, das in den Händen eines sehr mächtigen Postboten lag; sollte diese Person es sich an meiner Türschwelle anders überlegen und kehrtmachen, wäre ich ihrer beraubt – hoffnungslos unvollständig und ohne die Liebe, nach der ich mich so sehnte. Auf der anderen Seite tat sich ein Bild dessen auf, wer ich eigentlich bin – ein Mensch, der fähig ist zu lieben, ganz unabhängig davon, ob jemand bei mir ist und was gerade vor sich geht, jemand, die selbst Zugang zu der Liebe finden kann, die ein anderer Mensch dann vielleicht noch verstärken oder herausfordern kann. Doch in diesem Bild gab es niemanden, der mir diese Fähigkeit geben oder nehmen konnte. Ich tat den Schritt und ging auf die andere Seite.

Mir wurde klar, dass ich mich als Mensch nicht entwickeln kann, solange ich mich als passive Empfängerin der Liebe verstehe. (Mit dieser Einstellung ist man zum Abwarten verdammt. Alles, was man dann noch tun kann, wenn die Dinge nicht so laufen, wie man es sich gewünscht hat, ist, den Schaden zu begrenzen. Das führt darüber hinaus zu großer innerer Starre). Aber mir war klar, dass ich aufblühen würde, wenn ich mich selbst als Verkörperung der Liebe sehen könnte.

Ich schrieb dieses Buch mit dem Wunsch, Wege aufzuzeigen, mit denen wir wahre Liebe erkunden können – die Fähigkeit, die wir alle in uns tragen, um an jedem Tag aufs Neue Liebe zu leben. Wahre Liebe ist meiner Überzeugung nach die grundlegendste all unserer angeborenen Fähigkeiten. Ganz gleich, was wir bereits durchgestanden haben mögen oder was wir vielleicht noch erleben werden, nichts kann sie zerstören. Möglicherweise ist sie verdeckt, unserem Blick verborgen und schwer zu finden. Vielleicht fällt es uns auch nicht leicht, darauf zu vertrauen, dass sie wirklich in uns liegt. Aber nichtsdestotrotz ist sie da, zaghaft pulsierend, wie der Herzschlag. Sie schwingt in den Worten, mit denen wir jemanden begrüßen; sie ist anwesend, wenn wir abwägen, wie wir am besten die Arbeit von jemandem kritisieren, ohne ihn zu verletzen; sie ist gegenwärtig, wenn wir den Mut aufbringen, zu uns zu stehen, oder wenn uns klar wird, dass wir eine Beziehung aufgeben müssen – wahre Liebe strebt danach, authentisches Leben zu finden, dieses zu entwickeln und zur Blüte zu bringen.

Ich glaube, dass es nur eine Liebe gibt – die wahre Liebe. Sie drängt danach, in uns lebendig zu werden – trotz der begrenzenden Vorstellungen, die wir uns von ihr machen, trotz der Verzerrungen seitens unserer Kultur, trotz unserer angstbesetzten Gewohnheitsmuster, der Selbstverurteilung und der Vereinsamung, in die wir uns im Lauf unseres Lebens manövriert haben. Wir alle sind fähig, wahre Liebe zu erleben. Mit weit offenem Blick können wir selbst in kurzen Momenten, in denen wir mit anderen Menschen in Kontakt treten, Liebe entdecken: in der Begegnung mit einem Angestellten im Supermarkt, mit einem Kind oder einem Haustier, bei einem Spaziergang im Wald, überall und mit jeder und jedem. Und wir können sie in uns selbst finden.

Wahre Liebe geht mit der kraftvollen Erkenntnis einher, dass wir ganz lebendig und vollständig sind, und dies trotz aller Verletztheit, der Ängste oder der Einsamkeit, die wir in uns tragen. Sie erlaubt es uns, zuzulassen, uns selbst wahrzunehmen und auch von anderen gesehen zu werden. Gleichzeitig schenken wir der Welt um uns unsere klare Wahrnehmung von ihr. Es ist eine Liebe, die heilt.

In diesem Buch stelle ich eine ganze Reihe an Achtsamkeitstechniken und anderen Übungen vor, mit denen wir Liebende Güte und Meditation praktizieren können und die ich bereits seit über vierzig Jahren lehre. Die Praxis der Achtsamkeit erlaubt es uns, einen Abstand zu schaffen zwischen unseren eigentlichen Erfahrungen und den inneren Kommentaren, die wir uns für gewöhnlich darüber erzählen – Kommentare wie: »Das ist genau das, was ich verdiene.« Wenn solche Urteile auf Angst und dem Gefühl, von der Welt um uns, dem gegenwärtigen Augenblick und unseren Emotionen abgeschnitten zu sein, basieren, hilft uns die Praxis der Liebenden Güte, diese Muster der vorprogrammierten Selbsteinschätzungen aufzugeben. So schaffen wir unser eigenes und völlig neues Bild von Liebe.

Ich werde Meditationen, Reflexionen und interaktive Übungen vorstellen, die so konzipiert sind, dass sie allen zugänglich sind. Sie zeigen einen Weg des Erkundens, der spannend, kreativ und sogar verspielt sein kann. Ich greife dabei sowohl auf meine eigenen Erfahrungen als auch auf die meiner Meditationsschülerinnen und -schüler zurück, von denen einige so großzügig waren, mit der Schilderung ihrer eigenen Erfahrungen zum Buch beizutragen. Insbesondere die Meditationen sind dazu gedacht, mehr als nur einmal ausprobiert zu werden, denn mit ihrer Hilfe können wir eine stabile Grundlage für Achtsamkeit und Liebende Güte in unserem Leben entwickeln.

Unsere Entdeckungsreise beginnt mit der Person, bei der wir oft vergessen, dass ihr wahre Liebe fehlt: uns selbst. Allmählich schließen wir andere in diese Erkundung mit ein: unsere Geliebten, Eltern, Partner, Kinder, unsere besten Freunde und Arbeitskollegen; schließlich kommen wir auch zu den Themen Scheidung, Sterben und Vergebung – all den Herausforderungen, mit denen wir in unserem täglichen Leben zu tun haben. Anschließend entdecken wir, dass wir in der tiefen Verbindung mit allen Lebewesen verweilen können, sogar mit jenen, von denen wir uns normalerweise stark abgrenzen oder deren Erfolg wir zu behindern suchen. Auch wenn wir sie vielleicht nicht alle mögen, können wir ihnen dennoch wünschen, frei zu sein (und uns selbst wünschen, nicht mehr unter ihren Handlungen zu leiden). Diese sehr umfassende Erfahrung von gegenseitigem Verbundensein – innen und außen – begleitet uns auf dem Weg dahin, das Leben selbst zu lieben.

Ich habe dieses Buch für all jene geschrieben, die die Sehnsucht in sich tragen, glücklicher zu werden, und die mutig genug sind, sich vorzustellen, dass sie in Hinsicht auf Liebe noch zu weit mehr in der Lage sind, als sie bislang dachten. Und ich schreibe es für diejenigen, die, so wie ich früher, manchmal darunter leiden, sich nicht geliebt zu fühlen und nicht zu wissen, wie sie ihr Schicksal ändern sollen. Ich hoffe, dass ich Ihnen mit diesem Buch helfen kann, wahre Liebe zu kultivieren, diesen wunderbaren Raum der Fürsorge, der uns dazu einlädt, mit der Ganzheit des Lebens in Einklang zu kommen.

TEIL 1

EINFÜHRUNG:
Jenseits des Klischees

Sie sind es wert, geliebt zu werden – und dafür brauchen Sie nicht einmal etwas Besonderes zu leisten. Sie müssen nicht den Mount Everest erklimmen, keinen Ohrwurm komponieren, der auf YouTube zum Renner wird, und nicht Geschäftsführer eines Start-up-Unternehmens werden, der jede Mahlzeit ausschließlich mit den Zutaten aus dem eigenen biologischen Gemüsegarten kocht. Auch wenn Sie noch nie eine Auszeichnung bekommen haben und Ihre Wände keine Urkunden schmücken, die von Ihren außergewöhnlichen Fähigkeiten zeugen, verdienen Sie dennoch Liebe in dieser Welt. Sie müssen sich die Liebe nicht verdienen, sondern brauchen einfach nur da zu sein. Wenn wir uns selbst und das Leben besser kennenlernen, erinnern wir uns daran, dass wir uns auf eines verlassen können: Wir verdienen den Segen der Liebe.

Ein Mangel an wahrer Liebe für uns selbst ist eine der einengendsten und schmerzhaftesten Erfahrungen, die wir machen können, denn er trennt uns von unserem tiefsten Potenzial der Verbundenheit und Fürsorge ab; wir sind dann Gefangene dieser machtvollen – und dennoch sehr wohl überwindbaren – Konditionierung, die darin besteht, zu denken, man müsse etwas leisten, um geliebt zu werden.

Selbst wenn wir der Welt die größten Heldentaten vorwiesen, hätten die meisten von uns dennoch weiterhin Zweifel an ihrem eigenen Wert. Wir fürchten, nicht begehrenswert genug, nicht gut genug und nicht erfolgreich genug zu sein. Kurzum: Wir haben Angst, nicht zu genügen. Verstandesmäßig mögen wir durchaus davon überzeugt sein, dass uns selbst zu lieben eine gesunde Basis schaffen würde, von der aus wir unsere Liebe in die Welt tragen könnten. Aber bei den meisten von uns ist dies rein rational und kommt nicht von Herzen. Normalerweise glauben wir nicht einfach so Dinge, die uns nicht wirklich überzeugen, und die meisten von uns haben kein echtes Vertrauen, es wert zu sein sind, geliebt zu werden.

Dieser Widerspruch verwirrte anfangs auch Nora: »Wir hören immer wieder, dass man, will man andere lieben, sich zuerst selbst lieben muss. Aber niemand erklärt uns, *wie* wir lernen, uns zu lieben. Einerseits scheint Liebe ein Allheilmittel zu sein: Ich muss mich nur selbst lieben, dann finde ich auch einen Liebhaber. Andererseits glaube ich, dass viele Menschen Romanzen als Ausweg suchen, um sich selbst nicht lieben zu müssen. In gewisser Hinsicht ist Selbstliebe das Schwierigste. Und man ist sich ja auch die passendste Person, die man hassen kann.«

Michelle beschreibt ein Erlebnis, das ihr in dieser Hinsicht die Augen öffnete: »Eines Tages – ich war da Ende zwanzig – sagte mir ein naher platonischer Freund: ›Weißt du eigentlich, wie sehr ich dich liebe?‹ Mich überkam sofort eine Welle der Traurigkeit. ›Nein‹, erwiderte ich, ›ich weiß es nicht!‹ ›Ich weiß‹, antwortete er einfühlsam. In diesem Augenblick wurde mir klar, dass ich mich selbst nie für liebenswert gehalten hatte und ich daher ebenso wenig in der Lage war, Liebe zu empfangen.«

Warum fällt es uns so schwer, uns selbst zu lieben? Warum ist es so viel schwerer, uns selbst die Fürsorge und Güte entgegenzubringen, die wir unseren Freundinnen und Freunden so bereitwillig schenken?

Einerseits hat die Vorstellung, sich selbst zu lieben, völlig unberechtigterweise einen negativen Beigeschmack, nämlich ungefähr so: Es ist narzisstisch, egoistisch und maßlos; es ist die höchste Verklärung eines entfesselten Egos, das nichts als die »Nummer eins« sein möchte.

In Wirklichkeit ist das Gegenteil der Fall. Wenn der Druck in der Flugkabine absinkt, wird es keiner einem Vater vorwerfen, wenn er sich als Erstes selbst eine Sauerstoffmaske überzieht, bevor er seinem Kind hilft. Allgemeiner ausgedrückt: Wenn man sich selbst wahrhaft liebt, kommt man mit dem Leben selbst in Einklang – und dies schließt alle anderen mit ein. Die Psychotherapeutin Linda Caroll, die auch Meditation praktiziert, erklärt den Unterschied folgendermaßen: »Sich selbst zu lieben bedeutet, die Verantwortung dafür zu übernehmen, sich in seinem Leben so gut und ethisch wie möglich zu verhalten. Narzisstische Liebe hingegen kennt kein solches Verantwortungsgefühl.«[1] Mit anderen Worten: Wenn wir bei allem, was wir erleben, Zärtlichkeit und Mitgefühl kultivieren – bei schwierigen und schmerzhaften Erfahrungen genauso wie bei unseren Erfolgen –, verhalten wir uns anderen gegenüber ganz natürlicherweise freundlicher und verantwortungsvoller. Unsere Herzen werden zarter, und wir sehen, dass wir alle uns auf unsere jeweils eigene Art mit dem menschlichen Dasein herumschlagen, das Zorba der Grieche einmal »die komplette Katastrophe« nannte, reichlich versehen mit Wundern und Leiden.

Daher beginnen wir mit uns selbst.

Wir sind geboren, um zu lieben und geliebt zu werden. Dieses Recht haben wir von Geburt an. Unsere Fähigkeit, mit anderen in Beziehung zu treten, ist uns ureigen und in unser Nervensystem verwoben. Wir brauchen diesen Austausch genauso wie unser tägliches Brot. Doch genauso sind wir geboren, um zu lernen. Von unseren ersten Lebenstagen an beginnen wir, unsere Karte der Welt und unseren Platz in ihr zu zeichnen. Wir entwickeln einfache Erwartungen: Wenn ich schreie, wird jemand kommen – oder auch nicht. Schon bald weben wir aus den Fragmenten unserer Erfahrungen Geschichten, mit denen wir uns erklären, warum uns und in der Welt um uns etwas geschieht. In unserer frühesten Kindheit sind diese Geschichten *implizit* in unserem Körper und unserem Nervensystem gespeichert und bestimmen unsere Handlungen und Reaktionen eher unbewusst. Werden wir dann aber älter, werden diese mehr und mehr *explizit,* das heißt, wir können über sie reflektieren, und erinnern uns möglicherweise manchmal daran, wann, wo und wie wir zum ersten Mal eine bestimmte Botschaft erhalten haben, die unser Selbstbild hinsichtlich unseres Werts und unserer Fähigkeit zu lieben und geliebt zu werden, mitgeprägt haben.

Botschaften aus unserer Familie und unserer Lebensgeschichte

Wir alle haben unsere persönliche Geschichte, haben in der eigenen Familie oder sonst im Leben verschiedene Erfahrungen gemacht, die wir im Unterbewusstsein abgespeichert haben. Diese Erinnerungen senden wie ein Nachrichtenkanal rund um die Uhr Botschaften aus und bestimmen unser Verhalten mit. Auch wenn manche von ihnen uns zu Bewusstsein kommen, bleiben die meisten jedoch unbemerkt, und es kann Jahre dauern, sich ihrer bewusst zu werden und sie zu artikulieren. Elliot erinnert sich, dass sein Vater versuchte, ihm als kleiner Junge die Gefühle auszureden. Immer wenn er sagte, er sei traurig oder er fürchte sich, pflegte dieser zu sagen: »Du bist nicht traurig!«, oder: »Du siehst gar nicht aus wie ein Huhn, warum bist du dann so ängstlich?«. Ohne sich dessen bewusst zu sein, verinnerlichte Elliot daher, dass es gefährlich sei, seine Gefühle auszudrücken. Erst als seine Ehe zu zerbrechen drohte – was durch eine Kombination aus Psychotherapie und Meditation noch abgewendet werden konnte –, fühlte er sich schließlich frei genug, seine wahren Gefühle mitzuteilen.

Die Lebenserfahrungen mischen bei den meisten von uns einen reichen Cocktail aus Positivem und Negativem. Evolutionsbiologen erklären uns allerdings, dass wir eine Neigung haben, negativen Phänomenen mehr Aufmerksamkeit zu schenken, um so besonders bei existenziellen Gefahren und Bedrohungen wie etwa der, von einem Tiger aufgefressen zu werden (oder einem anderen Tier, vor dem uns eine instinktive Reaktion warnt), besser gewappnet zu sein. Um unser Überleben zu sichern, fixiert sich unser Gehirn stärker an negative als an positive Ereignisse und erinnert sich entsprechend auch besser daran (umso besser, dass wir nicht vergessen, wo sich der Tiger für gewöhnlich versteckt hält). Während diese ursprüngliche Konditionierung in Gefahrensituationen sicherlich für unser Überleben notwendig ist, kann sie in anderen Situationen allerdings großes Leiden verursachen. Wenn wir uns zum Beispiel verloren oder deprimiert fühlen, macht es uns diese Veranlagung möglicherweise nur noch schwerer, wieder mit Gefühlen der Freude und des Wohlbehagens in Kontakt zu kommen.

Meditation gibt uns allerdings ein Mittel an die Hand, unser Nervensystem so zu trainieren, dass wir unsere Angriff-oder-Flucht-Reaktionen überwinden können. Bei dieser Neuorientierung lernen wir, unsere Gedanken und Gefühle als das zu erkennen, was sie sind, statt uns von ihnen überwältigen und davontragen zu lassen.

Botschaften unserer Kultur

Jene unter meinen Freundinnen und Freunden, die mit der Vorstellung der Erbsünde aufgewachsen sind, berichten häufig, dass sie seit frühester Kindheit Schuldgefühle wie ihr eigener Schatten begleiten. Häufig sind dies Gedanken wie: *Ich bin von Geburt an schlecht; ich bin schon geschädigt zur Welt gekommen; mit mir stimmt etwas ganz grundlegend nicht.* Selbst wenn solche Vorstellungen nicht bei uns allen aus unserer religiösen Erziehung oder unserem familiären Hintergrund stammen, sind sie doch Teil unserer Kultur und können sich in einem allgemeinen Gefühl der Unzulänglichkeit äußern: Nichts von dem, was ich bin oder tue, ist gut genug und wird es auch nie sein.

Für manche liegt die »Sünde« darin, dem »falschen« Geschlecht oder der »falschen« Ethnie anzugehören oder die »falsche« sexuelle Orientierung zu haben. Vielleicht haben wir daher das Gefühl, nicht dazuzugehören. Diese kulturellen Botschaften verringern nicht nur unsere Fähigkeit zu lieben und für uns zu sorgen, sie können auch unser Potenzial hemmen, da wir unter ihrem Einfluss oft unsere Erwartungen einschränken und unsere Träume bremsen. Gleichzeitig können Projektionen, die uns unser soziales Umfeld überstülpt, unseren Handlungsspielraum einengen. Vielleicht werden wir sogar Zielscheibe offenen Hasses und man bedroht unsere Sicherheit.

Der verstorbene brillante homosexuelle afroamerikanische Schriftsteller James Baldwin beschrieb in seinem Essay *They Can't Turn Back* (Sie können es nicht zurücknehmen) seinen Prozess, mit solchen Botschaften ins Reine zu kommen: »Ich brauchte viele Jahre, um all den Dreck, den man mir über mich eingeredet hatte und den ich zur Hälfte glaubte, zu erbrechen, bevor ich mich wie jemand auf der Erde bewegen konnte, der das Recht hat, hier zu sein.«[2]

Möglicherweise werden wir auch von den allgegenwärtigen Botschaften unserer materialistischen Kultur überschwemmt, die – statt Charaktereigenschaften und emotionale Intelligenz zu fördern – größeren Wert auf Konkurrenz, sozialen Status und »Erfolg« legen. Das kann dazu führen, dass auch wir allzu leicht in die Falle tappen, uns ständig mit anderen vergleichen zu wollen. Und dabei verlieren beide. »Je mehr Sie sich in Bezug auf Ihren sozialen Status mit anderen vergleichen«, erklärt die Psychologin Sonja Lyubomirsky in ihrem Buch *Glücklich sein*, »desto wahrscheinlicher ist es, dass Sie sich in die Gesellschaft schlechter Freunde begeben, und umso wahrscheinlicher werden Sie entsprechende negative Konsequenzen erleiden müssen … Ganz gleich wie erfolgreich, wohlhabend und vom Glück begünstigt wir sind, es wird immer jemanden geben, der uns noch übertrifft.«[3]

Wenn wir andauernd zu hören bekommen, dass wir geschickter, stets auf dem neuesten Stand, produktiver, reicher und was sonst noch alles sein sollten, bedarf es wirklich großen Mutes, sich die Zeit und die Freiheit zu nehmen, dem Fluss unserer Talente, Wünsche und unseres Herzens zu folgen, der uns möglicherweise in eine ganz andere Richtung führt.

Botschaften der Medien

Ging es Ihnen auch schon einmal so, dass Sie morgens aufwachten, völlig ausgeglichen und zufrieden waren und schließlich, in nur fünfzehn Minuten, in denen Sie Ihr Telefon auf entgangene Nachrichten checkten, mürrisch und eifersüchtig wurden, weil Sie dadurch den Eindruck bekamen, Ihnen fehle irgendetwas?

Viele von uns vertiefen sich inzwischen genauso lange in die Bilder unserer Displays, wie wir an der Welt außerhalb der elektronischen Geräte teilhaben. Subtil oder ganz offen versucht uns die Werbung glauben zu machen, dass wir unseren Körper mehr pflegen müssen, unsere Kleidung nicht gut genug oder unser Wohnzimmer nicht modern genug ist und wir nicht zu den richtigen Partys eingeladen werden – und all das mit dem Ziel, uns immer mehr zu verkaufen. Dadurch werden Dinge, die eigentlich eine Quelle des Genusses sein könnten, zur Ursache von Verunsicherung.

Der soziale Aktivist Jerry Mander glaubt sogar, dass die Medien vorsätzlich ein Bild vermitteln, um in uns Selbstzweifel, ein negatives Körperbild und Niedergeschlagenheit zu säen. Anschließend rührt man die Werbetrommel, um uns Dinge zu verkaufen, die dann angeblich für all dies die Lösung bieten.

Ganz gleich, was die Absicht dieser Botschaften ist, wir können uns ihrer bewusster werden. Wir können uns klarmachen, welche dieser Botschaften wir als unsere Glaubenssätze angenommen haben, und lernen, diese zu lockern und sie nach und nach sogar durch einen untersuchenden Geist, ein offenes Herz und spürbar stärkere Vitalität zu ersetzen. Auch wenn wir diese verinnerlichten Botschaften möglicherweise nicht zum Schweigen bringen werden, können wir sie doch in Frage stellen. Je mehr wir das tun, desto weniger aufdringlich sind sie und desto weniger schränken sie uns ein. Umgekehrt werden wir mit anderen – und unseren tiefsten Wünschen – freier und authentischer in Beziehung treten.

Beginnen Sie, wo Sie sind

Manche behaupten, wir müssten uns erst ganz und gar selbst lieben und annehmen, bevor wir andere lieben können. Ich habe das nie geglaubt. Ich kenne viele Menschen, die hart mit sich selbst sind und dennoch ihre Freundinnen und Freunde sowie ihre Familie zutiefst lieben und umgekehrt von ihnen ebenso geliebt werden – auch wenn es ihnen vielleicht nicht immer leichtfällt, diese Liebe anzunehmen. Wenn wir keinen inneren Reichtum empfinden und uns nicht selbst genügen, ist es allerdings nicht leicht, diese Liebe für andere über längere Zeit lebendig zu halten.

Wenn wir innerliche Armut verspüren, wird unsere Liebe zu anderen auch leicht zu einer Art Hunger – Hunger nach Anerkennung, Applaus und Bestätigung unseres Wertes. Haben wir das Gefühl, unvollständig zu sein, sind wir auf andere angewiesen, die diese Leere ausfüllen sollen. Die Rechnung kann jedoch nicht aufgehen, da wir von anderen niemals bekommen werden, was wir uns selbst nicht zu geben fähig sind. Man muss verstehen, dass Selbstliebe ein sich fortwährend entwickelnder Prozess ist, der mit der Zeit an Stärke gewinnt. Es gibt dabei kein vorab festgelegtes Ziel, das es zu erreichen gilt. Wenn wir uns auf diesen Prozess einlassen, konfrontiert uns dies täglich mit der Herausforderung, uns selbst liebevoll zu behandeln. Mit ganz einfachen Gesten des Respekts – wie Pflege des Körpers, Ruhe für den Geist und Balsam für die Seele in Form von Musik, Kunst oder Zeit in der Natur – können wir uns selbst Liebe schenken. Wirklich all unsere Handlungen – angefangen damit, wie wir reagieren, wenn wir nicht mehr in unsere Lieblingsjeans passen, bis hin zur Wahl dessen, was wir essen – können Selbstliebe oder Selbstsabotage ausdrücken. Und dies gilt auch für unsere Reaktion, wenn ein

Fremder uns die Vorfahrt nimmt, wenn ein Freund etwas Verletzendes tut oder wenn wir eine ungünstige medizinische Diagnose bekommen.

Die afroamerikanische Schriftstellerin und Bürgerrechtlerin Maya Angelou schrieb in ihrem Buch *Letter to My Daughter* (Brief an meine Tochter): »Wir können, was uns widerfährt, vielleicht nicht immer kontrollieren, aber wir können den Beschluss fassen, uns davon nicht beherrschen zu lassen.«[4] Wie viele andere habe ich mit der Meditation aus dem Bedürfnis heraus begonnen, die Tendenz umzukehren, mich vom Leben vergessen zu fühlen.

Dennoch bedarf es besonderen Mutes, die rigiden Konturen unseres gewohnten Lebens in Frage zu stellen. Es ist gar nicht so einfach, unsere Vorstellungen, was die Ursachen des Glücks sind und was uns Freude schenkt, radikal zu hinterfragen. Aber es ist weitgehend möglich. Wir können tatsächlich neu bestimmen, wie wir uns selbst sehen, und die Liebe zu uns wiedergewinnen, zu der wir von Natur aus fähig sind. Das ist auch der Grund, warum ich Schülerinnen und Schüler ermutige, sich mit Abenteuergeist auf diesen Weg zu begeben, statt ihn als Prüfung zu sehen, bei der man durchfallen kann, was nur weitere Ängste schafft.

Während Liebe häufig idealistisch und süß dargestellt wird, ist Selbstliebe schon eine ernstere Angelegenheit. Um sich selbst zu lieben, brauchen Sie nichts auf rührselige Weise verleugnen. Auch erleben Sie wie alle anderen Menschen auf der Welt weiterhin Emotionen wie Wut, Begierde und Scham, aber gleichzeitig lernen Sie, diese Gefühle in einem größeren Rahmen, nämlich im Kontext der Weisheit, zu erfahren.

Wahre Liebe erlaubt Scheitern und Leiden. Wir alle haben Fehler gemacht, und einige davon waren folgenschwer. Dennoch können wir Wege finden, uns mit Güte mit ihnen in Beziehung zu setzen. Wenn Sie sich mit Selbstliebe begegnen, können Sie sich ändern, wachsen, wiedergutmachen und dazulernen, ganz gleich, mit welchen Problemen Sie konfrontiert werden oder welche Schwierigkeiten Sie sich selbst oder anderen bereitet haben. Wahre Liebe bedeutet nicht, sich aus der Verantwortung zu stehlen und Ihre Probleme zu ignorieren oder Ihre Fehler und Unzulänglichkeiten zu leugnen. Sie sehen sie in aller Deutlichkeit und entscheiden sich dennoch für die Liebe.

Der Mitgefühlsmuskel

Wahre Liebe beginnt damit, uns selbst Mitgefühl entgegenzubringen. In gewisser Hinsicht ist Mitgefühl mit uns selbst wie ein Muskel. Je mehr wir ihn trainieren – besonders wenn das Leben gerade nicht genau nach Plan verläuft (was für die meisten von uns häufig der Fall ist) –, umso stärker, anpassungsfähiger und flexibler wird er.

Katherine erklärt: »Der schwierigste Teil der Praxis war für mich, auf den intensiven Schmerz meiner Kindheit und Jugendjahre zu hören, ihn zu spüren und über ihn zu trauern. Ich war dem Schmerz zuvor aus dem Weg gegangen, und das hatte nach und nach mein Leben und meine Achtsamkeit zum Erliegen gebracht. Jetzt hat mein Herz jedoch wieder begonnen, sich für das Leben zu erwärmen, und ich bin nun fähig, auf neue Art für mich selbst, meinen Mann, meine Kinder und Enkel da zu sein.«

Wenn Katherine davon spricht, ihr Herz habe sich erwärmt, ist das mehr als nur eine Metapher. Die Psychologin Kristin Neff schreibt in einem ihrer Blogbeiträge: »Sobald wir die schmerzhaften Gefühle mit dem heilsamen Balsam der Selbstliebe lindern, ändert sich nicht nur unsere geistige und emotionale Erfahrung, sondern auch die Chemie unseres Körpers.« Sie bezieht sich auf Forschungen, die gezeigt haben, dass Selbstkritik zu steigendem Blutdruck und zur Ausschüttung von Adrenalin und des Hormons Cortisol führt – all dies als Folge des Flucht-oder-Angriff-Reflexes. Dahingegen lässt Mitgefühl uns selbst gegenüber den Spiegel von Oxytocin, dem »Bindungshormon«, ansteigen, wodurch wir mehr Vertrauen, größere innere Ruhe und Sicherheit empfinden und uns großzügiger verhalten.[5]

Der Ausgangspunkt für diese radikal neue Vorstellung von Liebe ist Achtsamkeit. Indem Sie ruhig dasitzen und sich auf den steten Fluss des Atems konzentrieren – darauf, wie Sie einatmen und schließlich wieder loslassen –, schaffen Sie Raum, sich mit sich selbst auf mitfühlende Weise zu verbinden. Der Atem gibt Ihnen ein erstes Werkzeug an die Hand, um Abstand von den Geschichten und dem künstlichen Bild, was Liebe sei, zu bekommen. So können Sie in die tiefe Quelle der Liebe, die in Ihnen ist und die Sie umgibt, eintauchen.

Nina wuchs mit strengen Eltern auf, die der Meinung waren, dass Spielen albern und überflüssig sei. Deshalb gaben sie ihrer Tochter die verschiedensten Aufgaben, um sie zu beschäftigen. Obwohl Nina sehr gerne sang, machten sich ihre Mutter und ihr Vater über sie lustig, da sie nicht richtig intonierte. Als ich sie bei einem Meditationskurs kennenlernte, erzählte sie mir, dass ihr gesamtes Leben eine schwierige Aufgabe sei, in dem es weder Platz für Spiel noch für ihre Leidenschaft zu singen gäbe. Doch in den Monaten nach dem Retreat begann sie mit all den Dingen, die man ihr einst verboten hatte, zu experimentieren. Kürzlich schrieb sie mir: »Ein Abend des Singens, auch wenn ich keine Stimme habe, ein Ingwertrunk, den ich auf kleiner Flamme köcheln lasse und ihn mit Tonnen von Honig süße, hilft, meine Vorstellung zu überwinden, es sei gefährlich, zu spielen. Ich bin dabei, vorsichtig meine Fühler in einen angsterfüllten Bereich zu strecken ... Singen ist zu einem Vergnügen geworden, und ich lerne zu spielen.«

Die Ermahnung, nicht zu spielen, hätte bei uns allen dazu geführt, sämtlichen Gefühlen der Liebe mit geballten Fäusten und einem verkrampften Herzen zu begegnen. Sie schafft Ängste, blockiert sowohl unsere Stimme als auch die Lebensenergie und hält uns davon ab, uns der Welt so zu zeigen, wie wir wirklich sind – mit all unseren schrägen Tönen und allem, was dazugehört.

Liebende-Güte-Meditation

Viele von uns haben bereits vor langer Zeit die Hoffnung weitgehend aufgegeben, sich selbst wahre Liebe entgegenbringen zu können. Wenn wir jetzt beginnen, diesbezüglich neue Ansätze zu erforschen, müssen wir bereit sein, zu experimentieren, das Risiko einzugehen, mit unserer Achtsamkeit Neuland zu betreten, und ähnlich wie im Yoga, wo man den Körper dehnt, in diesem Fall den Geist, also den Horizont unserer Offenheit, zu erweitern. Wir suchen einen neuen Zugang zur Liebe, selbst wenn wir uns möglicherweise ihr gegenüber verschlossen haben oder glauben, über sie eigentlich bereits alles zu wissen.

Bei der Praxis der Liebenden Güte geht es darum, die transformierende und dynamische Kraft der Liebe zu kultivieren, die es uns erlaubt, zu erleben, dass sie nichts Statisches, Eingefrorenes oder von uns Getrenntes ist, wie viele von uns (und vielleicht auch wir selbst) irrtümlicherweise glauben. Entsprechend bringt Liebende Güte auch all die Zustände zum Vorschein, die wir für gewöhnlich erleben, wenn wir uns als von anderen getrennt wahrnehmen – Angst, die Empfindung, nicht zu genügen, Entfremdung und Einsamkeit. Die Praxis der Liebenden Güte durchdringt kraftvoll alle diese Gefühle, und wir beginnen nach und nach mit uns selbst Freundschaft zu schließen, statt uns weiterhin als unseren eigenen Feind zu betrachten.

Ganz im Gegensatz zu dem kitschigen Bild, das die Popkultur von Liebe zeichnet, voller Begehren und Besitzansprüchen, ist Liebende Güte offen, frei, nicht an Bedingungen geknüpft und im Überfluss vorhanden. Liebende Güte ist die Praxis, sich selbst und anderen den Wunsch zu schenken, glücklich zu sein, friedvoll, gesund und stark.

Für diese Wünsche wiederholen wir verschiedene Sätze, mit denen wir die Art, wie wir auf uns selbst und andere achten, ändern können. Wir experimentieren hauptsächlich in drei Bereichen mit der Liebende-Güte-Meditation: *Auf welche Art sind wir achtsam?* Dank der Praxis der Achtsamkeit lernen wir mehr und mehr präsent und ganz da zu sein, statt nur bruchstückhaft und abgelenkt.

Auf was achten wir? Wenn wir auf unsere eigenen Unzulänglichkeiten und die Fehler der anderen fixiert sind, müssen wir es lernen – ohne Erstere dabei zu verleugnen –, die andere Seite zu sehen, das Gute in uns, die Fähigkeit, uns zu ändern, die weiterhin in uns lebendig ist, auch wenn sie sich vielleicht manchmal unserem Bewusstsein entzieht und verdeckt ist.

Auf wen achten wir? Wir lernen jene mit einzubeziehen, die wir bislang geneigt waren auszuschließen, und wir lernen, jene anzusehen, durch die wir bislang lieber hindurchgesehen haben, da wir, ohne uns weiter darüber Gedanken zu machen, glaubten, sie seien für uns unwichtig oder zählten nicht. Wir wünschen ihnen Gutes in dem Bewusstsein, dass uns alle das Streben nach Glück verbindet.

Liebende Güte uns selbst gegenüber zu kultivieren ist die Grundlage für wahre Liebe – sowohl unseren Freunden und unserer Familie als auch neuen Bekanntschaften gegenüber und zu allen, die wir in unserem täglichen Leben treffen, zu allen Lebewesen sowie für das Leben selbst. Traditionellerweise beginnt man die Liebende-Güte-Meditation damit, sich diese zuerst selbst zu schenken, und fährt dann mit anderen Menschen fort, mit denen man in unterschiedlichem Maße verbunden ist oder Schwierigkeiten hat. Nachdem wir eine Weile mit uns selbst geübt haben, gehen wir in Gedanken langsam zu jemandem über, den wir bewundern und respektieren, dann zu einem Freund, schließlich zu einer neutralen Person wie zum Beispiel einem Angestellten in unserer Reinigung oder dem Laden an der Ecke. Erst dann beziehen wir Menschen, die für uns etwas schwierig sind, mit ein, und schließlich schenken wir allen Lebewesen Liebende Güte. Im folgenden Abschnitt konzentrieren wir uns auf Liebende Güte uns selbst gegenüber und vervollständigen den Bogen anschließend in den beiden späteren Übungen.

- Wir können unsere Wünsche mit den dafür traditionellerweise benutzten Sätzen ausdrücken: »Möge ich in Sicherheit sein! Möge ich glücklich sein! Möge ich gesund sein! Möge ich sorglos leben.«
- Manche bevorzugen stattdessen »Möge ich mich sicher *fühlen,* glücklich *fühlen*« oder Ähnliches zu sagen. Der letzte Satz »Möge ich sorglos leben« bezieht sich auf ganz konkrete Angelegenheiten des täglichen Lebens wie den Lebensunterhalt und die zwischenmenschlichen Beziehungen und drückt den Wunsch aus, das Leben möge kein solcher Kampf sein.

- Fühlen Sie sich frei, mit diesen Sätzen zu experimentieren oder sie allesamt mit Sätzen zu ersetzen, die Sie mehr ansprechen. Einige häufig verwendete Alternativen sind: »Möge ich friedlich und ruhig sein«, »Möge ich von Liebender Güte erfüllt sein«, oder: »Möge ich ein leichtes Herz haben!«.

- Unsere Sätze sollten allgemein und offen genug sein, um den Rahmen zu schaffen, uns selbst und anderen gegenüber auf andere Art Aufmerksamkeit zukommen zu lassen. Unsere Einstellung ist dabei die des Schenkens. Es fühlt sich wie ein Segen an – wir setzen uns keine konkreten Ziele und analysieren nicht, in welchen Bereichen wir noch besser werden können, wünschen uns also zum Beispiel nicht: »Möge ich besser in der Öffentlichkeit reden können.« Wäre es nicht besser, stattdessen unseren Nachbarn oder unserer Großmutter Gutes zu wünschen? Wir praktizieren bei jedem Satz innerlich Großzügigkeit.

Wir werden nicht die gewünschte Kraft der Konzentration entwickeln, wenn wir uns für jeden neuen Empfänger neue Sätze suchen. Natürlich sollten wir uns von unseren Sätzen nicht gefangen nehmen lassen, dennoch ist es ratsam, soweit möglich für verschiedene Empfänger den gleichen Satz zu verwenden. Die Wünsche, die wir wiederholen, sollten tiefgründig und in gewisser Weise nachhaltig sein – und nicht etwas Oberflächliches ausdrücken wie: »Möge ich nachher einen guten Parkplatz finden.«

Einführende Übungen

Einführung in Liebende Güte

1. Setzen Sie sich als Erstes bequem hin. Je nachdem, was Ihnen lieber ist, können Sie die Augen schließen oder sie geöffnet lassen. Legen Sie, wenn Sie wollen, vorab fest, wie lange Sie sitzen möchten, und stellen Sie dann einen Wecker oder benutzen Sie eine App. Sofern Sie noch nicht so lange meditieren, würde ich Ihnen raten, fünf bis zehn Minuten zu wählen. Suchen Sie dann drei oder vier Sätze aus, die am besten Ihre tiefsten Wünsche für sich ausdrücken, und beginnen Sie sie im Stillen zu wiederholen.

2. Machen Sie, während Sie die Sätze wie »Möge ich glücklich sein« wiederholen, dazwischen genügend lange Pausen, tun Sie es mit hinreichend Ruhe, in einem Rhythmus, der Ihnen guttut. Ein Freund von mir dachte anfangs, er bekomme größere Anerkennung, wenn er möglichst viele Sätze sagte. Sie brauchen sich nicht zu beeilen. Sammeln Sie all Ihre Aufmerksamkeit jeweils bei dem Satz, bei dem Sie gerade sind.

3. Sie brauchen kein besonderes Gefühl hervorzurufen oder zu fabrizieren. Die Praxis bezieht ihre Stärke daraus, dass wir bei einem Satz vollkommen und aus ganzem Herzen präsent sind, sowie aus dem Wunsch, uns selbst und andere auf aufrichtige, wenn vielleicht auch ungewohnte Weise zu beachten. Falls Sie fürchten, sentimental oder unaufrichtig zu werden, ist es besonders wichtig, sich daran zu erinnern.

4. All dies unterscheidet sich von den Affirmationen des positiven Denkens, wo wir verschiedene Sätze wiederholen, mit denen wir zu uns sagen, dass es uns immer besser gehen wird

und wir, so wie wir sind, perfekt sind. Wenn es sich nicht ehrlich anfühlt, oder falls es Ihnen vorkommt, als bettelten und flehten Sie (»Möge ich doch bitte jetzt schon glücklich sein!«), erinnern Sie sich daran, dass dies eine Praxis der Freigiebigkeit ist – Sie machen sich selbst das Geschenk der liebenden Aufmerksamkeit.

5. Möglicherweise finden Sie es hilfreich, diese Sätze mit dem Rhythmus des Atems zu verbinden oder Ihr Bewusstsein einfach auf den Sätzen ruhen zu lassen.

6. Sobald Sie bemerken, dass Ihre Aufmerksamkeit abgewandert ist, versuchen Sie, die Ablenkung behutsam loszulassen und zur Übung der Wiederholung der Sätze zurückzukehren. Machen Sie sich keine Sorgen, falls Sie oft abschweifen.

7. Wenn Sie dazu bereit sind, können Sie die Augen öffnen.

Liebende Güte empfangen

Alternativ hierzu können Sie auch mit einer anderen Übung experimentieren und sich Menschen vorstellen, die für Sie die Kraft der Liebe repräsentieren. Dabei spielt es keine Rolle, ob diese Ihnen ganz konkret geholfen haben oder ob sie Sie aus der Distanz inspirieren. Sie können jemanden aus Ihrem Umfeld, historische Persönlichkeiten oder sogar Wesen aus der Mythologie wählen. Ganz gleich, ob Sie einen Erwachsenen, ein Kind oder sogar ein Haustier aussuchen, versuchen Sie, den Betreffenden lebendig werden zu lassen und seine Präsenz zu spüren. Sie können ihn sich vorstellen oder im Stillen seinen Namen nennen.

Wiederholen Sie nun leise den Satz, der ausdrückt, was Sie sich am meisten für sich selbst wünschen. Stellen Sie sich dabei vor, die Sätze »Mögest du sicher sein«, »Mögest du glücklich sein«, »Mögest du gesund sein« oder »Möge dein Herz in Frieden sein« kommen von demjenigen, den Sie dafür ausgewählt haben, und wie Sie Empfänger seiner Energie, Aufmerksamkeit, Fürsorge oder seines Respekts werden.

Dabei können alle möglichen Gefühle auftauchen. Unter Umständen empfinden Sie Dankbarkeit und Staunen, möglicherweise aber auch Schüchternheit und Scham. Welche Emotion auch immer es sein mag – lassen Sie sie einfach durch Sie hindurchfließen. Orientieren Sie sich dabei an Sätzen wie »Mögest du glücklich sein«, »Mögest du zufrieden sein« oder welche Sätze auch immer, die Sie ausgesucht haben. Stellen Sie sich vor, die Energie, die Sie empfangen, strömt durch die Poren Ihrer Haut in Sie hinein. Sie brauchen nichts Besonderes zu tun, um sich diese Anerkennung oder diese Fürsorge zu verdienen, Sie erhalten sie allein schon deswegen, weil es Sie gibt.

Sie können die Sitzung damit beenden, die Liebende Güte und Fürsorge, die Sie erhalten haben, zu allen lebenden Wesen, wo auch immer sie sein mögen, fließen zu lassen. Das, was Sie erhalten haben, kann nun wiederum zu einem Geschenk werden. Die Qualität von Fürsorge und Güte, die es auf der Welt gibt, kann Teil von Ihnen werden und ebenso Teil dessen sein, was Sie im Gegenzug aus Dankbarkeit weiterschenken.

Und wenn für Sie der Augenblick dafür gekommen ist, können Sie die Augen öffnen und sich entspannen.

Liebe sein

Im ersten Monat nach unserer Eröffnung der *Insight Meditation Society*[6] im Februar 1976 hatten wir dort kein festes Programm, und so beschlossen diejenigen aus unserem Team, die vor Ort waren, sich selbst in ein Retreat zu begeben. Ich entschied, intensiv Liebende Güte zu praktizieren, etwas, was ich mir schon lange gewünscht hatte. Da ich keinen Lehrer hatte, der mich anleitete, stützte ich mich auf meine Kenntnis der Struktur dieser Praxis (die darin besteht, erst einmal sich selbst Liebende Güte zukommen zu lassen usw.) und begann.

Ich verbrachte die gesamte erste Woche damit, mir selbst Liebende Güte zu schenken. Allerdings spürte ich schlichtweg gar nichts. Keine Blitzschläge, keinen Moment des großen Durchbruchs – es war ehrlich gesagt ziemlich eintönig. Dann stieß einem Freund von uns, der in Boston lebte, etwas zu, und einige von uns mussten das Retreat unerwartet verlassen. Ich war gerade oben in einem der Badezimmer und machte mich für den Aufbruch fertig, als ich ein großes Gefäß umstieß. Es fiel mitsamt seinem Inhalt auf den gefliesten Boden. Zu meiner Überraschung stellte ich fest, dass der erste Gedanke, der mir kam, »Du bist wirklich ein Tollpatsch, aber ich liebe dich« war. »Schau an«, dachte ich, man hätte wie auch immer versuchen können, mich davon zu überzeugen, dass die erste Woche etwas gebracht habe, und ich hätte es abgestritten. Doch jetzt sah ich, dass sich in dieser Zeit tatsächlich etwas auf einer tieferen Ebene geändert hatte.

Von dieser Art sind übrigens die Anzeichen, die zeigen, ob unsere Praxis Wirkung hat oder nicht. Es ist nicht sonderlich wahrscheinlich, dass wir die Früchte unserer Bemühungen während der formalen täglichen Praxis sehen, sondern eher in unserem alltäglichen Leben, und das ist natürlich, wo es zählt – wenn wir einen Fehler machen, wenn wir uns nicht gesehen fühlen, wenn wir feiern wollen, dass wir als Menschen fähig sind, uns um andere zu kümmern. Ob unsere Praxis Früchte trägt, zeigt sich auch, wenn wir einen Fremden treffen oder wenn wir mit Feindseligkeiten konfrontiert werden. Tut sie das, ist das einerseits unserer engagierten Praxis geschuldet und andererseits der Tatsache, dass man Liebende Güte ganz gleich, in welcher Situation wir uns befinden, leicht kontaktieren kann.

Ob unser Leben von Frustration bestimmt oder ob es von Glück genährt wird, hängt davon ab, ob wir von Selbsthass oder wahrer Liebe für uns selbst durchdrungen sind. Es gibt viele unterschiedliche Faktoren, die unsere Fähigkeiten zu wahrer Liebe für uns selbst entweder begrenzen oder stärken.

Kaia schrieb mir ihre Gedanken dazu: »Aufgrund von Gefühlen der Angst, der Ablehnung und des Schmerzes – Erfahrungen, die für die meisten von uns zu einer ›normalen‹ Kindheit oder zum ›normalen‹ Leben als Erwachsener dazugehören – trennte ich mich von dieser reinen Liebe ab, zumindest für einen Teil der Zeit. Ich kam zu der Überzeugung, dass Liebe für die meisten von uns häufig schmerzhaft ist und uns verletzlich macht. Sie ist wie ein Goldstück, von dem wir wissen, dass es tief in uns ist vergraben liegt, und von dem wir glauben, es um jeden Preis behüten zu müssen. Und oft tun wir das sogar, ohne es zu bemerken.«

1 Die Geschichten,
die wir uns erzählen

Wir erzählen uns Geschichten, um zu leben.
— Joan Didion —

Selbst die neuronalen Vernetzungen in unserem Gehirn dienen dazu, unser Erleben und unsere Wahrnehmungen zu kohärenten Geschichten zu ordnen. Diese Geschichten werden zu unserem Anker. Sie erzählen uns, wer wir sind, was am wichtigsten ist, wozu wir fähig sind und worum es uns in unserem Leben geht.

Etwas geschieht in unserer Kindheit – sagen wir einmal, ein Hund beißt uns –, und sofort wird für uns daraus eine Geschichte, mit der wir uns identifizieren. Von nun an ängstigt uns jeder Hund, und noch Jahre später bekommen wir Schweißausbrüche, wenn sich ein solcher Vierbeiner uns auch nur nähert. Wenn wir die Sache aber eines Tages genauer betrachten, stellen wir vielleicht fest, dass wir uns aufgrund der Erfahrung mit einem einzigen Vertreter ein Bild von einer ganzen Spezies gemacht haben und dass dies nicht notgedrungen für alle Hunde gilt.

Die Geschichten, die wir uns selbst erzählen, sind die zentralen Themen unserer Psyche. Wenn ein Elternteil ein emotional bedürftiger Alkoholiker war, führt dies möglicherweise – unbewusst – dazu, dass wir später glauben, es sei unsere Aufgabe, uns um absolut alle und jeden zu kümmern, selbst wenn das zu unserem eigenen Nachteil ist.

Wenn man bei uns als Erwachsene eine schwerwiegende Krankheit diagnostiziert, glauben wir unter Umständen, die Erkrankung hätten wir uns selbst zuzuschreiben. Wir kreieren eine Geschichte um die Sache und reden uns beispielsweise ein, die Erkrankung käme daher, dass wir uns nicht gesund genug ernährt oder eine unheilsame Beziehung nicht früh genug beendet hätten. Solange wir solche grundlegenden Annahmen über uns selbst nicht in Frage stellen, sondern sie weiterhin als fest, statt als veränderbar ansehen, neigen wir dazu, solche etablierten Muster zu wiederholen. Wir reinszenieren im heutigen Leben die Geschichten von früher, die unsere Fähigkeit beeinträchtigen, zu leben und uns selbst mit einem offenen Herzen zu lieben.

Glücklicherweise versetzen wir uns bereits in dem Moment, in dem wir uns fragen, ob eine solche Geschichte überhaupt wahr ist, in die Lage, uns neu auszurichten. Wir beginnen zu bemerken, dass annähernd alles, was wir uns über uns selbst erzählen, je nachdem, aus welcher Perspektive wir es betrachten, in verschiedenem Licht erscheinen kann. Manchmal sind wir der Held unserer Geschichten und manchmal ihr Opfer.

Ich muss in diesem Zusammenhang an Jonah denken, der in seiner Familie der Erste war, der das College[7] besuchte. Es war nicht einfach, aufgenommen zu werden. Als er es schließlich geschafft hatte, musste er nebenbei arbeiten, um seine Studien zu finanzieren, was bedeutete, dass er mit langen Schichten bei seinem Job und einem beachtlichen Pensum im Studium zu jonglieren hatte. Es bedurfte einer gewaltigen Anstrengung, um in den Seminaren den Anschluss nicht zu verlieren. All diese Hindernisse, die er schließlich zu überwinden vermochte, waren jedoch, wie er heute stolz erzählt, der Schlüssel zu seinem Erfolg. Jonah schaffte den Abschluss und fand eine gute Arbeit, bei der er seine Partnerin kennenlernte. Jetzt, ein Jahrzehnt nach seinem Studium, sagt er: »Schau, wie weit ich gekommen bin!«

Doch Jonah könnte seine Geschichte auch anders erzählen und dabei sein Leid mehr in den Mittelpunkt rücken. In dieser Version gäbe es mehr Erinnerungen an einsame Nächte, an das Gefühl, ausgeschlossen zu sein, und an die Sorgen, für einen Hochstapler gehalten zu werden. Es ginge vielleicht mehr darum, dass er damals den Eindruck hatte, die Welt habe sich gegen ihn verschworen, und darum, wie ihn die Leute herabgewürdigt hatten. Seine Geschichte bliebe weiterhin heldenhaft, allerdings wäre sie mehr von Frustration und Bitterkeit gekennzeichnet.

Viel von dem, was wir in Bezug auf Liebe erlebt haben und unser Bild von ihr prägte, gleicht der schmerzhaften Fassung von Jonahs Werdegang. Wir neigen dazu, uns die Verluste und Niederlagen der Vergangenheit selbst zuzuschreiben, anstatt sie mit Mitgefühl zu betrachten. Und in Bezug auf die Gegenwart füllen wir die weißen Flecken auf der Landkarte unserer Erfahrungen meist auf folgende Weise aus: Ein Freund oder eine Freundin ruft nicht zur vereinbarten Zeit an, und wir glauben sofort, dass er oder sie uns vergessen hat, obwohl in Wirklichkeit das kranke Kind zum Arzt musste. Unser Chef will uns sprechen, und wir sind sofort überzeugt, dass wir etwas falsch gemacht haben, obwohl er uns einfach nur ein neues Projekt zuweisen möchte. Da wir uns nicht bewusst sind, dass wir andauernd eine Geschichte spinnen, kann dies zu Ängstlichkeit und Depression führen. Gleichzeitig mindert es die Zuversicht hinsichtlich der Zukunft und raubt uns den Selbstwert.

Einer meiner Schüler schrieb früher seine mühevolle Ehe und Scheidung und andere »gescheiterte« Beziehungen in seinem Leben dem Selbstbild, er sei nicht liebenswert, und seinen vielen Selbstvorwürfen zu. »Ich bin so dünnhäutig, weil ich mich rund um die Uhr fertigmache«, sagt er. »Wäre ich in meinen früheren Beziehungen mitfühlender gewesen, könnte ich besser mit anderen Menschen umgehen.« Mit Hilfe einer Psychotherapie und der Meditation konnte er das negative Selbstbild, das er angenommen hatte, hinterfragen und lernte es, dem ununterbrochenen Geschwätz des inneren Kritikers keine Beachtung mehr zu zollen.

Nachdem ihr Partner sich kürzlich von ihr getrennt hatte, beschuldigte Diane sich sofort selbst, »nicht liebenswert« zu sein, und das, obwohl auch sie ernsthafte Zweifel gehegt hatte, ob die Beziehung überhaupt eine Zukunft habe. Doch anstatt innezuhalten und mit Achtsamkeit und Mitgefühl zu sich selbst zu erkunden, was die Ursache ihres Selbstbildes war, nicht liebenswert zu sein, sprang sofort das entsprechende negative Muster an, sich selbst die Schuld zu geben, das sie bereits in der Kindheit entwickelt hatte.

Wenn uns ein Freund oder eine Freundin sagt: »Ich bin nicht viel wert. Ich bin uninteressant. Ich habe so oft versagt und deswegen liebt mich niemand«, erwidern wir normalerweise sofort Worte wie: »Ich mag dich, und deine anderen Freunde mögen dich auch. Du bist ein guter Mensch.« Den negativen Äußerungen, die tagtäglich unseren Geist erfüllen, widersprechen wir hingegen oft nicht.

Dabei könnten wir uns stattdessen fragen: Wie würde ich die Geschichte erzählen, wenn ich sie mit den Augen der Liebe betrachtete?

In verschüttete Geschichten eintauchen

Häufig sind Sinneseindrücke die Tore zu früheren Geschichten: Wir assoziieren unsere Wahrnehmungen schnell mit Ereignissen, die vor langer Zeit geschahen. Wir riechen den Duft frischer Heidelbeermuffins, und schon erinnert er uns an unsere Kindheit, als die Heidelbeeren wild im Garten des Strandhauses unserer Familie wuchsen. Und dann ist es um uns geschehen: Wir riechen regelrecht die Seeluft, schmecken die Muscheln, die wir auf hohen Stühlen an der Strandpromenade sitzend aßen, und dies versetzt uns in die furchtbare Nacht zurück, als Papa sich betrank. Die glasklare Erinnerung an die schrecklichen Ereignisse dieser Nacht wird wahrscheinlich vom Gedanken begleitet sein, dass er uns nie wirklich geliebt hat, gefolgt von einem Zeitsprung in die Gegenwart: Vielleicht tauge ich nicht für die Liebe. Vielleicht werde ich nie geliebt werden.

Solche Prozesse laufen weitgehend unbewusst ab. Das Unbewusste ist ein riesiges Lagerhaus an Erfahrungen und Assoziationen, das das Erlebte weit schneller einordnet als unser normales Bewusstsein, das langsamer ist und hart arbeiten muss, um Zusammenhänge herzustellen. Obendrein arbeitet das Unbewusste mit einigen sehr starken Verzerrungen und neigt dazu, den erlittenen Schmerz sogar noch zu betonen.

In einigen Fällen stammen die uns bedrängenden Geschichten, die wir um uns gewoben haben, nicht einmal von uns selbst. Unbewusst leben wir vielleicht erneut die Ängstlichkeit unserer Mutter, die Enttäuschungen unseres Vaters oder die nicht aufgearbeiteten Traumen, die unsere Großeltern erlitten: »So wie wir unsere Augenfarbe und unsere Blutgruppe erben, können wir auch die Überbleibsel von traumatischen Erlebnissen in unserer Familie ererben«, erklärt Mark Wolynn, Autor des Buches *Dieser Schmerz ist nicht meiner*[8]. Wolynn erzählt die Geschichte einer Klientin, die, als sie vierzig wurde, plötzlich panische Ängste bekam, »ersticken« zu müssen. Erst als sie die Geschichte ihrer Familie studierte, verstand sie, warum: Ihre Großmutter, von der ihre Mutter nur gesagt hatte, sie sei unter Umständen, die sie nicht genauer beschrieb, »jung gestorben«, war als Vierzigjährige in Auschwitz vergast worden.

Die Überzeugung, dass traumatische Überreste oder nicht aufgearbeitete Geschichten vererbbar sind, ist bahnbrechend. Forschungen im sich schnell entwickelnden Bereich der Epigenetik – der biologischen Disziplin, die sich mit der Veränderung der Gene befasst – zeigt, dass Eigenschaften über bis zu drei Generationen weitervererbt werden können. Eine schwedische Studie, die einen wahren Meilenstein dieser Forschungsrichtung darstellt, zeigt beispielsweise, dass es für ihre Kinder und selbst noch die Enkel Implikationen hatte, ob Menschen vor ihrer Pubertät Hungersnot oder Überfluss erlebt hatten.[9] Rachel Yehuda, Professorin für Psychiatrie und Neurowissenschaften am Mt. Sinai Hospital in New York, ist Autorin einer Studie, die aufzeigt, dass Nachkommen von Überlebenden des Holocaust mit dreifach höherer Wahrscheinlichkeit auf ein traumatisches Ereignis mit posttraumatischer Belastungsstörung (PTB) reagieren als die Vergleichsgruppe. Yehuda und ihr Team entdeckten überdies, dass Kinder, deren Mütter, die gerade mit ihnen schwanger waren, als sie direkt vor Ort den Einsturz des World Trade Center erlebten, ebenfalls anfälliger für PTB sind.[10]

Wenn Sie glauben, unbewusst die Geschichte eines anderen zu leben, empfiehlt Ihnen Wolynn, sich – oder Ihren Familienmitgliedern – einige Schlüsselfragen zu stellen:

Wer starb früh? Wer ging? Wer wurde von der Familie verlassen oder von ihr ausgeschlossen? Wer starb im oder kurz nach dem Wochenbett? Wer verübte Selbstmord? Wer erlitt ein erhebliches Trauma?

Ganz unabhängig davon, ob die Geschichten, die wir uns erzählen, aus den Erfahrungen unseres eigenen Lebens stammen oder ob wir sie unbewusst von den Generationen vor uns geerbt haben, es hilft in jedem Fall, die Quelle dieser persönlichen Vorstellungen zu identifizieren und uns damit von ihren negativen Auswirkungen zu befreien. So können wir uns auf eine Weise neu ausrichten, die unsere Integrität fördert.

Unsere Geschichte neu schreiben

Beim Aufbau unserer Identität tendieren wir dazu, manche Interpretationen unserer Erfahrungen besonders zu gewichten, wie etwa: »Keiner war für mich da, also bin ich sicher nicht liebenswert.« Diese Überzeugungen sind tief in unserem Bewusstsein verwurzelt und werden von heftigen Reaktionen unseres Körpers bestätigt. Auf diese Weise beginnen sie uns zu bestimmen. Wir vergessen, dass wir uns andauernd im Wandel befinden und dass wir es sind, die die Kraft haben, diese Geschichten sowohl zu erschaffen als auch umzuschreiben. Wenn wir uns hingegen dessen bewusst werden, kann das weitreichende Folgen haben und dem Lauf unseres Lebens eine neue Richtung geben.

Stephanie hatte jahrelang heftige Migräneanfälle. Als sie Anfang dreißig war, verschrieb ein Arzt ihr daher ein blutdrucksenkendes Mittel. Das war jedoch problematisch, da Stephanie bereits niedrigen Blutdruck hatte. Da die Medikamente diesen noch weiter senkten, bekam sie im Moment des Einschlafens Angstattacken, sie könne im Schlaf sterben, und konnte daher nicht loslassen. Stephanie bekam Schlafstörungen. Anstatt die eigentliche Ursache des Problems auszumachen, verschrieb ihr der Mediziner daraufhin Schlaftabletten. Als sie endlich den Arzt wechselte (der die blutdrucksenkenden Mittel sofort absetzte), war sie bereits von den Schlaftabletten abhängig, eine Sucht, die sie die nächsten zwanzig Jahre begleitete.

»Ich hasste mich dafür, dass ich sie nahm, und versuchte oft genug, damit aufzuhören, aber ich schaffte es einfach nicht«, erinnert sie sich. »Ich war wirklich der vollen Überzeugung, dass mit mir ganz grundsätzlich etwas nicht stimmte und mein Körper die Tabletten brauchte, um schlafen zu können. Wenn ich sie nicht nahm, lag ich nachts stundenlang panisch und schweißgebadet wach, bis ich schließlich aufgab und nach der Arznei griff.«

Als Stephanie schließlich vor zwei Jahren einige Artikel über die Gefährlichkeit von Schlaftabletten in die Hände fielen, weckte das ihre Entschlossenheit, davon loszukommen. Sie begann, regelmäßiger zu meditieren, und probierte jedes nur denkbare Naturheilmittel aus. Doch noch immer kämpfte sie mit ihrer Abhängigkeit und wurde manchmal monatelang rückfällig. Erst als sie verstand, dass ihre Überzeugung, sie könne ohne die Tabletten nicht schlafen, für das Problem verantwortlich war und sie diese entsprechend in Frage stellte, konnte sie die Sucht gänzlich überwinden. »Als ich endlich klar sah, dass mich diese Geschichte gefangen gehalten hatte und sie nicht der Wirklichkeit entsprach, ging mir ein Licht auf. Zum ersten Mal nach zwanzig Jahren fand ich wieder Vertrauen in meine Fähigkeit, loszulassen und ganz von alleine einzuschlafen«, erzählt sie.

Letztendlich können nur wir selbst eine uns vertraute Geschichte, die in unserem Körper und unserem Unterbewusstsein gespeichert wurde, abändern.

Nancy Napier ist Traumatherapeutin. Sie beschreibt, welche Auswirkungen sogenannte »Schocktraumen« bei den Menschen haben, mit denen sie arbeitet. Darunter versteht sie einschneidende Erlebnisse wie beispielsweise einen Flugzeugabsturz oder schrecklichen Autounfall oder aber alltäglichere Ereignisse wie eine Entlassung oder Trennung, die für die Betreffenden tiefgreifende Folgen hatten. Das Entscheidende dabei, so erzählte mir Napier, ist, dass das Geschehene das Leben der Menschen destabilisierte und sie das Gefühl haben, dass es sie auseinandergerissen hat. Eines der ersten Dinge, die sie ihren Patienten sagt, ist: *»Sie haben überlebt!«* »Sie werden staunen, für wie viele Menschen das eine echte Überraschung ist«, erklärt sie. »Es ist ein ganz neuer Impuls für ihr Nervensystem und ihre Psyche.«[11]

Wenn ich in kurzen Stichworten meine frühen Erfahrungen charakterisieren sollte, wären diese: »Kind ohne Mutter«, »verlassen«, »Tochter eines psychisch kranken Vaters«, »aufgezogen von der ersten Generation von Immigranten«, »ich weiß nicht, wie man so wird wie die anderen«. Schmerz, innerer Aufruhr und Angst brachten mich dazu, mit Hilfe der Meditation ein neues Selbstbild zu suchen.

Eine meiner Meditationslehrerinnen war eine außergewöhnliche indische Frau namens Dipa Ma. Da sie niederschmetternde Verluste hatte hinnehmen müssen und dabei dennoch enorme Liebe entwickelte, wurde sie mein Vorbild.

Ihre Motivation für den Weg der Meditation kam aus der Erfahrung ihrer Verluste – zuerst dem Tod zweier ihrer Kinder, dann dem plötzlichen Tod ihres geliebten Mannes. Sie war so voller Kummer, dass sie sich aufgab und einfach im Bett liegen blieb, obwohl sie eigentlich noch ihre jüngste Tochter aufzuziehen hatte.

Eines Tages sagte ihr Arzt: »Wenn Sie sich nicht um Ihren Gemütszustand kümmern, werden Sie sterben. Sie sollten lernen zu meditieren.« Man erzählt sich, dass sie, als sie das erste Mal meditieren ging, so schwach war, dass sie die Treppen zum Tempel hinaufkriechen musste.

Schließlich kam sie aus den Tiefen ihres Kummers mit riesiger Weisheit und Mitgefühl hervor. 1972 wurde sie meine wichtigste Lehrerin.

Im Jahr 1974 kam ich eines Tages zu ihr, um mich für eine kurze Reise in die USA zu verabschieden, von der ich, davon war ich fest überzeugt, bald zurückkehren würde, um den Rest meines Lebens in Indien zu verbringen. Sie nahm meine Hand und sagte: »Gut, wenn du nach Amerika gehst, dann lehre dort Meditation.«

»Nein, das werde ich nicht!«, antwortete ich, »Ich komme schon bald wieder.«

Sie insistierte: »Doch, das wirst du.«

Und ich sagte: »Nein, das kann ich nicht.«

Eine Weile ging dies hin und her.

Schließlich schaute sie mir tief in die Augen und sagte zwei für mich grundlegende Dinge. Zuerst erklärte sie: »Du hast wirklich zutiefst verstanden, was Leiden ist, und deswegen solltest du lehren.« Diese Bemerkung war ein äußerst wichtiger Katalysator, der meiner Geschichte eine neue Ausrichtung gab: Die turbulenten Jahre und die Verluste waren nicht nur etwas, das ich überwinden musste, sondern mehr noch eine Quelle für Weisheit und Mitgefühl, die mir helfen würde, anderen zu helfen. Mein Leiden würde mich vielleicht sogar dafür qualifizieren!

Als Zweites sagte mir Dipa Ma: »Du bist zu allem in der Lage, was du tun willst. Das Einzige, was dich abhält, ist dein Glauben, du könntest es nicht.« Wie sehr unterschied sich dieser Blickwinkel von meinem eigenen Selbstbild, ich sei unfähig, voller Mängel und könne nicht genügen! Ich nahm Dipa Mas Abschiedsworte mit in die Vereinigten Staaten. Sie gaben meinem ganzen weiteren Leben eine neue Richtung.

Es ginge mir allerdings zu weit, zu sagen, ich sei für das, was mir in der Kindheit widerfuhr, dankbar. Aber ich weiß, dass ich mich aufgrund dieser Erfahrungen mit anderen Menschen verbinden kann, von Herz zu Herz.

Die Zen-Lehrerin Roshi Joan Halifax sieht dies ähnlich. In einem Vortrag erklärte sie kürzlich, man solle damit vorsichtig sein, Kindheitstraumen als Geschenk zu betrachten. Vielmehr schlägt sie vor, »sie als gegeben, nicht als Geschenk« zu sehen. Auf diese Weise hat man keine überhöhten Ansprüche an sich und setzt sich nicht unter Druck, sich bezüglich der schmerzlichen Erfahrungen etwas einzureden. Wenn wir etwas als gegeben ansehen, dann verleugnen oder beschönigen wir es nicht, sondern beginnen, es zu akzeptieren, und sehen dann im Weitergehen, wie wir das uns wirklich bestmögliche Leben führen können.

Uns wirklich selbst lieben

Wollen wir uns wirklich selbst lieben, müssen wir unseren Geschichten zwar mit Respekt begegnen, dürfen ihnen jedoch nicht erlauben, uns zu bestimmen. So können wir die Aspekte unseres derzeitigen Lebens, die sich ändern lassen, befreien und der Zukunft mit einem Blick aus der Vergangenheit zuzwinkern.

Um uns wirklich zu lieben, müssen wir uns unserem ganzen Wesen öffnen, statt an Bruchstücken festzuhalten, die aus alten Geschichten stammen. Unser Selbst in welchem Maß auch immer von diesen Geschichten einschränken zu lassen, widerspricht der Liebe.

Wollen wir uns wirklich selbst lieben, ist es unverzichtbar, unsere Überzeugung, wir müssten anders sein oder uns grundlegend bessern, um liebenswert zu sein, in Frage zu stellen. Wenn wir uns verstellen und hartnäckig versuchen, irgendwie dem zu entsprechen, was allgemein als normal gilt, schwindet unsere Fähigkeit zu lieben, und unsere Bemühungen, uns zu bessern, nehmen all den Raum ein, in dem sich sonst Liebe entfalten könnte.

Doch vielleicht brauchen wir einige unserer schlimmen Unzulänglichkeiten gar nicht zu korrigieren, sondern müssen in Wirklichkeit einfach nur unser Verhältnis zu dem, was ist, verändern, um mit der Kraft eines großzügigen Geistes und eines weisen Herzens zu sehen, wer wir sind. Der Heilige Augustinus sagte: »Wenn du etwas suchst, was überall zu finden ist, brauchst du nirgendwo hinzureisen, um es zu bekommen; du brauchst Liebe.«

2 Die Geschichten, die andere über uns erzählen

Letzten Endes bestimmen nicht die Geschichten unsere Entscheidungen, sondern die Geschichten, die wir beschließen, uns weiterzuerzählen.

— SYLVIA BOORSTEIN —

Aber nicht nur die Geschichten, die wir uns selbst erzählen, bestimmen unsere Erfahrungen, sondern auch das, was andere über uns zu sagen haben. Je nachdem, ob es positive oder negative Bemerkungen sind, können sie uns schwächen oder unterstützen. Manchmal sind es nicht einmal Worte, sondern nonverbale Zeichen wie etwa die Körpersprache oder der Gesichtsausdruck, manchmal auch ein einziges Urteil eines Menschen, das uns als »schüchtern«, »zurückhaltend«, »großzügig« oder »egozentrisch« charakterisiert. Bemerkungen, die uns aufbauen, sind ein Geschenk. Sie erinnern uns daran, dass wir zählen, und stärken die wahre Liebe, die wir uns selbst gegenüber empfinden.

Für Melody kam eine solche Erinnerung von einem Sicherheitsbediensteten ihrer Highschool. Melody hatte Ärger mit ihrer Mutter, die ihr Druck machte, da ihr Notendurchschnitt fiel. Obendrein beendete sie einige alte Freundschaften, um Teil einer nicht gerade zimperlichen Clique zu werden, was zu noch größeren Spannungen zwischen den beiden führte. Als der Wachmann am Rande des

Schulhofes patrouillierte, fiel ihm auf, dass Melody neue Freunde hatte. Einige Tage darauf, Melody war gerade auf dem Weg zurück zum Unterricht, beeilte er sich, sie einzuholen: »Mija«, sagte er, »weißt du nicht, dass du etwas Besseres verdient hast?«

Im Grunde hatte ihre Mutter die ganze Zeit versucht, ihr in etwa das Gleiche beizubringen. Doch wegen ihres scharfen und vorwurfsvollen Tonfalls verhallte es ungehört in der immer größer werdenden Kluft zwischen den beiden. In der Stimme des Sicherheitsbeamten lag hingegen etwas Fürsorgliches, und Melody musste den ganzen Tag über seine Worte nachdenken. Wollte sie sich gegen die Vorstellung, dass sie besser war, wehren? Nein! Bevor der Mann sie ansprach, hatte sie das Gefühl gehabt, keiner verstehe sie und keiner sehe wirklich, wie gut sie eigentlich war und wie sehr sie sich bemühte – warum sollte sie sich dann also weiter anstrengen? Die Worte des Wachmanns zeigten ihr jedoch, dass sie sehr wohl gesehen wurde und man Gutes von ihr erwartete, und dies baute sie auf. Nicht lange danach beendete Melody ihre neuen Bekanntschaften mit der toughen Clique.

Es gibt zahllose Arten, unsere Erfahrungen zu interpretieren, die auch von dem abhängen, was wir von den Urteilen anderer verinnerlicht haben. Ein Beispiel: Gus war der mittlere von fünf Brüdern, und von klein auf schien es so, als sei er am falschen Ort geboren. Seine Familie in Montana liebte Aktivitäten in der Natur wie Camping, Jagen und Angeln. Gus hingegen las ausgesprochen gerne, mochte Musik, verabscheute aber Wandern und Raufereien. Als er älter wurde, fiel ihm bald die Rolle des etwas merkwürdigen Kindes zu, und er blieb oft außen vor. Es wäre wahrscheinlich eine sehr einsame Kindheit für ihn geworden. Aber glücklicherweise verstand ihn sein Onkel, der die

Sensibilität des Jungen bewunderte. Wenn er mitbekam, wie jemand Gus schlechtmachte, griff er stets ein: »Seid nicht so hart mit Gus. Gus ist begabt!« Die Familie verstand schließlich, dass man Gus für seine Andersheit feiern sollte. So entwickelte dieser ein positives Selbstbild, mit dem er fortan aufwuchs.

Wenn diejenigen, die wir lieben, unsere Güte und Stärke spiegeln und ihre Geschichten uns in gutem Licht erscheinen lassen, empfinden wir ganz natürlicherweise mehr Mitgefühl zu uns selbst.

Das Netz der Familie

Oft bestimmen die Rollen, die uns unsere Familie zuspricht, unser Selbstbild mit. Unter Umständen erinnern wir uns nicht einmal daran, wie wir zu dieser Rolle gekommen sind oder ob wir sie uns selbst ausgesucht haben. Und wenn auch Ihnen eine solche übergestülpt wurde, dann wissen Sie selbst, wie sehr selbst positive Rollenerwartungen Ihren Handlungsspielraum beschränken können. Eine Frau, die als »sehr verantwortungsvoll« gilt, kann sich in einem tiefen inneren Konflikt wiederfinden, wenn sie in einer Situation mal nicht Verantwortung übernehmen möchte. Oder »der Spaßvogel«, der einen schlechten Tag hat, denkt vielleicht, er lasse die ganze Menschheit im Stich, weil er gerade nicht in der Stimmung ist, seiner Rolle gerecht zu werden.

Meine Freundin Billie erzählte mir einmal von dem Selbstbild, das sie während ihrer Kindheit und Jugend annahm. Ihr Vater fragte sie oft: »Was *stimmt* mit dir nicht?« Auch wenn ihr Zuhause, wie sie sagt, viele »wunderbare Gelegenheiten bot, sich zu zeigen«, beschreibt sie es auch als

»Schauplatz von tyrannisierenden Sticheleien«. Das führte dazu, dass sie ihre eigene Art, sich selbst lächerlich zu machen, entwickelte. Sie bezeichnet die typische Frage ihres Vaters, was mit ihr nicht stimme, als »ihren ersten Herzensbruch, dem viele tiefere Schläge und Verluste folgten«.

Billie verinnerlichte dieses negative Selbstbild und flüchtete sich später in Drogenmissbrauch, um ihr Leid zu lindern. Erst nach vielen Jahren nahm sie an einem Betreuungsprogramm teil, bei dem sie eine neue Gemeinschaft fand – eine, die ihr eine ganz andere Geschichte über sie erzählte. »An einem glücklichen Tag in meinem zweiunddreißigsten Jahr auf Erden sandte die Fügung einen ganz besonderen Segen durch das Universum, der direkt bei mir ankam«, erinnert sie sich. »Ich lernte einige Menschen kennen, die eine bessere Art zu leben gefunden hatten. Es war eine Gemeinschaft von gesundenden ehemaligen Drogenabhängigen, deren Erfahrungen die meinen spiegelten. Es war für mich von unschätzbarem Wert, mit ihnen Tag für Tag zusammenzusitzen. Sie reichten mir die Hände, nahmen mich auf und halfen mir, zu gesunden. Sie schenkten mir stille, zugewandte und aufmerksame Anteilnahme, und das lehrte mich, mir selbst das Gleiche entgegenzubringen.«

Die Gruppe sah Billies Qualitäten, sah sie als jemanden, der anderen helfen konnte. Diese neue Erfahrung half ihr, ihre Selbstachtung mehr und mehr zu stärken. Wie bei jeder neuen Gewohnheit kann es schwer sein, ein neues Selbstbild anzunehmen – es braucht Übung. Doch dadurch, dass sie sich tagein, tagaus der Arbeit der Gruppe verpflichtete, so Billie, »lernte ich, mich liebevoll zu behandeln und ebenfalls auf andere, die litten, liebevoll zuzugehen. Ich lernte, Zufriedenheit und Dankbarkeit für viele Dinge zu empfinden – und das geht nun bereits seit vielen Jahren so«.

Manchmal spiegelt das Bild, das ein Familienmitglied von uns zeichnet, nur einen einzigen Aspekt unseres Charakters, und dennoch nehmen wir es unbewusst für die volle Wahrheit. Während ihrer Teenagerjahre begann Kathys Mutter, sie eine »knallharte Alte« zu nennen. Es ist wahr, ihre Lebensumstände waren schwierig, und Kathy begegnete dem schon früh mit Charakterstärke und Disziplin. Doch Kathy empfand den Spitznamen ihrer Mutter stets als Beleidigung – als eine Einschränkung und nicht als Kompliment. Wie könnte sie es sich erlauben, sich verletzlich zu zeigen oder gar sich selbst gegenüber liebevoll zu sein? Wie sollte sie sich selbst lieben können? Wer wollte schon eine »knallharte Alte« lieben?

Kathy hat allerdings durchaus eine andere Seite. Ich selbst habe ihre Verletzlichkeit und ihr Einfühlungsvermögen kennengelernt. Ein einziger, oft wiederholter Satz – »knallharte Alte« – hatte sowohl Kathys Selbstbild bestimmt als auch dazu geführt, dass sie sich dieser sehr beschränkten Charakterisierung widersetzte. Ihre Identität hatte sich um dieses Bild geformt, auch wenn die Welt nicht immer von ihr forderte, »knallhart« zu sein – und sie in Wirklichkeit nicht einmal auf alle Situationen mit Härte reagierte.

Zu einem bestimmten Zeitpunkt in Kathys Leben stellte es den richtigen Anpassungsmechanismus dar, eine »knallharte Alte« zu sein, aber es war nicht gesund für sie, sich auf Dauer so wahrzunehmen. Aus demselben Grund sollten auch wir fortwährend die Begrenztheit unseres Selbstbilds überprüfen, um zu verhindern, dass es zu solide wird. Wir müssen uns etwas Elastizität und Raum für Nachbesserungen lassen. Wenn unser Selbstbild flexibel genug ist, bietet jeder Augenblick eine völlig neue Gelegenheit, alle Aspekte unseres Wesens willkommen zu heißen.

Kathy begann schließlich an sich zu schätzen, dass sie wenn nötig hart gewesen war – und es, wenn angebracht, auch wieder sein könnte. Aber diese Härte war nur ein kleiner Teil von ihr.

Die Urteile von Freunden

Ben erzählte mir sein Erlebnis mit einem Spielkameraden in der zweiten Klasse, das sein Selbstvertrauen und das Bild, das er von seiner Familie hatte, erschütterte. »In den Pausen freundete ich mich mit einem Mitschüler namens Justin an. Meine Mutter schlug vor, ihn zu mir nach Hause einzuladen«, erinnert sich Ben. »Ich wusste nicht viel über seinen familiären Hintergrund – als Siebenjähriger achtet man auf solche Dinge nicht so sehr. Doch bald stellte sich heraus, dass Justin aus einer sehr wohlhabenden Familie stammte und in einem guten Viertel der Stadt in einem großen Haus lebte. Als er schließlich mit mir nach Hause kam, blieb er vor unserem bescheidenen Backsteinhaus stehen und sagte: ›Pfui! Wohnst du wirklich *hier*?‹«

»Ich werde es nie vergessen«, sagt Ben heute. »Ich war am Boden zerstört. Bis dahin hatte ich gedacht, mein Zuhause und meine Familie seien perfekt. Wir waren glücklich und hatten reichlich zu essen auf dem Tisch. Mein Vater arbeitete im Postamt und meine Mutter im Kindergarten. Aber nach Justins Bemerkung schlichen sich Zweifel und Scham ein. Ich hatte das Gefühl, etwas ganz Grundlegendes stimme mit uns nicht – und besonders mit mir. Ich brauchte Jahre, dies zu überwinden.«

Wenn wir einer verletzenden Geschichte glauben, kann unsere gesamte Weltsicht darunter leiden. Es ist, als lösche jemand plötzlich das Licht und wir verlören all unsere

Träume und unsere Fähigkeit, zu lieben und geliebt zu werden, gleich mit. Wenn wir sie für wahr halten, kann eine solche Geschichte in uns die Samen des Neids, des Grolls, der Ängstlichkeit und Depression säen, mit denen wir noch Jahre später zu kämpfen haben.

Manchmal allerdings kann uns die Sicht eines Freundes auch helfen, uns selbst deutlicher zu sehen und das Vertrauen in uns wiederherzustellen. Julia, eine meiner Schülerinnen, ist für die fürsorgliche, aber ehrliche Bemerkung einer Freundin bezüglich ihrer Beziehung zu Männern zutiefst dankbar.

»Eine meiner Freundinnen erklärte mir ganz offen und ehrlich, dass sie findet, dass ich Beziehungen romantisiere«, erklärt Julia, »und sie möchte, dass ich mich besser behandle. Ihre Einsicht und die Tatsache, dass sie meinen Schmerz sah, waren für mich der Anstoß, mich anders zu sehen. Sie versuchte nicht, mir Schuldgefühle zu machen. Sie wollte nur, dass ich mich so um mich sorge, wie sie glaubte, dass ich es verdiene. Da ich sehen konnte, wie tief ihre Liebe zu mir ist und wie sehr sie mich schützen will, entstand auch in mir der Wunsch, mich mehr zu lieben und zu schützen.«

Selbst wenn die Kritik eines anderen Menschen von Liebe motiviert ist, erfordert es immer noch Mut, sie anzunehmen. Hätte Julia auf die Bemerkungen ihrer Freundin abwehrend reagiert, hätte dies wahrscheinlich nicht nur ihre Freundschaft belastet, Julia wäre auch weiterhin Beziehungen zu Männern eingegangen, die sich ihr gegenüber respektlos verhielten.

In der heutigen Welt, in der soziale Medien ein wichtiges Kommunikationsmittel sind, gibt es mehr Möglichkeiten denn je, zu erfahren, was andere von uns denken. Manchmal ist das, was wir hören, positiv, aber allzu oft ist das Gegenteil der Fall. Cybermobbing und Verleumdungskampagnen verbreiten sich wie Steppenbrände im Internet und können irreparable Schäden anrichten: Zweiundfünfzig Prozent der Kinder berichten, dass sie online bereits Opfer von übler Nachrede wurden, bei zwanzig Prozent von ihnen zog das sogar Selbstmordgedanken nach sich; und wiederum jedes zehnte davon hat es auch versucht. Angesichts der Verbreitung von Handys und der Nutzung der sozialen Medien unter jungen Menschen (das Durchschnittsalter, in dem Kinder heute ein Handy bekommen, liegt zwischen elf und zwölf Jahren)[12] wird die lebhafte Verbreitung von schädigenden Gerüchten und Anschuldigungen zu einem beunruhigenden sozialen Phänomen. Und natürlich betrifft das auch viele Erwachsene.

Vermeiden wir, wenn wir uns wirklich zutiefst lieben, alles, was ausgesprochen persönlich ist, mit anderen zu teilen, oder stehen wir für unsere Überzeugungen öffentlich gerade? Welcher Ansatz spiegelt am besten Ihre Sorge und Ihre Anteilnahme für sich selbst?

Kinder der Gesellschaft

Die Konzepte, mit denen andere hinsichtlich unserer Religion, sozialen Klasse, Ethnie, unseres Geschlechts und unserer sexuellen Orientierung konditioniert worden sind, bestimmen die Art mit, wie sie uns wahrnehmen und was wir ihnen bedeuten. Genau daher ist es so wichtig und gleichzeitig für das innere Wachstum unserer Gesellschaft so entscheidend, dass begrenzende, negative Bilder auf gesellschaftlicher Ebene revidiert werden.

Manchmal kann eine größere Veränderung der gesellschaftlichen Projektionen zur Folge haben, dass eine Minderheit ein Gefühl der Legitimität und Zugehörigkeit bekommt, die man sich zuvor nicht hätte vorstellen können. Ein Beispiel hierfür ist das Urteil des US-Verfassungsgerichts, das 2015 die gleichgeschlechtliche Ehe zwischen homosexuellen Frauen und Männern erlaubte. Für diese bedeutete das eine weit größere Freiheit, als wenn die Kirche ihre Einstellung geändert und erlaubt hätte, dass sie gemeinsam zum Altar schreiten, um sich anschließend das Jawort zu geben. Der Kolumnist Frank Bruni von der *New York Times* beschreibt bewegend seine persönliche Reaktion auf das Gesetz:

»Nach einigen außergewöhnlichen Jahren, in denen ein Bundesstaat nach dem anderen die gleichgeschlechtliche Ehe erlaubte, urteilte das Verfassungsgericht, dass nun auch alle übrigen Bundesstaaten nachziehen müssten, schließlich verlange dies die Verfassung und es sei eine Frage der ›Gleichheit vor den Augen des Gesetzes‹, so der Richter Anthony Kennedy in der Urteilsbegründung.

Ich spreche als fünfzigjähriger Mann, der zwar erwartet hat, dass das irgendwann geschehen würde, der es aber noch immer nicht richtig glauben kann, da dies, als ich jung war und auch später noch, völlig ausgeschlossen schien und weil jetzt alles anders ist bzw. werden wird.

Denn im Urteil des Verfassungsgerichts ging es nicht einfach nur um die Erlaubnis der Eheschließung. Es ging um Würde. Eine Mehrheit der obersten Richter bestätigte vom höchsten Sitz der obersten juristischen Instanz unseres Landes einer Minderheit, dass sie normal ist und dass sie dazugehört – ganz, freudvoll und mit Hochzeitstorte«, schließt Bruni.[13]

Etwa zu der Zeit, als das Verfassungsgericht das Urteil verkündete, kommentierte Paul Brandeis Raushenbush, ein homosexueller Pfarrer, der bereits seit dreizehn Jahren mit seinem Partner liiert und seit fast zwei Jahren mit ihm verheiratet ist, die Ambivalenz der religiösen Autoritäten, die dem Urteil zunächst ihre Unterstützung zugesichert hatten, um sie später wieder zurückzuziehen: »Die Vorstellung, dass einige zufällig ausgewählte Menschen mein Leben und meine Liebe diskutieren, scheint jetzt seltsam und verletzend«, schrieb er in der *Huffington Post.* »Auch wenn ich als Geistlicher sowie als Mensch, der sich um die Gerechtigkeit für alle sorgt, von Berufs wegen solche Diskussionen weiterhin verfolgen werde, ist es mir persönlich vollkommen egal, was solche Leute über mein Leben denken ... Ich weiß, dass Gott mich wunderbar erschaffen hat und dass meine Beziehung gesegnet ist.«[14]

Ganz gleich, ob die homosexuelle Ehe von religiösen Führern abgelehnt oder vom höchsten Gericht erlaubt wird, diese Diskussion hätte ohne die Jahrzehnte des Kampfes der Mitglieder der Gemeinschaft der Lesben, Schwulen, Bisexuellen und Transgender (LSBT) – der oft mit großen Risiken für ihre Sicherheit verbunden war – nie stattfinden können. Ohne diesen Kampf wäre das Recht auf Eheschließung für gleichgeschlechtliche Paare nicht erreicht worden.

Für jede marginalisierte Gruppe erfordert es Mut und Ausdauer, das gängige Bild, das die Gesellschaft von ihr zeichnet, in Frage zu stellen und zu ändern. Ich habe gesehen, wie schlecht bezahlte Arbeiter in den USA mutig der Gefahr trotzten, die einzige Arbeit, die sie hatten – wie schlecht sie auch vergütet wurde –, zu verlieren. Sie stellten sich gegen ihre Chefs und sagten ihnen: »Wir sind Menschen und haben einen uns angeborenen Wert. Wir verdienen es, entsprechend behandelt zu werden und einen Lohn zu bekommen, von dem wir leben können.« Vielen von ihnen machte es Angst, aktiv zu werden, doch andererseits stärkte es ihr Selbstbewusstsein.

Manchmal kommen die Geschichten, die wir verinnerlicht haben, nicht ausschließlich aus unserer Familie, unserer Gemeinschaft oder unserem weiteren sozialen Umfeld,
sondern sie sind eine Kombination aus allen dreien. Wenn
solche Botschaften negativ sind, können sie sich zu einem
Berg emotionaler Schmerzen und Leiden auftürmen, die
zu entwirren Zeit, Gewahrsein und einer ganz bewussten
Praxis der Selbstliebe bedarf.

Trudy Mitchell-Gilkey ist eine afroamerikanische buddhistische Laienpraktizierende und achtsamkeitsbasierte
Psychotherapeutin, die in Takoma Park in Maryland arbeitet. Sie wuchs als Jüngste von dreizehn Kindern in relativ
bescheidenen Verhältnissen auf dem Land in Arkansas auf.
Bereits sehr früh verinnerlichte sie die Botschaft ihrer
schwierigen Kindheit, nämlich dass sie im Vergleich zu denen, die aus »besserem Hause stammen, überhaupt keinen
Wert« habe. Während sie sich, wie sie selbst sagt, in ihrer
Familie nicht gesehen fühlte, war sie in der Grundschule *zu*
sichtbar – denn sie fiel negativ auf. Sie war massiver Diskriminierung ausgesetzt, und ihre Schulkameraden griffen sie
sogar körperlich an. Einmal, man hatte in der Schule eine
Rolle im Theaterstück mit ihr besetzt, erlaubte man ihr
schließlich doch nicht, mitzumachen. Sie wusste, dass man
ihr das antat, da sie schwarz war. »Das Erste, was man mir
beibrachte, als ich mich in die Welt hinauswagte, war: ›Du
bist kein vollwertiger Mensch‹«, erzählt sie heute.

Erst als sie in der zehnten Klasse bei einer Schreibauf-
gabe eine Eins plus bekam, konnte sie einen Vorgeschmack
ihres eigentlichen Wertes erahnen. »Mein Lehrer schrieb
mit seinem leuchtend roten Stift ›Ich mag deine Art zu
schreiben!‹ unter meine Arbeit«, erinnert sich Trudy.
»Dieser Lehrer war der erste Weiße, der mir ein ernstzu-
nehmendes positives Urteil über mich anbot. Diese sechs

Worte änderten den Lauf meines Lebens.« Natürlich musste sie diese Erfahrung noch weiter bekräftigen: »Wenn so viel erlebter Hass, für den man nichts kann, im eigenen Herzen schwelt, braucht es mehr als eine Person, die sagt, man sei etwas wert, bevor sich die Dunkelheit in einem lichtet.«

Trudy hatte auf ihrem Weg noch weitere Mentoren, darunter eine Freundin in der Kirchengemeinde, die ihr half, zu sehen, wie sie sich »mit all dem Leiden konfrontieren und es überwinden könnte. Mit ihr zu reden, öffnete mir die Tür«, sagt Trudy. »Ich sah, dass ich fähig war, für mein eigenes Leiden präsent zu sein und auch anderen zu helfen, das ihre zu transformieren.« Einige Jahre später schloss sie ihre Studien der Sozialarbeit mit dem Master ab und arbeitete schon bald danach als Psychotherapeutin.

Dennoch versuchte sie zu Beginn ihrer Arbeit als Therapeutin, als sie noch keinen wirklich sicheren inneren Rückzugsort hatte, in einem Jahr inmitten heftiger Schmerzen des Verlusts und der Trauer, sich das Leben zu nehmen. In einem Moment der Gnade, als sie bereits mit laufendem Motor in ihrem Wagen in der Garage saß, bekam sie einen Anruf von einer fürsorglichen Therapeutin. Trudy stellte den Motor ab, um sie besser verstehen zu können. Später – Trudy schrieb gerade an ihrem Abschiedsbrief – kam es zu einer weiteren segensreichen Begebenheit: »Ich hatte mir etwa dreißig Tage gegeben, um diesen Brief zu schreiben, der immer länger wurde – von ein paar Zeilen zu Absätzen, Kapiteln, bis er schließlich ein regelrechtes Buch geworden war –, denn ich wollte meiner kleinen Tochter genau erklären, warum ich in den Tod ging. Als ich mit dem ersten Entwurf fertig war, empfand ich merkwürdigerweise ein tiefes Gefühl des Friedens und der Ruhe, und es schien, als könnte ich mit meinem Leben plötzlich nun doch noch etwas anfangen. Ich hatte das Glück, dass ein guter Freund mich zum Yoga mitnahm. Als ich dort in der Totenstellung[15] lag, empfand ich ein ähnliches Gefühl des Friedens und der Ruhe, so, wie ich es noch nie zuvor erlebt hatte. Erst hatte ich Selbstmord begehen wollen, doch der Abschiedsbrief half mir, neuen Mut zu fassen, und hat mir das Leben gerettet. Ich war bereit, einen neuen Weg zu finden, zu leben.«

Auf der Suche nach dem gleichen Gefühl des Friedens, das sie während des Yoga erlebt hatte, fand Trudy einen Meditationskurs und begann ernsthaft zu praktizieren. »Der Besuch der Gruppe war, was das Feuer entzündete. Die Lehren Buddhas waren der Treibstoff«, sagt sie. Schließlich lud die Lehrerin Tara Brach Trudy ein, selbst eine Ausbildung zur Meditationslehrerin zu absolvieren.

Sie fügt hinzu, dass ihr ursprüngliches Gefühl, absolut wertlos zu sein, auch durch die geschickten Mittel ihrer Arbeit als Therapeutin transformiert wurde. »Dadurch, dass ich bei anderen das gleiche universelle Leid sah und mehr in die Tiefe ging, um ihnen zu helfen, sich selbst zu lieben, heilte die Meditation der Liebenden Güte, wie ich sie lehre, mich gleich mit.«

Es ist nicht einfach, uns selbst besser kennenzulernen und zu entdecken, wer wir unter der Oberfläche sind, jenseits der Geschichten, die andere über uns erzählen, und jenseits der Schubladen, in die uns die Gesellschaft steckt. Um dies herauszufinden, müssen wir bereit sein, Risiken einzugehen, Neuland zu betreten und uns für Mut statt Angst zu entscheiden. Tun wir diesen Schritt, öffnen sich uns, wie Trudy es entdecken konnte, neue Horizonte. Wir können uns von den Bildern befreien, die uns zuvor begrenzten, und es der wahren Liebe ermöglichen, in uns zu erblühen.

Kontemplation

Versuchen Sie, sich Ihre eigene Geschichte neu zu erzäh-len – diesmal als Heldengeschichte, in der Sie harte Zeiten und Schicksalsschläge überlebten, um der stärkere und weisere Mensch zu werden, der Sie jetzt sind. Erzählen Sie es sich anhand einiger zufälliger Begebenheiten, über die Sie keine Macht hatten. Schreiben Sie so Ihre Geschichte neu. Wie bestimmten frühere Entscheidungen mit, wer Sie heute sind?

Leben Sie in der Geschichte eines anderen? Was wäre, wenn Sie eine Unabhängigkeitserklärung abgeben wür-den? Kämpfen Sie den Kampf von jemand anderem? Hält Sie Ihre Loyalität zu dieser Person davon ab, sich zu ent-scheiden, jetzt Ihr eigenes Glück zu leben?

Bringt eine bestimmte Situation einen Teil Ihrer eigenen Geschichte zum Vorschein? Hilft Ihnen Ihr Selbstbild in der Gegenwart, oder macht es die Dinge nur noch schwie-riger?

3 Die eigenen Gefühle willkommen heißen

Wahre Liebe für uns selbst umfasst per Definition alle Aspekte unseres Lebens – sowohl das Gute als auch das Schlechte, ebenso die Schwierigkeiten wie die Herausforderungen der Vergangenheit, die unsichere Zukunft genauso wie die beschämenden oder aufregenden Erfahrungen und Begegnungen, die wir allzu gerne schnell vergessen. Dies bedeutet allerdings nicht, dass wir alles feiern müssen, was uns je zugestoßen ist, oder dass wir an alle, die uns jemals verletzt haben, Dankesschreiben verfassen. Ob es uns gefällt oder nicht: Das, was von der Vergangenheit in unseren Gefühlen weiterlebt, ist Teil dessen, wer wir sind. Sofern wir Aspekte davon ablehnen, sind wir wie Schwindler, nicht authentisch und von uns selbst getrennt.

Wenn wir unser wahres Selbst hintanstellen, laufen wir Gefahr, von anderen dominiert zu werden, statt mit ihnen eine liebevolle Beziehung eingehen zu können. Wenn wir hingegen unser Herz der ganzen Vielfalt unserer Erfahrungen öffnen, lernen wir, uns auf unsere Bedürfnisse einzustimmen und all der einzigartigen Wahrnehmungen, Gedanken und Gefühle des gegenwärtigen Augenblicks gewahr zu sein. So sind wir nicht länger Gefangene der Bewertungen, die sich auf die Erwartungen anderer stützen, und wir können unseren eigenen Wert spüren.

Je mehr wir mit den eigenen Gefühlen, dem eigenen Körper und den eigenen Gedanken vertraut werden, desto leichter fällt es uns, sie zu integrieren. Diese Vertrautheit ist möglich, wenn wir allem, was wir kennen und wünschen, allem, was wir fühlen und auch wovor wir uns fürchten, mit Achtsamkeit und Mitgefühl begegnen. Unterdrücken wir jedoch unsere Gefühle und lehnen wir sie ab, ist es uns nicht möglich, sie besser kennenzulernen und zu integrieren. Und wenn wir unser Selbstbild von jeder der sich andauernd ändernden Emotionen, die durch uns strömen, abhängig machen, wie sollen wir uns dann je in unserem Körper und unserem Geist zu Hause fühlen?

Als ich mit nur achtzehn Jahren zu meditieren begann, wusste ich zwar, dass ich zutiefst unglücklich war, mir war aber nicht klar, welch unterschiedliche Stränge der Trauer, Wut und Angst in mir am Wirken waren. Im Lauf der Zeit lernte ich dank der Meditation, genauer in mich hineinzuschauen, und spürte die verschiedenen Aspekte meiner Trauer und meines Leids auf. Was ich sah, wühlte mich anfangs derart auf, dass ich schließlich meinen Lehrer S. N. Goenka aufsuchte und vorwurfsvoll zu ihm sagte: »Bevor ich anfing zu meditieren, war ich eigentlich kein ärgerlicher Mensch!«

Doch natürlich trug ich viel Wut in mir: Meine Mutter war früh gestorben, meinen Vater hatte ich kaum gekannt. Ein Gefühl der Verlassenheit zerriss mich. Die Meditation hatte den Grund dieses Leidens freigelegt. Als ich meinen Lehrer Goenka und die Meditation selbst für all diesen Schmerz verantwortlich machte, lachte er einfach – und erinnerte mich an die Werkzeuge, die mir nun zur Verfügung standen, um mit diesen schwierigen Gefühlen umzugehen – Gefühlen, die ich zuvor, so sagte er, sogar vor mir selbst zu verstecken pflegte. Auf diese Weise konnte ich tatsächlich eine neue Beziehung zu meinen Emotionen und die gesunde Mitte finden, die darin besteht, sie weder zu verleugnen noch mich von ihnen überwältigen zu lassen.

Im Inneren Zuflucht nehmen

Genauso wie Liebe kann auch Achtsamkeitsmeditation eine Zuflucht sein, und auch bei ihr wird das alltägliche Leben keineswegs ausgeschlossen. Die Stärke der Achtsamkeit liegt darin, dass sie uns befähigt, schwierigen Gefühlen und Gedanken anders zu begegnen – mit Gewahrsein, Ausgeglichenheit und Liebe –, statt zu versuchen, schmerzhafte Gefühle auszulöschen oder negative Gedankenmuster auszumerzen. Und genau dies hilft uns zu heilen.

Die Schauspielerin Daphne Zuniga hatte während eines unserer zehntägigen Schweige-Retreats Erfahrungen, die meinen zuvor beschriebenen ähnelten: Bevor Daphne in das Meditationshaus kam, hatte sie bereits alleine meditiert und, wie sie es ausdrückt, »ein sehr erhebendes Gefühl des Glücks und der Offenherzigkeit erlebt«. Am vierten Tag des Retreats jedoch, so erinnert sie sich, »war ich mir sicher, dass etwas falschlief. Mit Unsicherheit und Einsamkeit konfrontiert, dachte ich, dass unsere geschätzten Lehrer vielleicht doch nicht so talentiert sind, wie ich gedacht hatte. Ich weiß noch gut, dass ich mich nach der Meditation im Korridor setzte, um meine Schuhe anzuziehen. Jacken hingen an der Garderobe, Schuhe standen in den Regalen darunter und Wasserflaschen und Hüte in der Ablage darüber. Plötzlich hatte ich ein Déjà-vu aus der Zeit, als ich ein kleines Mädchen war und in die Grundschule ging, denn wir hatten damals die gleichen Regale. Ich wurde von

Schamgefühlen überwältigt. Meine Eltern hatten sich getrennt, als ich sechs Jahre alt war. Mein Papa zog aus, und ich glaubte, das läge daran, dass ich es nicht verdiente, sowohl eine Mama als auch einen Papa zu haben, da so viele Dinge bei mir falschliefen.

Mir kamen die Tränen. Mein Körper fühlte sich genauso an wie damals, mein Magen verkrampfte sich und wurde zu einem Klumpen aus Scham, der nicht verschwinden wollte. Mit gesenktem Kopf schaute ich um mich und blickte auf die Füße, Beine und Jacken der Leute. Merkten sie, was ich fühlte? Dann kam mir die Frage, was wäre, wenn es stimmte, dass ich es wirklich nicht wert war, das Gleiche zu haben wie andere. Was, wenn ich für immer alleine sein müsste, weil ich es nicht verdiente, mehr zu bekommen? Ich verließ den Meditationsraum mit der Befürchtung, dass das Retreat mir bei meinem bis ins Mark verpfuschten Selbst nicht helfen könnte.

Weinend ging ich zu Bett, legte mich mit dem Gesicht zur Wand und schlang die Decke eng um mich, genauso wie ich es als Kind in meinem Etagenbett zu tun pflegte, wenn sich Papa und Mama im Nachbarzimmer stritten.«

Am nächsten Tag wollte Daphne mich sprechen. »Wie geht es dir?«, fragte ich sie. Nur zu gerne ließ sie es mich wissen!

»Nie zuvor in meinem Leben war ich so traurig!«, erzählte sie. »Das ist verrückt. Um mich herum sind all diese lieben, vertrauensvollen Menschen, wir sind alle gekommen, weil wir dir trauen, und ich halte an all diesen schmerzhaften negativen Gefühlen mir selbst gegenüber fest! Ich bin eigentlich ein glücklicher Mensch! Bevor ich hierherkam, wachte ich morgens immer mit einem Lächeln auf! Ich war in einem Zustand echter Freude und empfand Liebe für alle.« Daphne ließ nun ihren Tränen freien Lauf.«»Ich finde, du kannst nicht all diese Leute in so einen Zustand bringen! Es ist wirklich schmerzhaft.«

Ich schob die Packung Taschentücher, die auf dem Tisch lagen, zu ihr hinüber. »Du bist auf dem richtigen Weg«, sagte ich.

»Was meinst du damit?«, fragte sie ungläubig. »Ich meditierte jeden Tag und spürte einen Fluss ekstatischer Freude, wie ich ihn nie zuvor gekannt hatte. Mich erfüllte grenzenlose Liebe für das ganze Leben!«

Ich erklärte ihr also: »Wenn man die Meditationspraxis mit dem Bau eines Hauses vergleicht, hast du mit dem Dachgeschoss begonnen. Doch jetzt wendest du dich dem Fundament zu.«

Daphne war sich dessen nicht so sicher, doch ich ermutigte sie, einfach weiterzumachen.

Sie blieb im Retreat, blieb bei ihren Gefühlen, brachte fortwährend ihre Achtsamkeit zurück zum Atem und setzte beim Gehen voller Gewahrsein einen Fuß vor den anderen. Bald darauf erzählte mir Daphne: »Es geschah etwas ganz Bemerkenswertes: Ich begann meinen Gedanken und Gefühlen sehr freundlich und mitfühlend zu begegnen, so wie eine Mutter, die ihr geliebtes Kind betrachtet – eine Mutter, die sich für jeden einzelnen kaum wahrnehmbaren Atemzug interessiert und nirgendwo anders hinwill. Offensichtlich *war* ich genug. Ich war der Aufmerksamkeit wert, wenn ich atmete. Diese Präsenz wurde in dem Maße stärker, wie sich das Gefühl des Alleinseins verflüchtigte. Selbst wenn Erinnerungen an die Einsamkeit in meiner Familie aufstiegen, so waren sie doch nichts als Erinnerungen. Liebevoll beobachtete ich, wie sie kamen und gingen, und sagte innerlich zu mir: ›Ich beschütze dich, meine Liebe. Ich werde dich schützen.‹«[16]

Die Tür zu den Gefühlen öffnen

Wenn wir einen großen Teil unserer Erfahrungswelt abblocken und verleugnen, können wir keine wache, verbundene Beziehung zu uns selbst eingehen. Wie sollen wir uns so je lebendig fühlen?

Achtsamkeit und Liebe sind Eigenschaften, auf die wir uns in jedem Augenblick unseres Lebens verlassen können. Sie helfen uns, uns wiederzufinden, wenn wir den Weg verloren haben, und unterstützen uns, ganz gleich, welchen Stürmen und Pannen wir unterwegs ausgesetzt sind. Und sie helfen uns auch, unsere vorgefassten Meinungen darüber loszulassen, wie wir uns zu fühlen haben und wie sich das Leben in welcher Situation auch immer gestalten sollte.

Im Juni 2015 leitete ich gemeinsam mit anderen in Charleston, South Carolina, ein Retreat für Farbige, das kurz nach dem Massaker an afroamerikanischen Kirchgängern in der Stadt stattfand. An einem der Abende berichtete eine Frau namens Erika der Gruppe von ihren Erfahrungen während der Meditation: »Ich stellte mir vor, ich lade all die verschiedenen Anteile von mir, die ich normalerweise meide, zu einer Dinnerparty ein«, sagte sie. »Es fiel mir alles andere als leicht, aber ich musste meiner tiefen Trauer den Platz direkt neben mir anbieten und mir eingestehen, dass sie da ist. Ich konnte nicht einfach nur versuchen, mit meinem Leben wie bisher weiterzumachen.« Während sie das erzählte, erfüllte das leise Schluchzen der anderen Anwesenden den Raum.

Wenn wir, wie Erika, all unsere Gefühle mit Achtsamkeit willkommen heißen, können wir mit ihnen so, wie sie sich gerade zeigen, leben, ohne uns von ihnen bestimmen zu lassen.

Interessanterweise betont eine neuere Studie die Wichtigkeit dessen, wirklich *alle* unsere Gefühle zuzulassen, einschließlich jener, die wir für gewöhnlich als »negativ« erachten, und dazu gehören auch Trauer und Wut. Das Modell der Biodiversität von Ökosystemen in der Natur als Vorbild nehmend, fanden Wissenschaftler Hinweise darauf, dass Emodiversität – ihr Wort für die ganze Bandbreite an menschlichen Emotionen – eine Schlüsselrolle bezüglich unserer allgemeinen Gesundheit und unseres Wohlbefindens spielt.[17]

Diese Überzeugung findet auf wunderbare Weise in der Pixar-Animation *Alles steht Kopf* ihren Ausdruck. Die verschiedenen Emotionen des elfjährigen Mädchens Riley werden darin jeweils von Comic-Figuren personifiziert, die ihre Stimmungen der Freude, Angst, Wut, Abscheu und Trauer verkörpern. Zu Beginn bestimmt Freude die Szenerie. Aber als Rileys Familie in eine andere Stadt zieht und sich das Mädchen an eine neue Schule gewöhnen sowie den Verlust ihres besten Freundes verkraften muss, beginnen die anderen Gefühle die Macht zu ergaunern, insbesondere die Trauer. Erst als Riley es der Traurigkeit, die in einem blauen Mantel umherschleicht, erlaubt, sich auszudrücken, geht es ihr langsam besser, und sie beginnt, ihr neues Leben zu genießen.

Vor vielen Jahren begann ich selbst während eines Retreats der Insight Meditation Society (IMS) zu verstehen, wie wichtig es ist, sämtliche Emotionen, die sich zeigen, willkommen zu heißen. Einige Monate zuvor hatte ein enger Freund Selbstmord begangen, und mich erfüllten Trauer und Leid. Gleichzeitig sträubte ich mich, die volle Kraft dieser Gefühle zuzulassen oder sie mit Sayadaw U Pandita, dem burmesischen Lehrer, der das Retreat leitete, zu teilen. In meiner Vorstellung war er ein asketischer

Mönch, der die Welt der chaotischen Emotionen hinter sich gelassen hatte. Ich meinte, ebenso stoisch sein zu müssen, wie ich glaubte, dass er es sei, und versuchte, die Tiefen meiner Trauer nicht zu spüren.

Als ich ihm dann doch an einem der Tage scheu von meinen Gefühlen erzählte, fragte mich Sayadaw U Pandita, ob ich geweint hätte.

»Nur ein klein wenig«, erwiderte ich, da ich annahm, er wolle dies hören.

Seine Antwort erschreckte mich regelrecht: »Wenn du weinst, dann weine dir das Herz heraus. Auf diese Weise verschaffst du dir die größte Erleichterung.«

Nach diesem Gespräch weinte ich ohne Hemmungen. Ich war nun von Trauer durchdrungen, allerdings, jetzt da ich sie zuließ, ohne länger ihre Gefangene zu sein.

Heilung ist eine Arbeit im Inneren

Unterdrückt man schwierige Emotionen – bewusst oder unbewusst – über lange Zeit, und sind diese Emotionen auch noch ausgesprochen komplex, kann es manchmal Jahre dauern, bis man sich ihrer gänzlich gewahr wird. Doch man kommt nicht umhin, sich mit ihnen zu beschäftigen, da sie andernfalls nicht aufgelöst und geheilt werden können.

Genau diese Erfahrung machte meine Freundin Barbara Graham, die in ihrem autobiographischen Buch *Camp Paradox* beschreibt, wie sie Ereignisse aufarbeitete, die sich bereits Jahrzehnte zuvor zugetragen hatten. Barbara vertraute mir an:

»Lange Jahre war mir nicht klar, was mir während eines Sommercamps widerfuhr, an dem ich als Vierzehnjährige teilnahm. Erst dreißig Jahre später verstand ich, dass die damals achtundzwanzigjährige Betreuerin mich sexuell missbraucht hatte. Ich brauchte weitere zehn Jahre, um ihr zu verzeihen, dass sie mich angefasst hatte, und – das war das Schwierigste – mir nicht mehr selbst die Schuld für das Geschehene zu geben.

Als ich endlich verstand, was passiert war, erfüllte mich eine Trauer, die ich zwar die ganzen Jahre in mir getragen hatte, aber nicht bemerkt hatte. Ich weinte vollkommen unkontrolliert. Nach einiger Zeit machte die Trauer einer Wut Platz, die ebenso unbewusst geblieben war. Zuvor hatte ich nur immense Scham gespürt und mir eingeredet, dass mit mir grundlegend etwas nicht stimmte. Immer dann, wenn ich an dieses Sommercamp dachte, wurde diese Scham von einer Dumpfheit begleitet, auch wenn ich es zumeist vermied, mich daran zu erinnern.

Heute ist mir bewusst, dass sowohl die Trauer als auch die Wut nötig waren. Ich musste den inneren Hurrikan durchleben, der so lange in mir geschlummert hatte.«[18]

Barbara erkannte später, dass es ein entscheidender Schritt auf ihrem Weg, sich selbst zu lieben, war, diese Gefühle in ihrer ganzen und schrankenlosen Kraft zu spüren. Manchmal merken wir vielleicht auch, dass es notwendig ist, noch einen Schritt weiterzugehen, und dass es nicht ausreicht, nur uns selbst die Wahrheit einzugestehen, sondern dass wir sie auch anderen mitteilen müssen. Es mag dann für uns wichtig sein, zu handeln, vor Gericht zu gehen oder zu versuchen, eine Entschädigung welcher Art auch immer einzufordern. Selbst wenn das vielleicht nur der erste Schritt ist, sich für seine Gefühle zu öffnen, ist es doch die Voraussetzung für wahre Liebe und Glück.

Übungen zu Kapitel 3

RAIN: Eine Übung für das Willkommenheißen von Gefühlen

Die meisten Menschen beginnen zu meditieren, da sie sich nach einer Ruhepause von ihrem rastlosen Geist sehnen, dem hyperaktiven (und oft selbstzerstörerischen) Strudel an Gedanken und Gefühlen, dem wir pausenlos ausgesetzt sind und den man manchmal auch »Affengeist« nennt. Aber um ehrlich zu sein: Meditation beseitigt nicht die geistigen und emotionalen Turbulenzen, sondern schafft eher einen Raum des Wohlwollens, der es uns erlaubt, mit unseren Erfahrungen vertrauter zu werden, was es uns wiederum ermöglicht, anders mit diesem fortwährenden Strom an Gedanken und Gefühlen umzugehen. Und genau darin liegt unsere Freiheit.

RAIN ist die Abkürzung für eine Praxis, die entwickelt wurde, um bei emotionaler Verwirrung und Leid zu helfen. Wenn sich ein negatives oder heikles Gefühl zeigt, halten wir inne und erinnern uns an die vier Schritte, für die diese vier Buchstaben stehen, und beginnen auf neue Art achtsam zu sein.

R: Registrieren (Erkennen): Solange wir uns nicht eingestehen, dass wir eine Emotion haben, können wir auch keine neuen Wege finden, weise mit ihr umzugehen, um angesichts einer Schwierigkeit wieder zu Kräften zu kommen. Entsprechend ist der erste Schritt, zunächst einmal wahrzunehmen, was sich zeigt. Angenommen, nach einer Unterhaltung mit einem Freund bleibt Ihnen ein etwas übler Nachgeschmack. Die Sache beschäftigt Sie weiterhin. Versuchen Sie nicht, Ihr Unbehagen wegzuschieben oder zu übergehen. Schauen Sie stattdessen genauer hin. Vielleicht sagen Sie sich: »Oh, das fühlt sich wie Ärger an!« Dann folgt möglicherweise gleich der Gedanke: »Und ich merke, dass ich mich bewerte, weil ich ärgerlich bin.«

A: Akzeptieren: Der zweite Schritt ist die Fortführung des ersten – Sie akzeptieren das Gefühl und erlauben ihm, da zu sein. Anders ausgedrückt: Sie erlauben sich, es zu empfinden. Selbst wenn Sie sich vornehmen: »Ich sollte einem Freund gegenüber keine so hasserfüllten Gedanken hegen!« oder »Ich sollte nicht so empfindlich sein!«, dürfen Sie nicht vergessen, dass Ihnen dies nicht so einfach gelingen wird. Manchmal ermutige ich meine Schüler dazu, sich Emotionen als Besucher vorzustellen, die an ihre Haustür klopfen. Gedanken sind keine Mitbewohner, sie kommen lediglich zu Besuch. Sie können sie begrüßen, sie akzeptieren und dabei zusehen, wie sie wieder gehen. Bezeichnen Sie Ärger und Selbstverurteilung doch einfach als »leidbringend«, statt sie als »schlecht« oder »falsch« abzulehnen. Dies ist der Zugang zu Mitgefühl uns selbst gegenüber – Sie können wahrnehmen, wie Ihre Gedanken und Gefühle sich zeigen, und ihnen Raum geben, selbst wenn sie unangenehm sind. Sie greifen nicht nach Ihrem Ärger, Sie fixieren sich nicht auf ihn und behandeln ihn auch nicht wie einen Feind, den man in seine Grenzen verweisen muss. Die Gefühle dürfen einfach sein.

I: Investigation (achtsames Erforschen): Beginnen Sie jetzt damit, Fragen zu stellen und die Emotionen mit Offenheit und Neugier zu untersuchen. Das ist eine ganz andere Herangehensweise, als wie besessen nach Antworten zu suchen oder sich Vorwürfe zu machen. Sind wir in unseren Reaktionen gefangen, konzentrieren wir uns allzu leicht auf den Anstoß des Ärgers und sagen uns Dinge wie: »Ich bin auf Soundso richtig wütend! Ich werde allen erzählen, was er getan hat, und ihn vernichten!« Wenn wir uns hingegen die Emotion an sich betrachten und uns erlauben, Neugier zu entwickeln und uns näher auf sie einzulassen, statt sie wegzuschieben, gibt uns dies eine immense Freiheit. Wir können uns anschauen, wie es sich in unserem Körper anfühlt und was es alles umfasst. Viele starke Emotionen sind in Wirklichkeit verzwickte Gebilde, die aus verschiedenen Strängen gewebt sind: Ärger beispielsweise beinhaltet für gewöhnlich Aspekte der Trauer, der Hilflosigkeit und der Angst. In dem Maße, wie wir mit einem unbequemen Gefühl vertrauter werden, wird es transparenter und durchlässiger. Wir konzentrieren uns weniger darauf, es zu bewerten, sondern bemühen uns vielmehr, es besser zu verstehen. Noch einmal: Wir verlieren uns weder in den Gefühlen, noch unterdrücken wir sie. Vergessen Sie nicht, dass es kein Zeichen des Fortschritts ist, wenn keine negativen Gefühle mehr auftauchen. Sie zeigen sich weiterhin, verwandeln sich jedoch, sind nicht mehr hart wie Stahl, sondern werden hauchdünn, wie ein Gazeschleier, und transparent; so können wir damit beginnen, sie zu erkunden.

N: Nicht-Identifizieren: Beim letzten Schritt der RAIN-Methode versuchen wir bewusst, uns nicht vom betreffenden Gefühl bestimmen zu lassen, obwohl wir es zweifelsohne haben, und wir identifizieren uns nicht damit. Auf jemanden in einer bestimmten Unterhaltung oder Situation wütend zu sein, ist etwas vollkommen anderes, als sich einzureden: »Ich bin ein ärgerlicher Mensch und werde es immer bleiben.« Sie erlauben es sich, Ihren Ärger, Ihre Angst und Ihre Ablehnung – was auch immer sich gerade zeigt – wahrzunehmen. Statt in die Abwärtsspirale der Urteile zu verfallen (»Ich bin so ein furchtbarer Mensch«), machen Sie einfühlsam eine Beobachtung, etwas wie: »Oh, da ist viel Leid.« Dies öffnet das Tor zu einer mitfühlenden Beziehung zu sich selbst und ist die wahre Grundlage für eine mitfühlende Beziehung zu anderen.

Wir haben wenig Einfluss darauf, welche Gedanken und Gefühle sich in uns zeigen. Wir *können* sie allerdings als das wahrnehmen, was sie sind – manchmal sich wiederholend, manchmal frustrierend, manchmal Ausgeburten der Phantasie, oft schmerzhaft, jedoch immer im Wandel begriffen. Wenn wir uns diese einfache Erkenntnis zugestehen, beginnen wir gleichzeitig zu akzeptieren, dass wir nie in der Lage sein werden, unsere Erfahrungen zu kontrollieren, aber sehr wohl unseren Umgang mit ihnen ändern können. Das ändert alles.

4 Treffen mit dem inneren Kritiker

Eine weitere starke Kraft, die uns von der Liebe zu uns selbst trennt und auch dazu führt, dass wir andere mit der gleichen Härte begegnen, mit der wir uns selbst behandeln, ist unser innerer Kritiker – die innere Stimme, die uns so gerne erzählt, wir seien nicht gut genug, bemühten uns nicht genug und kümmerten uns in den verschiedenen Bereichen nicht genug um andere.

Josephine, eine Künstlerin, beschreibt ihr Rendezvous mit ihrer inneren Kritikerin folgendermaßen: »Wenn ich manchmal morgens in den Spiegel schaue, ist es, als schaue mir meine innere Kritikerin über die Schulter, deute auf all meine vielen körperlichen Unzulänglichkeiten und erkläre mir unumwunden, wie jämmerlich ich altere. Und dabei belässt sie es keinesfalls bei meiner äußeren Erscheinung. Ich sehe sie, wie sie mir eine umfangreiche Liste vorhält, geschrieben in kunstvoller Kalligraphie auf altem Pergament, die meine moralischen Verfehlungen, vertanen Gelegenheiten, Schwächen und peinlichen Situationen enthält – und das seit den Grundschultagen. In meiner Familie ist das Aufsagen der eigenen Fehler sozusagen eine mündliche Überlieferung, die wie ein Familienerbe über Generationen weitergegeben wurde.«

Solche inneren Stimmen, die uns einreden, wir seien nicht gut genug, stellen ein gewaltiges Hindernis dar, mit uns selbst in Kontakt zu kommen und uns wirklich geliebt zu fühlen. Vielleicht führen wir bisweilen mit diesen inneren Stimmen Streitgespräche, aber insbesondere wenn wir uns entfremdet fühlen und von uns selbst abgetrennt oder einsam sind, sind wir eine recht leichte Beute für sie. In einer Kultur, die besonderen Wert auf Individualismus, Ehrgeiz, Konkurrenz, Machtstreben, Habgier und Perfektionismus legt, ist es sicherlich besonders schwierig, den verletzenden Botschaften zu widerstehen. Doch ganz gleich, ob wir ihnen glauben oder nicht, unsere hauseigene Kritikerin kann uns leicht zum Gefangenen der eigenen uns hemmenden Gedanken machen.

Josephine hat diese Kritikerin nicht verbannen können, aber die Praxis der Achtsamkeit hat die Macht, die sie über sie ausübt, geschwächt. Dank der Achtsamkeit gewann sie Abstand zu dieser inneren Kritikerin, weswegen sie ihr und ihrer rastlosen Negativität heute weniger Glauben schenkt und einen direkteren Zugang zu ihrem authentischen Selbst gewann. Wie Josephine können wir allein dadurch, dass wir uns unserer Erfahrungen und Gefühle bewusst werden, unseren Umgang damit ändern: Wir können beginnen, sie loszulassen.

Lilah sieht die Arbeit mit der Kritikerin gerne als eine Art fortwährendes Experiment: »Wenn ich regelmäßig meditiere«, berichtet sie, »fällt es mir eher auf, wenn sich in mir abwertende oder kritische Gedanken zeigen. Ich frage mich dann: ›Würde ich so etwas zu einem Freund sagen?‹ ›Wie fände ich es, wenn eine Freundin so selbstkritisch wäre?‹ oder: ›Wie würde ich ein jüngere Version meiner selbst behandeln?‹« In jedem Fall hilft ihr die Erkundung dieser negativen Gedanken, ihre innere Kritikerin zu identifizieren und sich von ihr zu befreien.

Die Kritikerin ausfindig machen

Bei dieser Übung geht es darum, mit dieser Kritikerin wirklich zu kommunizieren und, wie es Lilah tut, sich ihre Stimme zu »schnappen«, wenn sie sich zeigt. Uns mag bereits aufgefallen sein, dass die Kritikerin aus einer Welt der absoluten Werte und Urteile stammt, einer Welt, die wenig Raum für Nuancen oder Grautöne lässt. Ihre Lieblingsworte sind *man sollte, immer* und *nie*. Ihr Betriebssystem ist auf Anschuldigungen programmiert. »Du hast es wieder einmal vermasselt, so wie *immer*.« – »Du *solltest* einfach aufgeben.« – »Du bist so anders als die anderen, niemand wird dich jemals lieben!« – »Du hast so viele Fehler, du wirst dir *nie* helfen können und schon gar nicht anderen.« Statt einen weiten und offenen Raum zu schaffen, mit dem wir dem Leben begegnen können, sorgt die innere Kritikerin dafür, dass wir uns permanent selbst in Frage stellen. Sie bricht regelrecht über uns ein.

Bei manchen bedient sich die innere Kritikerin der Stimme eines Menschen aus ihrem Leben – die der Mutter, einer Tante, eines anderen Kinds oder des Chefs, der Ihnen gekündigt hat. Mein Freund Joseph Goldstein erinnert sich noch gut an seinen Grundschullehrer, der ihm in der ersten Klasse eine dicke Sechs eintrug, da er sich so ungeschickt anstellte (damals mischte man noch Mehl und Wasser, um Kleber herzustellen, und dabei war Joseph anscheinend nicht sonderlich sorgfältig).

Vielleicht macht ein Freund oder ein Fremder eine flapsige Bemerkung, die wir uns so zu Herzen nehmen und auch körperlich verinnerlichen, dass sie Teil unseres Selbstbilds wird. Und wenn, wie bei Josephine, solche kritischen Stimmen »wie ein Familienerbe« weitergegeben wurden, sitzen diese Identifikationen noch tiefer. Ich habe eine

Freundin, die noch heute die höhnische Stimme ihrer bereits seit langem verstorbenen Mutter hört – einer Frau, die von allen menschlichen Merkmalen Schlankheit am meisten schätzte. Mit dieser Stimme maßregelte sie sich selbst dann, wenn sie nur ein paar Pfunde zulegte. Paradoxerweise kann es sogar sein, dass uns solche kritischen Stimmen bisweilen Freude bereiten, da sie uns an die Vergangenheit und Menschen erinnern, die in unserem Leben sehr wichtig waren. Die Einschätzungen und Urteile jener, die wir liebten und bewunderten, sind Teil unserer Geschichte. Wenn wir uns ihrer nicht bereits bei ihrem Erscheinen gewahr werden, verfestigen sie sich zu Urteilen, die wir dann unreflektiert sowohl auf andere als auch auf uns selbst projizieren.

Dank der Achtsamkeit können wir verstehen, dass Selbstkritik ähnliche Züge trägt wie Suchtverhalten – in einem sich immer wiederholenden Kreislauf machen wir uns selbst herunter und erleben den früher erlebten Schmerz immer wieder aufs Neue. Der innere Kritiker kann eine Art Weggefährte auf unserem Leidensweg und in unserer Einsamkeit werden. Manchmal glauben wir, es helfe uns, bezüglich unserer vielen Mängel bessere Fortschritte zu machen, wenn wir uns selbst derart heftig verurteilen. Aber in Wirklichkeit verstärkt dies nur unser Gefühl, wertlos zu sein.

Beginnen wir allerdings, auf den Kritiker zu achten, fällt uns schon bald auf, wie schnell er sich einschaltet, und das, selbst wenn uns etwas Angenehmes widerfährt. Wenn sich jemand mit uns anfreundet, flüstert er uns möglicherweise sofort ins Ohr, dass, wüsste der Betreffende nur, wie unsicher und fehlerbehaftet wir sind, er sich nicht lange mit uns abgeben würde. Oder nehmen wir an, Sie wären gerade einen Marathon gelaufen, feiern Sie dann die Tatsache, dass Sie trainiert, am Lauf teilgenommen und oberdrein noch bis zum Schluss durchgehalten haben? Oder mäkeln Sie an sich herum, weil Sie als Letzter die Ziellinie passierten?

Eine Schülerin erzählte mir, dass sie nach der Geburt ihres ersten Kindes durch einen Strudel von Selbsturteilen ging: Ihr Haus war vollkommen unaufgeräumt, sie konnte den äußeren Schein nicht wahren und hatte auch keine Zeit mehr zu bügeln. Ihre Selbstanklagen wurden so massiv und penetrant, dass es mehr als eine Woche dauerte, bis sie merkte, dass diese daher kamen, dass sie sich mit ihrer Mutter verglich, einer Frau, die immer gefasst wirkte und deren Heim immer tadellos aufgeräumt war, obwohl sie zwei Kinder hatte. Allerdings half ihr dabei auch eine Haushaltshilfe, die jeden Tag kam. Vergleiche gehören zu den Lieblingswaffen des inneren Kritikers. Glücklicherweise sieht man durch Achtsamkeit mit einer größeren Weisheit, die die jeweilige Situation besser erfasst.

Die Kraft, neu zu beginnen

Solange wir allerdings unter dem Einfluss des Kritikers stehen, denken wir, dass wir uns nur dann selbst lieben können, wenn wir uns kontinuierlich bemühen, erfolgreich sind und von anderen geliebt und bewundert werden. Mit anderen Worten: Wir glauben, nur dann liebenswert zu sein, wenn wir befördert werden, in der Öffentlichkeit gut reden, fünfzehn Pfund abnehmen, niemals die Beherrschung verlieren, keine Angst zeigen und nie vor unseren Kindern weinen.

Von solchen unglaublich hohen Ansprüchen uns selbst gegenüber belastet, wirkt das Experiment, zu lernen, uns selbst liebevoll zu behandeln, unter Umständen erst einmal gefährlich. Meine Schülerinnen oder Schüler fragen mich manchmal: »Wenn ich fortwährend Selbstakzeptanz praktiziere, wird das dann nicht zu einer Ausrede dafür, faul zu sein?« Hier ist der entscheidende Punkt, zwischen Selbstbezogenheit und Liebe unterscheiden zu lernen. Das, was wir oft für Selbstkontrolle und Selbstdisziplin halten, schließt uns in Wirklichkeit oft in einem äußerst analytischen Geisteszustand ein, dessen Enge verhindert, dass wir sowohl uns und anderen Liebe geben als auch sie empfangen können.

Auch wenn es in einer Kultur, in der derart viel Wert auf solche Selbstdisziplin und Kontrolle gelegt wird, angebracht zu sein scheint, auf die Stimme des inneren Kritikers zu hören, belegen Studien das Gegenteil: Ähnlich wie bei Stress, der unseren Cortisolspiegel ansteigen lässt, bringen uns die Kampf-oder-Flucht-Reaktion und auch unsere Selbstkritik zwar anfänglich auf Touren und spornen uns an. Dieser Energieschub ist allerdings keinesfalls von Dauer und verbindet uns weder mit unserer Kreativität noch unserem Selbstvertrauen. Auf die Dauer schwächt die Stimme des Kritikers uns: Wir werden unflexibel, erschöpft und ängstlich.

Ich erinnere mich noch gut an einen eintägigen Kurs in Liebender Güte, den ich kurz nach dem Beginn der Rezession des Jahres 2008 gab. Viele der Teilnehmerinnen und Teilnehmer hatten ihre Arbeit verloren, ihre Welt war erschüttert. Allerdings fiel es ihnen schwer, dies nicht als persönliche Niederlage und nicht als ihr eigenes Verschulden zu verstehen. Ein Mann fühlte sich sogar von dieser »Blamage« in einer Weise persönlich überwältigt, als habe es keine weltweite Rezession gegeben.

Ich schreibe all dies nicht, um den Eindruck zu erwecken, dass man – der Teilnehmer des Kurses genau wie wir – nicht dazulernen könnte oder sein Verhalten möglicherweise ändern sollte. Doch sich selbst zu beschuldigen und zu erniedrigen führt zu Passivität und nicht zu intelligentem Gewahrsein und Entschlossenheit. Verantwortung für uns selbst zu übernehmen bedeutet nicht, die Lebensumstände zu ignorieren. Stattdessen regt sie uns an, die betreffende Situation als das zu sehen, was sie ist, und unserem Handeln dementsprechend eine neue Richtung zu geben.

In der ausgesprochen leistungsorientierten Welt des Sports zeigt sich gut, welch unterschiedliche Auswirkungen strafende Anschuldigungen bzw. die intelligente Nutzung unserer Energie haben. Auch wenn bekanntermaßen viele Trainer ihre Spieler beschimpfen, um sie zu höheren Leistungen anzustacheln, ist dieser Ansatz schlicht wirkungslos: In seinem Buch *The Mindful Athlete* (Der achtsame Athlet) schreibt der Achtsamkeitslehrer George Mumford: »Mir wurde bewusst, dass man Probleme nicht mit der gleichen Einstellung lösen kann, die diese geschaffen haben … Nur mit einem neuen Bewusstsein kann man sein Spiel verändern, ganz gleich, in welcher Disziplin und wo auch immer man spielt.« Mumford lehrte die Pokalsieger *Chicago Bulls* und *Los Angeles Lakers,* beides berühmte Basketball-Mannschaften, Achtsamkeit und unterrichtet heute sowohl die Basketballer der *New York Knicks* als auch einzelne Sportler. In seinem Buch beschreibt er seine Erfahrungen mit einem Golfspieler, der »jedes Mal, wenn er einen Fehler machte, das Spiel verlor: Er verlor sich in seinem inneren negativen Selbstgespräch, woraufhin sein Spiel immer schlechter wurde.« Glücklicherweise lehrte ihn das Achtsamkeitstraining, sich auf dem Golfplatz und auch danach zu entspannen.[19]

Dank der Achtsamkeit können wir unsere Geschichte aus einem anderen Blickwinkel betrachten und uns daran erinnern, dass wir durchaus fähig sind, dazuzulernen und uns durch konstruktive statt kontraproduktive Kritik zu ändern.

Mit dem inneren Kritiker umgehen

Wenn ich über den inneren Kritiker rede, erzählen mir die Leute oft, sie würden ihn gerne zum Schweigen bringen oder aus ihren Köpfen verbannen. Obwohl vollkommen verständlich, ist dies allerdings nicht gerade die realistischste oder geschickteste Herangehensweise. Dieses Ansinnen klingt recht gewaltsam, so als sei es der einzig gangbare Weg, dem Kritiker den Mund zu knebeln oder ihn auf eine einsame Insel zu verbannen. Begegnen wir ihm jedoch mit einer solch feindseligen Einstellung, zieht das nichts als einen inneren Kampf nach sich, den wir bereits von vornherein verloren haben.

Mein Kollege Mark Coleman, Meditationslehrer und Autor des Buchs *Make Peace with Your Mind* (Schließe mit deinem Geist Frieden) erzählt:

»Manchmal kann ich bei meiner Arbeit mit Meditationsschülern beobachten, dass nur ein bemerkenswert kleiner Anstoß zu einem radikalen Wandel in ihrer Beziehung zu ihrem inneren Kritiker führen kann. Ich denke da besonders an eine Schülerin, eine erfolgreiche Anwältin in ihren Vierzigern. Sie führte eine gute Beziehung, war finanziell abgesichert und lebte ein recht ausgeglichenes und aktives Leben. Dennoch empfand sie eine tiefe innere Unruhe und litt unter einem quälenden Gefühl der Unzufriedenheit – sie hatte den Eindruck, sie arbeite und bemühe sich nicht genug und sei nicht ausreichend erfolgreich.

Im Lauf der Wochen wurde ihr klar, dass ihr dies alles eine aufdringliche Stimme in ihrem Kopf erzählte, quasi ein unbemerkter innerer Richter, der ihr nie aufgefallen war – und dies, obwohl sie sowohl privat als auch beruflich äußerst erfolgreich war. Kein Wunder, dass über allem, was sie erreichte, eine graue Wolke erschien! Als ich ihr dies vor Augen führte, ging ihr ein Licht auf. Die graue Eminenz hinter dem Vorhang war enttarnt. Sie erkannte, dass sie ihrer andauernden inneren Kritik mit Unterscheidungsvermögen begegnen konnte, statt deren Gefangener zu sein. Die Stimme war ihr völlig vertraut geworden, wie ein Hintergrundrauschen, das sie zwar nicht weiter bemerkte, das aber dennoch ihr Wohlbefinden trübte.

Ich schlug ihr vor, mit Hilfe des Achtsamkeitstrainings den Kritiker ausfindig zu machen und so seine Bemerkungen als das zu erkennen, was sie waren: nichts als Gedanken, ohne Bezug zu ihrem wirklichen Leben. Monate später erzählte sie mir, dass ihr Kritiker nach wie vor bisweilen vor sich hin grummelte, doch dabei weniger laut und aufdringlich war. Auch schenke sie dem, was er von sich gab, keine Beachtung mehr. Sie hatte wirkliche Freiheit gefunden und konnte genießen, was das Leben ihr schenkte.

Wenn Schülerinnen oder Schüler mich fragen, wie sie mit ihrer inneren Kritikerin umgehen sollen, empfehle ich ihnen häufig: ›Kocht ihr einen Tee und schlagt ihr vor, ein Nickerchen zu machen. Sie muss müde sein, denn sie hat einen anstrengenden Tag hinter sich. Sich wieder und wieder in solch negativen Gedanken zu verlieren, muss aufreibend sein. Überdies fängt sie an, sich zu wiederholen, ein deutliches Zeichen, dass sie etwas Ruhe braucht.‹«[20]

Ein solch freundlicher Zugang zur Kritikerin verringert umgehend deren Einfluss. Doch können Sie damit ein für alle Mal ihre negativen Gedanken ruhigstellen? Nein, das ist eher unwahrscheinlich, doch Sie lernen, anders damit umzugehen.

Wenn Sie die innere Kritikerin beruhigen können und sie dazu bringen, ein Schläfchen zu machen, können Sie wieder selbst das Steuer übernehmen. Ihre kritische Stimme mag Sie dann noch immer etwas beklommen und gereizt machen, aber Sie werden sich nicht mehr auf einen Kampf einlassen. Stattdessen wächst Ihr Vertrauen, dass Sie aus Fehlern lernen und neu anfangen können. Und dies wird Ihnen ein Gefühl des Friedens und des Ganzseins vermitteln, trotz aller Unvollkommenheit.

Eine andere wirkungsvolle Methode ist es, der Kritikerin eine Rolle zuzuschreiben – einen Namen und vielleicht auch eine bestimmte Kleidung (Josephine gab ihrer Kritikerin ein »strenges, schwarzes Lehrerinnenkostüm«). Ich selbst benannte meine Kritikerin nach der Comic-Figur Lucy aus den *Peanuts*. In einer Folge, die ich vor Jahren sah, sagte sie zu Charlie Brown: »Das Problem mit dir ist, dass du du bist.« Ach so.

In meiner Jugend war diese Lucy-Persönlichkeit äußerst dominant. Dank der Meditationspraxis habe ich gelernt, sobald sie sich meldet, sie mit »Hi, Lucy« zu begrüßen oder ihr »Mach dich locker, Lucy« zuzurufen. Auf diese Art vermeide ich, zu stark zu reagieren und ihr mit etwas wie: »Du hast vollkommen recht Lucy, ich bin wertlos« beizupflichten oder mir zu sagen: »Oh mein Gott, jetzt meditiere ich schon so lange und habe so viel Geld für Therapie ausgegeben – wie haarsträubend, dass sie noch immer da ist!« Stattdessen drücke ich Lucy eine schöne Tasse Tee in die Hand, und sie setzt sich ganz friedlich hin.

Als ich diese Geschichte einmal in einem Kurs erzählte, fügte ein Mann hinzu, er habe sich während seiner Arbeit bei Al-Anon (Familiengruppen für Angehörige und Freunde von Alkoholikern) eine ähnliche Technik angewöhnt: Er stelle sich seinen inneren Kritiker als Punk-Rocker vor. Er gab ihm also eine Persönlichkeit, die er nicht allzu ernst nahm. Ein anderer sagte mir, sein innerer Kritiker sei ein furchteinflößender Richter in voller Robe. Ich wünsche Ihnen viel Spaß dabei, Ihre eigenen Erfahrungen zu machen! Sehen Sie Ihren inneren Kritiker als griesgrämigen alten Verwandten, der zu Besuch kommt. Seufzen Sie angesichts seiner Marotten oder trinken Sie eine Tasse Tee mit ihm und verweilen Sie eine Weile bei dem Wunsch, Sie mögen beide Ihr Leben besser genießen können.

Kontemplation

Nehmen Sie das nächste Mal, wenn Ihr innerer Kritiker sich bei Ihnen beschwert, erst einmal etwas Abstand und untersuchen Sie:

- Hat er eine Stimme oder ein Gesicht? Und wenn ja: wessen?
- Was passiert, wenn Sie dem Kritiker dafür danken, dass er sich um Sie kümmert, und ihm gleichzeitig erklären, dass es jetzt erst einmal genug sei?
- Hält Sie Ihr innerer Kritiker von etwas ab, das Sie sonst genießen würden?

Übungen zu Kapitel 4

Sich an die eigene Güte erinnern

Wenn Sie sehen, dass Sie Dinge, die Sie getan haben und jetzt aber bedauern, fortwährend wiederkäuen, dann können Sie die folgende Übung ausprobieren. Sie wird Ihnen helfen, Ihre Aufmerksamkeit wieder auf etwas anderes zu lenken und sich an Ihre grundlegende Güte zu erinnern. Es geht nicht darum, Ihre Fehler zu leugnen. Doch den einzigen Effekt, den es hat, innerlich die Fehler immer wieder zu wiederholen, sie zu analysieren und sich immer neue Geschichten dazu zu erzählen, ist, dass Sie den Schmerz und die Entfremdung, die sie Ihnen bereits bereitet haben, nur noch verstärken. Wenn Sie hingegen über auch nur eine einzige Sache oder eine einzige Angewohnheit, die Sie an sich mögen, nachdenken, bauen Sie damit eine Brücke zu Güte und Fürsorglichkeit. Diese gütige Einstellung stärkt Ihre Fähigkeit, ehrlich und direkt alles, was schwierig ist, anzuschauen, und dies gibt Ihnen Energie und Mut, vorwärtszugehen.

Setzen Sie sich in einer bequemen Haltung hin, schließen Sie die Augen und entspannen Sie sich. Denken Sie dann an etwas, was Sie in letzter Zeit getan oder gesagt haben und von dem Sie glauben, es sei freundlich oder gut gewesen.

Es braucht nicht spektakulär zu sein! Vielleicht haben Sie jemanden angelächelt oder sich angehört, was ihm auf dem Herzen lag, vielleicht haben Sie Ihre Verärgerung darüber, dass eine Kassiererin langsam war, losgelassen, möglicherweise waren Sie großzügig, haben sich zum Meditieren hingesetzt oder dem Busfahrer gedankt. Es ist nicht eingebildet und auch nicht arrogant, über solche Dinge nachzudenken, sondern nährend und erfüllend.

Sie können auch über eine Ihrer Qualitäten oder Fertigkeiten nachdenken, die Sie mögen oder an sich schätzen: Vielleicht helfen Sie anderen voller Begeisterung beim Lernen oder bringen Ihrem aufbrausenden Nachbarn viel Geduld entgegen.

Wenn Sie sich weiterhin in Selbstkritik verlieren, richten Sie Ihre Aufmerksamkeit auf die einfache Tatsache, dass Sie den Wunsch nach Glück verspüren. Hierin liegt etwas Gütiges und Schönes. Oder erinnern Sie sich schlicht daran, dass alle Lebewesen, ganz gleich, wer sie sind und wo sie leben, glücklich sein möchten. Alle wollen glücklich sein.

Schämen Sie sich unter keinen Umständen für diesen Wunsch. Nach Glück zu streben ist ein Recht, das Sie von Geburt an besitzen. Nicht die Suche nach Glück ist das Problem, sondern die Tatsache, dass wir genau wie andere oft nicht wissen, wo und wie wir wahres Glück finden können, und das führt dazu, dass wir Fehler begehen, die uns selbst und anderen Leiden zufügen. Der Wunsch nach Glück an sich ist jedoch berechtigt. Wenn wir ihn mit Achtsamkeit unterstützen, kann das für uns wie ein zweiter Orientierungssinn werden, ein Kompass, der uns den Weg in die Freiheit zeigt.

Es ist vollkommen normal, wenn Sie während dieser Kontemplation etwas ungeduldig werden oder sich selbst bewerten. Denken Sie dann nicht, Sie hätten versagt. Erlauben Sie Ihrer negativen Reaktion einfach – wie eine Welle am Strand – abzuklingen, und versuchen Sie, zu Ihrer positiven Kontemplation zurückzukehren, ohne sich deswegen zu kritisieren.

5 Jenseits
des Perfektionismus

Wenn du dich selbst nicht liebst, ist das einfach nur seltsam.
— CALISSA GRACE PARROTT, 6 JAHRE —

Wie geht man mit dem Wunsch nach Perfektion am besten um? Mit Umsicht. Wir neigen dazu, Dingen, die wir für »perfekt« halten, mit Zurückhaltung zu begegnen – vorsichtig und mit Distanz. Vollkommenheit ist zerbrechlich; wenn man mit etwas, das perfekt zu sein scheint, zu tun hat, besteht die Befürchtung, man könne es eventuell in Gefahr bringen.

Denken Sie an ein vollkommenes Arrangement von Blumen in einer Vase. Von dem Moment an, in dem sie geschnitten wurden, begannen sie bereits zu welken. Oder an einen einfach vollkommenen Kirschkuchen, der gerade heiß und duftend aus dem Ofen kommt: Sie kommen nicht umhin, die schönen Verzierungen zu zerstören, wenn Sie ihn anschneiden. Dann beißen Sie in ihn hinein – er ist einfach köstlich. Doch ein paar Bissen später finden Sie ihn vielleicht fast schon zu süß. Von einem Moment zum anderen wird aus etwas Perfektem etwas Fehlerbehaftetes.

Das ist genau der Grund, warum uns unsere Vorstellungen von Vollkommenheit vom eigentlichen Leben trennen und ein Hindernis für die Liebe uns selbst gegenüber darstellen. Perfektion ist ein fragiler Zustand, etwas, das bei uns eine Menge Ängstlichkeit hervorrufen kann. Einen solchen Zustand stabil halten zu wollen – egal, ob im Innen oder im Außen – bedeutet, dass man immer in Gefahr ist. Wenn wir uns darauf versteifen, Fehler zu vermeiden, kann uns Liebe zu uns selbst keine Zuflucht mehr sein, denn wir knüpfen sie dabei zu sehr an Bedingungen und machen sie von unseren Leistungen abhängig. Doch Liebe ist per Definition bedingungslos. Wie Oscar Wilde in seinem Theaterstück *Ein idealer Gatte* schrieb: »Nicht die Vollkommenen, sondern die Unvollkommenen brauchen Liebe.« Und das heißt, wirklich jeder von uns.

Der Trugschluss, dass wir mit größerer Selbstkontrolle unser Leben perfekter gestalten könnten, fördert den Perfektionismus. Aber natürlich ist das unmöglich. Vielleicht denken wir auch, Selbstkritik helfe uns, uns zu »bessern«, liebenswürdiger zu werden oder uns sogar von unserem Leiden zu befreien. In Wirklichkeit führt dies aber nur dazu, dass wir unsere Energie und Aufmerksamkeit schlecht – und unproduktiv – nutzen.

Als international anerkannte Yoga-Lehrerin sieht sich Kathryn Budig täglich mit dem Erwartungsdruck konfrontiert, vollkommen sein zu müssen. Sie erklärte mir kürzlich: »Viele Leute beginnen schon, wenn sie morgens das erste Mal in den Spiegel schauen, damit, sich Schlechtes über sich zu erzählen. Sie sind mit dem, was sie sehen, nicht zufrieden und konzentrieren sich darauf, was sie ihrer Meinung nach ändern müssten.« Da sie mit ihrer Arbeit nicht einfach nur über die Runden kommen, sondern damit auch erfolgreich und zufrieden sein wollte, musste Budig völlig neu definieren, was es bedeutet, perfekt zu sein: »Was als vollkommen gilt, ist nichts als eine gesellschaftliche Norm«, sagt sie. »Während der Meditation sage ich mir immer wieder selbst: ›Ich bin perfekt … Ich bin nicht mein Körper.‹« Da sie ihre Vorstellung von Perfektion nicht von ihrem Körper abhängig macht (der, wie die Medien ihr einzureden versuchen, einem Modeideal entsprechen muss), kann sie sich auf der Grundlage von Selbstakzeptanz und Selbstliebe begegnen. Genauso wie die Meditation kann man auch eine solche Neuausrichtung zu seiner Praxis machen.

Um uns selbst zu lieben, müssen wir den Irrglauben aufgeben, alles kontrollieren zu können. Stattdessen sollten wir uns darauf konzentrieren, die innere Quelle für unsere Resilienz zu kultivieren. Wenn wir es lernen, Enttäuschungen mit Akzeptanz zu begegnen, und uns den Raum geben, zu verstehen, dass all unsere Erfahrungen – sowohl die guten als auch die schlechten – Gelegenheiten sind, dazuzulernen und zu wachsen, ist dies bereits ein Akt der Liebe.

Für Elaine, eine Schülerin von mir, ist Eigenliebe geradezu das Gegenteil von Perfektionismus. »Wenn ich mir selbst gegenüber liebevoll bin, lasse ich damit das Bedürfnis los, mir oder anderen die Schuld für einen Fehler zu geben«, erklärt sie. »Beständig die Dinge in Kategorien von Erfolg und Versagen einzuordnen«, fügt sie hinzu, »beinhaltet, dass *irgendjemand* falschliegen muss.« Elaine sagt, sie habe inzwischen gelernt, sobald sie dieses Verhalten bei sich bemerkt, »das Programm zu wechseln« und diesen erstickenden und im Grunde nervtötenden Geisteszustand zugunsten eines weiträumigen und versöhnlichen aufzugeben.

Die Freiheit, unvollkommen zu sein

Als ich begann, gemeinsam mit anderen Meditationsretreats anzuleiten, bereitete mir mein Perfektionismus viel Kummer. Unsere Retreats bestanden aus einem intensiven Tag der Meditation, an dem auch Zeit für Erklärungen war und die Teilnehmer einen der Lehrer treffen konnten, gefolgt von einem formelleren Vortrag am Abend. Mir lagen diese persönlichen Gespräche, bei denen ich einiges zu sagen hatte, aber die Aussicht auf den Abendvortrag schreckte mich. Ich fürchtete, ich würde den Faden verlieren oder etwas so Unpassendes sagen, dass ich innerlich erstarrte. Die Sorge, wortlos dazustehen, war so intensiv, dass ich mich weigerte zu unterrichten – mein eigener Perfektionismus hatte mich kaltgestellt, und einer meiner Kollegen musste für mich einspringen.

Dies dauerte über Monate an. Schließlich entschied ich mich, einen Vortrag über Liebende Güte zu halten – und über nichts anderes. Ich malte mir aus, sollte ich einen Aussetzer haben, mit der traditionellen Liebende-Güte-Praxis fortzufahren. So würde mein verpatzter Auftritt vielleicht niemandem auffallen.

Eines Tages wurde mir schließlich klar, dass sich im Grunde alle unsere Vorträge um Liebende Güte drehten. Es ging nicht darum, etwas Perfektes abzuliefern, sondern darum, sich mit den Menschen, die gekommen waren, zu verbinden und ihnen ein Gefühl der Zugehörigkeit und Fürsorge zu geben. Von dem Zeitpunkt an, als ich begann, mit mir selbst und dem fürsorglichen Bereich in mir Kontakt aufzunehmen, lernte ich auch, meine Einsichten mit größerer innerer Freiheit zu teilen. Ich hörte auf, mich schützen und perfekt sein zu wollen, und konzentrierte mich stattdessen darauf, zu geben, was ich zu geben hatte.

Das war ein grundlegender Richtungswechsel in meiner Motivation, eine Abkehr vom einsamen Selbst und eine Hinwendung zu dem weiten Bereich der Verbundenheit mit anderen. Als ich dies erkannte, fand ich meine Stimme.

Viele Jahre später wurde ich zusammen mit einigen anderen westlichen Meditationslehrern eingeladen, während eines einwöchigen Kurses, bei dem der Dalai Lama zum Thema Geduld unterrichtete, einen Vortrag zu halten. Es war die größte Menschenmenge, vor der ich je gesprochen hatte, und meine Ängste, es nicht richtig zu machen, kamen wieder zum Vorschein. Glücklicherweise gab der Dalai Lama eine tiefgründige Belehrung darüber, was es bedeutete, etwas »richtig hinzubekommen«. Er saß auf einem Thron vor etwa 1200 Zuhörern und lehrte aus einem Text aus dem 8. Jahrhundert. Dabei las er, wie bei solchen Belehrungen traditionell üblich, eine Passage des Textes und kommentierte sie anschließend. Während übersetzt wurde, blätterte er bereits zur nächsten Passage vor. Schließlich wurde er hellhörig, da ihm etwas in der englischen Übersetzung nicht gefiel. Er blickte von seinem Manuskript auf und sagte dem Übersetzer: »Das habe ich nicht gesagt!« »Doch, doch!«, erwiderte dieser. Sie diskutierten eine Weile, bis der Dalai Lama sich die Passage, um die es ging, noch einmal anschaute. Er brach in schallendes Gelächter aus und rief: »Ich habe einen Fehler gemacht!« – so, als habe er eine erfreuliche Entdeckung gemacht. Das Lachen des Dalai Lama verstärkte die Liebe im Saal noch weiter. Vermutlich hatten zuvor viele der Anwesenden meine Meinung geteilt, man würde, wäre man erst einmal so weit entwickelt wie der Dalai Lama, keine Fehler mehr begehen. Seine Zufriedenheit mit sich selbst sowie die Leichtigkeit, mit der er den Fehler eingestand, zogen uns alle in den Bann der Offenheit und des Lichts der Liebe, die zugänglich wird, wenn wir das Leben so akzeptieren, wie es ist.

Es mag unserem inneren Perfektionisten widerstreben, aber wenn wir aus unseren Fehlern wertvolle Lehren ziehen (und sie nicht als Scheitern betrachten), kann dies die Grundlagen für späteren Erfolg legen. Der Filmemacher und Oscar-Preisträger Spike Jonze sagte in einem Interview mit David Letterman, das in der *New York Times* veröffentlicht wurde: »Ich habe viel Schlechtes gemacht, doch jedes Mal lernte ich aus den Fehlern und wurde etwas besser.« Und eine soziologische Studie an Medizinstudenten der Fachrichtung Neurochirurgie besagt, dass diejenigen, die behaupteten, selten Fehler zu machen, eher durch die Prüfungen fielen, während jene bestanden, die ihre Fehler nicht nur zugaben, sondern auch darlegten, welche Schritte sie normalerweise unternahmen, um diese Fehler künftig zu vermeiden.

Dem, was Sie lieben, Aufmerksamkeit schenken

Doch was spornt uns noch an, unser Leben zu verbessern, wenn wir uns nicht mehr überhöhte Maßstäbe setzen und aufhören, uns für Misserfolge zu bestrafen – bzw. für das, was wir für solche halten? Um uns von falschen Maßstäben zu befreien, müssen wir als Erstes untersuchen, woher diese kommen.

Fragen Sie sich zuerst, wessen Standards Sie zu entsprechen suchen. Meine Schülerin Charlotte erzählte mir, dass sie von ihrem für gewöhnlich kritischen Vater ein Muster tiefgreifender Selbstkritik anerzogen bekam. Als sie diese Dynamik mit ihrem Vater jedoch verstand, gelang es ihr

97

weit besser, ihr Verhältnis zu ihm und zu sich selbst zu verändern.

Oft sind es Gleichaltrige, die diese Maßstäbe setzen. Raina, eine junge Frau, die ich von der Meditation kenne, war fest entschlossen, ihrem Baby und sich die gleiche perfekte Geburtserfahrung zu ermöglichen, wie sie ihre beste Freundin Laura gehabt hatte – begleitet von himmlischer Musik im tiefen Whirlpool eines Geburtszentrums, in dem viele Hebammen arbeiteten, und mit einer eigenen Geburtsbegleiterin. Am Tag der Geburt, als Raina in das Zentrum ging, verlief anfangs alles nach Plan – bis zu dem Zeitpunkt, als der Puls des künftigen Babys gefährlich sank und die Hebamme Raina auf die Intensivstation des nächsten Krankenhauses schickte, wo ein Kaiserschnitt gemacht wurde. Zuerst glaubte sie, sie habe vollkommen versagt und alle im Stich gelassen, die ihr wichtig waren: ihren Mann, die Hebamme, die Geburtsbegleiterin, Laura und natürlich besonders ihr Baby, aber auch sich selbst. So aufgelöst wie sie auch war, in dem Moment, als sie ihre Tochter in ihren Armen wiegte, konnte sie ihre Enttäuschung loslassen. »Für mich war das eine riesige Lektion«, erinnert sie sich. »Ich lernte wieder einmal, dass das Leben selbst seinen Lauf bestimmt – und nicht meine Pläne.«

Falls Sie die Herkunft Ihres Perfektionismus nicht benennen können, können Sie die Botschaften untersuchen, die Ihnen Ihr soziales Umfeld gibt. Hat es Ihnen auf welche Art auch immer eingeredet, Sie sollten die, der oder das perfekte (Passendes bitte auswählen) Gastgeber/-in, Mutter, Tochter oder Sohn, Partner/-in, Chef/-in, Angestellte, Meditierende, Athlet/-in, Modepüppchen sein? Erst wenn Sie erkennen, dass eine Botschaft, die Sie internalisiert haben, nicht die *Ihre* ist, können Sie gesunde Grenzen setzen.

Gehen Sie in Ihrer Neugier noch einen Schritt weiter:

Sind Sie mit den Erwartungen, die Ihnen entgegengebracht werden, einverstanden? Spiegeln Sie Ihre tiefsten Werte? Mit Achtsamkeit können wir eine ausgewogene Balance zwischen dem Wunsch, uns zu verbessern, und der gesunden Skepsis den äußeren Maßstäben gegenüber herstellen. Wollen Sie wirklich wie Ihre verstorbene Großmutter ein tadelloses Heim? Oder wollen Sie lieber mehr ausgelassene und freudvolle Zeit mit Ihren Kindern verbringen? Wenn Sie aufhören, sich auf Ziele zu konzentrieren, die nicht die eigenen sind, haben Sie mehr Zeit und Energie, das zu tun, was Ihnen wirklich wichtig ist.

Die gesunde Suche nach Vervollkommnung fühlt sich recht anders an als Perfektionismus. Denken Sie an etwas, auf das Sie hingearbeitet haben, sei es eine größere Leistung beim Schwimmen oder eine reichere Ernte beim Gärtnern, und erinnern Sie sich, wie sich die ersten starken Impulse anfühlten, dies zu tun. Hat es Ihnen Spaß gemacht, Fortschritte zu machen, selbst wenn es nur langsam voranging? Wollten Sie es gut machen, auch wenn es niemand anderem weiter auffallen würde? Wenn wir uns auf unserem Weg eingestehen, was wir nicht wissen und was wir nicht unter Kontrolle haben, bleibt uns mehr Energie für die Aufgabe selbst.

Diese Überzeugung konnte ich immer wieder auch von Schriftstellern und Künstlern hören. Ich habe einen Freund, der Autor ist und seine Arbeit an einem neuen Buch mit dem Besteigen des Mount Everest vergleicht: »Ich beginne stets im Glauben, es zum Gipfel zu schaffen oder, in meinem Fall, den Traum eines perfekten Buches umzusetzen. Manchmal komme ich der Sache ziemlich nahe und habe das Gefühl, würde ich nur ewig daran weiterfeilen, dass ich diesen perfekten Traum tatsächlich irgendwann realisieren könne, nur dass es in Wirklichkeit natürlich nie dazu kommt. Daher muss ich an einem bestimmten Punkt *Basta!* sagen und es abschließen, andernfalls würde ich durchdrehen.« Und mein Freund fügt hinzu: »Eigentlich ist das allerdings ganz gut, denn wenn eines meiner Bücher vollkommen wäre, wozu sollte ich dann noch ein weiteres schreiben? Es ist diese Diskrepanz zwischen meinem Wunsch und dem, was ich dann tatsächlich erschaffe, die mir auch die Energie für das nächste Projekt gibt – das diesmal natürlich *wirklich* perfekt werden wird.« Und er lacht.

Mein Freund ist weise genug, sich darüber im Klaren zu sein, dass Perfektionismus der natürliche Feind der Kreativität ist, denn dieser ist unerbittlich und angstbesetzt. Wenn wir an unrealistischen Maßstäben festhalten, untergraben wir die Fähigkeiten, die wir haben, und steigern uns unnötigerweise in Missbilligung und Ablehnung hinein.

Gleichzeitig sollte man nicht vergessen, dass nichts daran falsch ist, sich zu bemühen, hervorragende Qualitäten hervorzubringen. Tatsächlich kann es durchaus Selbstliebe ausdrücken, wenn wir uns auf die Dinge konzentrieren, die uns am wichtigsten sind, ganz gleich, ob es unsere Arbeit, unsere Beziehungen oder unsere Schmetterlingssammlung ist – allerdings nur, sofern wir uns nicht auf das Ergebnis unserer Bemühungen fixieren oder *selbst* perfekt werden wollen.

Wenn wir uns Liebende Güte entgegenbringen, kann sich Perfektionismus indes glücklicherweise nicht halten. Selbst wenn wir nie eine Arie bei den Festspielen in Verona singen werden, können wir dennoch weiterhin begeisterte Opernfans sein, unsere Lieblingssänger hören und vielleicht einem örtlichen Chor beitreten. Bei dieser Art des liebevollen Annehmens gibt es keine Enttäuschung, Bitterkeit oder Selbstkritik. Das bedeutet wiederum nicht, dass wir selbstgefällig werden, sondern eher, dass wir aufhören, uns dagegen zu wehren, wie die Dinge in Wirklichkeit sind. Von ganzem Herzen anzunehmen, was ist, ist ein grundlegendes Element der Liebe, die damit beginnt, sie uns selbst entgegenzubringen, und diese Akzeptanz ist ein Zugang zur Freude. Mit den Übungen der Liebenden Güte und des Mitgefühls uns selbst gegenüber können wir lernen, unser fehlerhaftes und nicht vollkommenes Selbst zu lieben. Und in diesen Momenten der Verletzlichkeit öffnen wir obendrein unser Herz, um uns mit anderen zu verbinden. Wir sind nicht perfekt, aber wir sind gut genug.

Übungen zu Kapitel 5

Sich selbst annehmen

1. Rufen Sie sich etwas, das Sie getan oder gesagt haben und das Sie bereuen, klar ins Bewusstsein. Kommen Sie mit den Empfindungen, die Ihre Handlung begleiten, in Kontakt.

2. Stellen Sie sich als Nächstes vor, wie Ihnen gegenüber ein Freund, der Ihnen sehr wichtig ist, in einem Gespräch Reue, Schuldgefühle und Selbstanklage äußert. Was würden Sie sagen, um den Freund zu trösten?

3. Beginnen Sie nun, sich selbst in den Augen eines fürsorglichen und unterstützenden Mitstreiters zu sehen.

4. Machen Sie sich bewusst, dass Unvollkommenheit Teil aller menschlichen Erfahrung ist. Nur weil wir bestimmte Fehler gemacht haben, sind wir nicht schlechter als irgendjemand anderes. Wir können jetzt, so wie wir sind, vollkommen ganz sein.

Kontemplation

Gewinnen Sie etwas Abstand, um die Sache zu untersuchen. Gibt es Bereiche in Ihrem Leben, in denen Sie besonders perfektionistisch sind? Bezüglich Ihrer äußeren Erscheinung? Ihrer Persönlichkeit? Der Leistung bei der Arbeit? In Ihrem sozialen Leben? Ihrer Elternschaft? Wie wäre es für Sie, wenn Sie bei all dem einfach »nur ganz okay« wären?

Versuchen Sie, sich im gegenwärtigen Augenblick zu begegnen: Nehmen Sie sich, sobald Sie bemerken, dass sich Gefühle der Ängstlichkeit und Kontrolle zeigen, etwas Zeit, um sich auf den Atem zu konzentrieren. Sagen Sie innerlich mehrmals: »Loslassen, loslassen.«

Folgen Sie dem Beispiel des Dalai Lama: Geben Sie, wenn Sie einen unbedeutenden, aber peinlichen Fehler machen, diesen freudig und vergnügt zu und machen Sie einfach weiter.

6 Sich verkörpern

In seiner Kurzgeschichte »Ein schmerzlicher Fall« macht uns James Joyce mit einem gewissen Herrn Duffy bekannt, der, wie er schreibt, »unweit seines Körpers lebte«. Den meisten von uns geht es wie ihm, und manchmal kann es uns sogar so vorkommen, als führten wir einen feindseligen Fremden umher. Es liegt etwas zutiefst Heilendes darin, sich wieder auf den Körper einzulassen und sich wieder daran zu erinnern und an dem teilzuhaben, wer wir sind. In der gleichen Weise, wie wir unsere Emotionen integrieren müssen, um uns mehr zu lieben, sollten wir uns auch wieder mit unserem Körper verbinden. In dem Lied *You Found Another Lover (I Lost Another Friend)* (Du hast einen neuen Freund gefunden, und ich habe einen verloren) singt Ben Harper darüber, dass uns unser Herz nie belügt. Ich denke oft, dass es bei vielen von uns der Körper ist, der uns nie belügt. Es hat schon einen Grund, warum man manchmal sagt, der Bauch sei unser zweites Gehirn. Es gibt zahllose Untersuchungen zur Interaktion zwischen Geist und Körper. Dementsprechend können wir keine authentische Verbindung mit der Welt verspüren, wenn wir den eigenen Körper nicht fühlen.

Auf dem Weg zu einem liebevollen Verhältnis mit uns selbst müssen wir nicht unbedingt alles an unserem Körper – oder auch an unserem Charakter – mögen. Aber wir sollten von unseren üblichen Zwangsvorstellungen Abstand nehmen und von alledem, was unsere Eltern, unsere Partner, unser soziales Umfeld, die Medien oder die fiesen

Mädchen im Gymnasium darüber erzählten, was mit uns falsch sei. Wenn wir uns in unserem Körper wohl fühlen, sind wir nicht an die Botschaften, die von außen kommen, gebunden. Wenn wir das Wunder des körperlichen Lebens genauer betrachten, beginnen wir, mit unserem Körper Freundschaft zu schließen.

Kontemplation

Die eigene Lebendigkeit schätzen

Die folgende Kontemplation habe ich von meiner Kollegin Kate Lila Wheeler übernommen und leicht abgeändert:

Wir haben in diesem Leben nur diesen einen Körper. Bitte schenken Sie ihm erst einmal die Achtung, die er verdient. Ist Ihnen klar, dass jedes einzelne Atom, aus dem er zusammengesetzt ist, 14,5 Milliarden Jahre alt ist? Unsere Körper bestehen aus Materie, die sich beim Urknall, also zehn Milliarden Jahre vor der Entstehung der Erde, bildete – alles in allem aus sieben Quadrilliarden ehrenwerten Atomen (das ist eine Sieben mit 27 Nullen dahinter), die sich zumeist durch die Explosion von Sternen bildeten. Sie sind buchstäblich Sternenstaub; und das gilt für auch für all das, was Sie umgibt.

Ganz gleich, ob Sie das Wasser in Ihrem Körper aus einer Quelle oder aus einem Glas getrunken haben, niemand weiß – und das stimmt für alles Wasser auf der Erde –, woher es kommt. Vielleicht von einem Kometenschweif, so sagt man. Manche von Ihnen haben Goldfüllungen, Ihre Zähne tragen also einen kleinen Teil des Goldes, das es im Universum gibt, in sich, und die Zahl der Goldmoleküle ist endlich.

Ihr Körper besteht jedoch nicht nur aus organischen und anorganischen Elementen, sondern ist lebendig, wie jeder weiß, der je getanzt hat, einen trockenen Mund hatte, mit jemandem geschlafen oder sich einen Zeh angestoßen hat.

Versuchen Sie die Haut Ihres Körpers zu spüren. Empfinden Sie, wie lebendig sie ist! Dafür können Sie den Einzellern danken. All die reiche Vielfalt des Lebens auf der Erde, so heißt es, stammt von einem uns allen gemeinsamen winzigen Vorfahren, der vor etwa vier Milliarden Jahren erschien (und auch hier weiß niemand genau, wie). Auf zellulärer Ebene ähneln sich bei Pflanzen und Tieren noch heute die einfachen Körperfunktionen wie zum Beispiel die Zellatmung. Und das Gleiche gilt für die DNS: Wir Menschen teilen etwa die Hälfte unserer genetischen Information mit den Pflanzen. Wir stehen also dem übrigen Leben nicht wirklich fern.

Unser salziges Blut erinnert an das Wasser des Ozeans, die Struktur unserer Wirbelsäule und unserer Rippen hat sich zuvor bei Fischen entwickelt. Populationsgenetiker sind sich einig, dass wir buchstäblich ein und derselben menschlichen Familie angehören. Wie sähe die Welt aus, wenn alle gemäß dieser Erkenntnis handelten?

So verbunden wir auch sind, so erstaunlich groß ist jedoch auch die Vielfalt innerhalb eines einzigen Körpers. Jeder Mensch ist grundlegend anders. Die Finger- und Fußabdrücke sowie die Form der Zunge sind bei keinem gleich.

Unser Gehirn ist zweifelsohne der erstaunlichste Teil des Körpers. Nach Auffassung der Wissenschaft ist das menschliche Gehirn das komplexeste Objekt im ganzen Universum, fähig, hundert Billionen neuronale Verbindungen zu etablieren. Wenn man all unsere Neuronen aneinanderlegen würde, reichten sie zum Mond und zurück.

Ganz gleich, ob Sie wach sind, schlafen oder träumen, Ihr Gehirn ist Tag und Nacht aktiv, ist also quasi eine unentwegt projizierende Laterna magica. Seine Neuronen interagieren durch andauernd wechselnde Muster elektrischer Ladung und sind ganz den anderen und der äußeren Welt zugewandt. Aber nicht nur das: Ihr Gehirn ist obendrein in der Lage, Selbstgewahrsein zu entwickeln.

Körper und Geist sind zwei untrennbare Partner, sind Schöpfer der Symphonie, die uns gänzlich erfüllt. All dies ist das Wunder des Lebens. Wie erstaunlich, dass wir sogar darüber staunen können!

Übungen zu Kapitel 6

*Meditation: Liebende Güte
für unseren Körper*

Die nun folgende Meditation lernte ich von einem Mönch aus Sri Lanka, der Anfang der 1990er Jahre die Insight Meditation Society besuchte. Mit seinen vierundneunzig Jahren schien der Ehrenwerte Ananda Maitreya mehr Energie zu haben als wir alle zusammen. Er lernte, sich des Computers zu bedienen, etwas, womit ich selbst damals zu kämpfen hatte. Wie viel von seinem Elan kam wohl daher, dass er seinem Körper fortwährend Liebe schenkte?

Während er uns anwies, uns auf verschiedene Teile des Körpers zu konzentrieren, ließ er uns im Stillen wiederholen: »Möge mein Kopf glücklich sein, möge er in Frieden sein«, oder: »Mögen meine Augen glücklich sein, mögen sie in Frieden sein«. Auf diese Weise führte er uns durch den ganzen Körper.

Wie Ananda Maitreya beginnen wir die Übung bei unserem Kopf, gehen dann weiter zu den Schultern, zum Rücken, dem Magen, all den Körperteilen, die wir oft als »schmerzhaft« bewerten und ablehnen, wenn sie uns weh tun, sowie jenen, die wir, wären Kleidungshersteller nur etwas einfallsreicher, normalerweise gerne mehr als alles andere verstecken würden, die Körperteile also, von denen wir normalerweise reichlich entfremdet sind. Für sie alle formulieren wir Wünsche und enden mit den Worten: »Mögen meine Zehen glücklich und in Frieden sein!« am unteren Ende des Körpers.

Doch es kann vorkommen, dass diese Meditation nicht den gewünschten Effekt hat, wie etwa bei Phil, den ich bei einem Tagesseminar kennenlernte, das ich im mittleren Westen gab. In einer der Pausen kam er etwas ungeduldig auf mich zu und berichtete, dass ihm kürzlich ein Freund ein Buch geschenkt hatte, in dem eine geführte Meditation durch den Körper beschrieben war, bei der man ebenfalls seine Achtsamkeit vom Scheitel aus langsam durch den Körper wandern ließ, bis man unten bei den Zehen angekommen war. Im Anschluss habe er angefangen zu meditieren. Phil erzählte mir, dass diese geführte Meditation ihn jedoch nicht beruhigte, sondern es ihn im Gegenteil sogar noch unruhiger machte, wenn er sich auf den Körper konzentrierte. Sein innerer Kritiker füllte den ganzen Raum mit Beleidigungen aus. Wenn er einen stechenden Schmerz in seinem Gelenk spürte, redete er sich ein, dass er dem beikommen könne, wenn er nur von Zeit zu Zeit seinen Hintern hochbekäme und eine Weile die Straße entlanglief. Irgendwo musste er beginnen. Er verschwendete seine Zeit. Als er bei seinen Knien ankam, bemerkte er, dass sie etwas weich waren. Hatte man Großmutter nicht die Kniescheiben erneuert, als sie etwa in seinem Alter war? Es wäre grauenhaft, wenn er deswegen wochenlang ruhig liegen müsste. So voller Urteile und Sorgen seine Aufmerksamkeit auf seinen Körper richtend, wäre er am liebsten aus der Haut gefahren!

Einem solchen Fall können wir auf verschiedene Art begegnen: Entweder wir lassen die Urteile sein oder legen sie wenigstens so lange beiseite, wie wir das Gewahrsein unseres Körpers erwecken, oder wir arbeiten damit, allem, was wir entdecken, bewusst Liebende Güte zu schenken.

Seit Ananda Maitreyas Besuch habe ich viele Menschen mit ernsthaften Körperleiden, Ängsten oder Verletzungen, chronischen Schmerzen und tiefsitzendem Hass gegen ihren Körper diese Meditation gelehrt. Es war wunderbar mit anzusehen, wie sich bei ihnen das Gefühl, von ihrem Körper zutiefst betrogen worden zu sein, sowie die Entfremdung und die Scham, geboren zu sein, sich in ein Gefühl der Verbundenheit verwandelten. Eine neu geschlossene Freundschaft mit unserem Körper bringt uns echten Frieden, einen Frieden, den die Liebe nährt.

7 Scham überwinden

Auch Gefühle der Scham sind große Hindernisse auf unserem Weg zu wahrer Liebe. Sie können einerseits von unseren Handlungen oder Versäumnissen ausgelöst werden, andererseits aber auch auf Umständen, auf die wir nicht einmal einen Einfluss hatten, beruhen – wie etwa das Verhalten unserer Eltern oder die finanziellen Verhältnisse in unserer Familie. Wo auch immer die Ursachen dafür liegen mögen, Scham bringt stets ein ziemlich massives und entsetzliches Gefühl der Wertlosigkeit mit sich, das in unserem Körper wohnt – dem Ort, an dem die Erinnerungen an unsere Erfahrungen und unsere – tatsächlichen oder auch nur vorgestellten – Handlungen »lagern« und auch die Geheimnisse, die wir in Bezug auf sie wahren.

Wenn unser Körper von Schamgefühl überwältigt wird, zieht sich auch unser Herz zusammen. In seinem festen Griff gefangen, schrumpft gleichzeitig die Liebe, die wir uns entgegenbringen.

Clara schreibt: »Wenn ich mich schäme, verkrampft sich mein Magen. Er fühlt sich dann mulmig und kalt an, während der Rest meines Körpers brennt. Angeblich glühen meine Wangen dann röter, als wenn ich Rouge aufgetragen hätte. Von der Flucht-Kampf-Starre-Reaktion wähle ich oft genug erst einmal die Letztere und erstarre: Gegen alle Vernunft hoffe ich, dass niemand die Sache bemerkt, gleichzeitig suche ich für den Fall, dass doch, bereits nach einem Fluchtweg. Ich würde am liebsten unsichtbar werden, aber in solchen Momenten tiefer Scham fällt es mir manchmal schwer, mich überhaupt zu bewegen.«

Scham stammt etymologisch gesehen von einem Wort ab, das »bedecken«[21] bedeutet, und darin schwingt unser Wunsch mit, uns zu verstecken – und das sogar vor uns selbst. Um das unerträgliche Gefühl der Scham zu vermeiden, handeln wir manchmal zwanghaft oder fügen uns selbst Schaden zu. Unsere Scham führt dann unter Umständen dazu, dass wir zu viel essen, exzessiv einkaufen, übermäßig trinken oder Drogen konsumieren, all dies oft in der Hoffnung, den inneren Aufruhr zu besänftigen. Für gewöhnlich steht die eigene Scham in keinem Verhältnis zu der Sache, die sie ausgelöst hat. Oft sind es kleine Fehler und unbedeutende, für andere kaum merkliche Patzer, die bei uns überwältigende Schamgefühle nach sich ziehen.

Wir identifizieren uns mit unserer Andersartigkeit, unserer Krankheit, unserem Makel oder damit, dass ein Elternteil geistig krank ist. Es wird Teil unserer selbst.

Maria schreibt: »Wenn mein Vater der Meinung war, dass einer meiner Lehrer schlecht war, ging er für gewöhnlich in die Schule und machte einen solchen Aufstand, dass ich in eine andere Klasse kam. Mir war das natürlich peinlich, und ich glaubte nicht, dass ich den Platz in der besseren Klasse verdient hätte. Wenn ich wie all die anderen Kinder einen Ferienjob machen wollte – wie etwa Eis verkaufen –, bestand mein Vater darauf, dies sei unter meiner Würde, denn ich sei eine großartige Malerin. Ich solle alle Zeit meiner Kunst widmen und meine Bilder dann verkaufen. Dabei war ich doch ein Kind, das einfach nur dazugehören und lernen wollte, was Kinder so zu lernen haben, und dazu gehörte eben auch, Geld zu verdienen. Bei finanziellen Entscheidungen bezüglich meines Lebensunterhalts war ich später immer unrealistisch, und ich beschuldige (ja, beschuldige!) meinen Vater, denn ich glaube, dass seine Weigerung, zu akzeptieren, dass ich normal war, dafür verantwortlich ist.

Heute verstehe ich besser, warum er so wichtig, erfolgreich und immer im Recht sein wollte. In den Augen der meisten *war* er attraktiv, wohlhabend und erfolgreich, aber er selbst hielt sich für einen Versager, der nie gut genug war.

Ich erinnere mich noch daran, wie

- er meine Mutter vor meinem Bruder und mir anschrie und sogar schlug;
- er einen anderen Wagen anfuhr, weil er ihm im Weg stand;
- er einem Parkplatzaufseher sogar einmal auf die Hand trat, damit er einen Schlüssel losließ;
- er Liebhaberinnen hatte und das noch nicht einmal zu verstecken suchte;
- er mir sagte: › Verliebe dich nicht, sondern schlafe einfach nur mit den Männern‹;
- es ihm ungemein gefiel, dass die Leute uns beide, wenn wir zusammen auf Reisen waren, für ein Paar hielten. Ganz gleich, wie wütend ich wurde, hörte er nicht auf, sich darüber zu amüsieren.«

In der heutigen Popkultur werden Menschen, die ihre eigenen Wege gehen, oft mit viel oberflächlichem Glamour gefeiert: Man verklärt sie als Träumer oder Rebellen. Dennoch ist es für viele nicht einfach, anders zu sein als die Menschen um sie herum. Und wenn es unsere Eltern waren, die uns dieses Gefühl, anders zu sein, vermittelt haben, und wir dies nicht meistern oder überwinden können, liegt darin die große Gefahr, unsere Mauern der Einsamkeit zu verstärken.

Viele Kinder, die in zerrütteten Familienverhältnissen aufgewachsen sind, glauben, dass ihre Eltern sich besser um sie gekümmert hätten, wenn sie selbst bessere Menschen gewesen wären. Patty erzählt: »Ich wurde von Alkoholikern großgezogen. Ich dachte, wenn andere von ihrer Sucht erführen, würden sie mich meiden oder mobben. Ich lud meine Klassenkameraden also nie nach Hause ein, denn ich hatte Angst, sie würden, wüssten sie erst einmal, wie ich wirklich lebe, dieses beschämende Geheimnis unter allen anderen in der Schule verbreiten. Dieses Geheimnis prägte mein Leben maßgeblich, und alles andere geriet in eine Art Todesspirale.

Auch wenn ich eine gute Studentin und treue Freundin war, verinnerlichte ich die Scham über meine Eltern und das eigene Gefühl der Wertlosigkeit. Sie prägten meine Identität maßgeblich.«

Schamgefühle schwächen uns. Sie können dazu führen, dass wir Angst haben, Neues anzugehen. Wir beginnen, uns von allem zurückzuziehen, was uns Spaß bereitet und unser Selbstbewusstsein und Selbstwertgefühl stärkt. Die Kabarettistin und Aktivistin Margaret Cho beschreibt diesen Effekt folgendermaßen: »Wenn man kein Selbstbewusstsein hat, ist man bei allem, was man im Leben angeht, gehemmt. Man zögert, den Beruf zu erlernen, den man wirklich ausüben möchte, man zögert, um eine Beförderung zu bitten, zögert, eine Vergewaltigung anzuzeigen oder sich zu verteidigen, wenn man diskriminiert wird … Man wird zögern, wählen zu gehen, zögern zu träumen. Wenn wir uns aber selbst gegenüber Liebe entwickeln, ist das eine wirklich revolutionäre Handlung, und diese Revolution ist schon lange überfällig.«

Verloren in unseren Schamgefühlen ziehen wir uns von der Welt und jenen, die uns vielleicht lieben und unterstützen würden, zurück. Wenn uns danach ist, uns zu verstecken, ist es nicht leicht, Liebe zu empfinden und zu empfangen. Und so wird es immer schwieriger, zu sehen, dass wir sie verdienen.

Schamgefühle aufgrund einer Krankheit

Ich mache mir Sorgen um Freunde und Schüler, die anscheinend für absolut alles Verantwortung übernehmen, so als könnten sie mit ihren Gedanken das gesamte Universum kontrollieren. Ich kenne Menschen, die sich sogar dafür schämen, Krebs oder eine Autoimmunkrankheit zu haben, da sie glauben, sie hätten sie selbst durch ihr nicht ausreichend reines Leben verursacht.

Auch wenn ich durchaus der Meinung bin, dass man sich der Kraft, mit der unser Geist unseren Körper beeinflusst, bewusst sein sollte, ist es ein Irrtum, zu glauben, wir hätten alles unter Kontrolle. Sich einzubilden, unsere Art zu denken sei die alleinige Ursache für alles, was wir erleben, ist nichts als Grausamkeit uns selbst gegenüber. Wenn Sie zum Beispiel Krebs bekommen und Ihnen nichts anderes dazu einfällt, als dass Ihre Gedanken ihn verursacht hätten, würde ich erst einmal überprüfen, ob Sie nicht neben einer giftigen Müllkippe leben oder genetisch vorbelastet sind.

Vielleicht lässt sich auch keine klare und direkte Ursache für die Krankheit ausmachen. Zum Beispiel hat nicht jeder, der Lungenkrebs bekommt, auch geraucht und nicht jeder, der einen Herzinfarkt erleidet, zu viel Stress. Können wir vielleicht die Kraft unserer Gedanken anerkennen, ohne daraus einen Knüppel zu machen, mit dem wir uns selbst verprügeln? Natürlich ist es durchaus möglich, dass wir aus unserer Krankheit etwas zu lernen haben, und vielleicht sollten wir uns auch bewusst sein, dass das Rippchen, das wir gerade gegessen haben, das letzte in diesem Leben gewesen sein könnte. Wir können uns auch überlegen, ob es uns körperlich nicht besserginge, wenn es uns gelänge, anders mit unserem Ärger umzugehen. Doch wenn wir denken, wir könnten die Stromschnellen unseres Lebens dadurch in den Griff bekommen, dass wir versuchen, die Dinge zu kontrollieren, sind wir von vorneherein zum Scheitern verurteilt. Und dieser neuerliche Fehlschlag wird nur erneut Quelle von Schamgefühlen werden. Wenn wir uns für etwas, das für uns ohnehin eine große Herausforderung darstellt, obendrein auch noch schämen, isolieren wir uns in einer Situation, in der wir es eigentlich am nötigsten hätten, uns verbunden zu fühlen und die Liebe uns selbst gegenüber, so wie wir sind, zu vertiefen.

Schamgefühle aufgrund des eigenen Leids

In meinem Buch *Vertrauen heißt, den nächsten Schritt zu tun* schrieb ich über die Leiden in meiner Kindheit und über die Jahre, in denen ich mich isoliert und unglücklich fühlte. Nach der Lektüre sagte mir mein Freund Bob Thurman: »Du solltest dich nie für das Leiden schämen, durch das du gegangen bist.« Sein Kommentar war für mich wirklich überraschend. Gleichzeitig erkannte ich in diesem Augenblick, wie viel Scham ich mit mir herumgetragen hatte, ohne sie zu bemerken.

Bob hatte diesen Hinweis selbst viele Jahre zuvor bekommen, nachdem er sein linkes Auge bei einem Autounfall verloren hatte. Sein damaliger Lehrer, ein mongolischer Mönch namens Geshe Wangyal, sagte ihm: »Schäme dich nie für das, was dir widerfahren ist. Du hast ein Auge verloren, aber tausend Weisheitsaugen gewonnen.«

Ich glaube, es wäre eine zu grobe Vereinfachung, zu behaupten, man solle solch grauenhafte Erfahrungen als Geschenke betrachten. Doch wenn man erkennt, dass Schmerzen uns auch etwas lehren können, banalisiert man damit das Leiden nicht, sondern bestätigt, dass man all unser Erleben aus der Fülle unseres Seins betrachten kann und dass wir die Schamgefühle, die wir in uns tragen, überwinden können. Das ändert nichts daran, dass Bob trotz allem noch immer ein Auge verloren hat. Ich hatte noch immer eine wirklich unglückliche Kindheit. Pattys Eltern waren dennoch Alkoholiker, und Marias Vater war trotzdem der Realität entrückt und verletzend. Wenn wir unsere Erfahrung wirklich dazu nutzen, fürsorglicher mit uns zu sein, uns mehr zu lieben und uns tiefer mit anderen zu verbinden, kann der Verlust eines Auges tatsächlich tausend Weisheitsaugen öffnen.

Kontemplation

Schamgefühle mit RAIN erkunden

Untersuchen Sie, sobald Sie sich eine schwierige Emotion eingestanden haben, ob diese mit Scham besetzt ist, und betrachten Sie, wie Ihr Körper auf diese reagiert.

Annehmen, was ist

Wir sind dazu konditioniert, schmerzhafte Erfahrungen als »schlecht« und angenehme als »gut« zu beurteilen. Es fällt uns oft leichter – auch wenn es nicht gesünder ist –, Trauer und Kummer zu vermeiden und nur Gefühle wie Glück, Vertrauen und Liebe zuzulassen.

Doch wenn wir die unvermeidbaren Leiden des Lebens akzeptieren und lernen, uns auf sie einzulassen, erkennen wir, dass wir dauerhafteres Glück erfahren können.

Natürlich ist dies schwierig und bedarf einiger Übung. Die folgende Meditation ist eine Einladung, auszuprobieren, wie es sich anfühlt, bei der Meditation nicht wie gewohnt den Atem, einen Leitsatz oder ein Mantra zum Fokus Ihres Gewahrseins zu machen, sondern ein unangenehmes Gefühl oder eine ebensolche Erfahrung. Häufig halten wir Meditation ausschließlich für ein Werkzeug zur Entspannung, zum Stressabbau oder um einen klaren Geist zu bekommen. Auch wenn Meditation durchaus oft dazu dient, zeigt die folgende Übung, dass wir sie auch dafür nutzen können, auf neuen Wegen zu experimentieren, mit uns selbst und sogar unseren unangenehmen Gedanken umzugehen:

1. Setzen Sie sich in einer Ihnen angenehmen Sitzhaltung hin, mit geradem Rücken, der allerdings nicht angespannt sein sollte. Sie können Ihre Augen schließen oder einen sanften Blick auf den Boden vor Ihnen werfen.

2. Richten Sie Ihre Aufmerksamkeit auf ein schmerzhaftes Gespräch, das Sie geführt haben, oder eine bestimmte unangenehme Situation, Erfahrung oder eine ebensolche Emotion, die Sie erlebt haben. Erinnern Sie sich daran, wie sich dieses Gefühl im Körper anfühlte. Atmen Sie nun ganz natürlich tief ein und aus und kontaktieren Sie eine etwas intuitivere Erfahrung Ihres Unbehagens.

3. Stellen Sie sich bei jedem Einatmen vor, dass Sie sich für all das Leid und das Unbehagen der Erfahrung, an die Sie sich gerade erinnern, öffnen.

4. Lassen Sie beim Ausatmen all die Anspannung los, die daher kommt, dass Sie denken, auf den Schmerz irgendwie reagieren zu müssen.

5. Vielleicht zeigen sich andere Gedanken, Erinnerungen und Erfahrungen, die Sie vom Ausgangspunkt der Meditation wegtragen. Nehmen Sie die Gedanken, die auftauchen, als Gelegenheit, sich ihrer gewahr zu sein. Dies ist eine Praxis, sich auf alles einzulassen, was sich im jetzigen Moment zeigt.

8 Zum Glück stehen

Georgia ist freiberufliche Autorin. Sie arbeitet in ihrem zweistöckigen Loft, dessen riesige Fenster ihre Räume großzügig mit Licht durchströmen lassen. Doch vor einiger Zeit kam sie in ernste finanzielle Schwierigkeiten und nahm mehr Aufträge an, als sie ausführen konnte. Da ein Abgabetermin den anderen jagte, begannen schnell ihre Kräfte zu schwinden.

Obwohl Georgia eine gute Köchin ist, ernährte sie sich angesichts des zunehmenden Zeitdrucks nur noch von Junkfood. Ihr war es nicht nach Sport, und so beschränkte sich ihr Leben auf die eigenen vier Wände, in denen sie sich in ihrer düsteren Stimmung einschloss. Sie kümmerte sich kaum noch um ihren Haushalt, und das Gleiche galt natürlich für ihre Meditationspraxis. Sie nahm sich vor, abends im Bett fünfundvierzig Minuten zu meditieren, schlief dabei aber immer sofort ein. Und sie begann mehr zu trinken, als sie je zuvor in ihrem Leben getrunken hatte.

Georgia widmete ihre wachen Stunden (und viel ihrer eigentlichen Schlafenszeit) den Zielen und Anforderungen von anderen, auch wenn sie dies natürlich auch tat, um etwas für sich zu tun, denn sie wollte sich finanziell sanieren. Doch die Art, wie sie es umsetzte, war nicht heilsam. Schon bald hatte sie ein Burn-out und fühlte sich von ihrem Körper und allem, was sie nährte, getrennt. Noch dazu wurde ihr innerer Monolog immer verletzender.

Eine Zeitlang sah Georgia keinen Ausweg aus dieser Abwärtsspirale. Doch in einem Moment des Gewahrseins fand sie ihn schließlich: »Ich stand nicht zu meinem Recht, glücklich zu sein«, sagte sie mir später. »Mir wurde klar, dass dies aber nötig war, wollte ich den Weg zurück zur Liebe zu mir selbst finden.«

Als Erstes fuhr Georgia zum Supermarkt, um die Vorräte in ihrer Küche mit gesundem Essen aufzufüllen. Der Markt war hell erleuchtet, Musik lief, und als sie einen ihr unbekannten Gang entlanglief, kam sie zu einer Auslage mit riesigen mexikanischen Gebetskerzen, die Heiligen gewidmet waren. Georgia ist keine Christin, aber sie liebt Kerzen, und so griff sie in das Regal. Auf der Kerze, die sie nahm, war der Heilige Judas Thaddäus abgebildet, der »Schutzheilige der schwierigen und aussichtslosen Fälle«. Auf der Rückseite stand auf Spanisch und Englisch ein traditionelles Gebet: »Bete für mich. Ich bin so hilflos und allein.« Das fasste gut zusammen, wie Georgia sich fühlte, und so nahm sie die Kerze mit nach Hause, wo sie sie anzündete.

Doch bald kam sie sich etwas dumm vor, denn eigentlich war sie gar kein so schwieriger oder hoffnungsloser Fall. Sie machte sich bewusst, dass sie gesund war, ihre Arbeit mochte und viele tragfähige und enge Beziehungen hatte. Allerdings hatte sie versäumt, dies anzuerkennen. »Ich muss mich daran erinnern, wie sehr ich vom Glück begünstigt bin«, sagte sie sich.

Also machte sie einen Spaziergang zum Fluss, und als sie heimkam, öffnete sie die Blenden der Fenster, ließ das Licht hereinfluten und legte Musik auf. Langsam kam sie Schritt für Schritt zurück in die Welt und zurück zu ihrer Meditationspraxis. Auf dieser Grundlage fand sie wieder eine gewisse Ausgeglichenheit.

Um ihrem Leben wieder mit Liebe zu begegnen, musste Georgia sich erst einmal vergeben: Sie vergab sich dafür, dass sie so tief gefallen war. Sie entwickelte Mitgefühl dem Leiden gegenüber, das sie zu diesem Tiefpunkt gebracht hatte, sowie Liebende Güte zu dem Teil ihrer selbst, der gerne glücklich sein wollte, aber dafür nicht die richtigen Mittel gefunden hatte, sondern nach der Weinflasche sowie dem Junkfood griff und dann offensichtlich vergaß, dass sie das Recht hatte, glücklich zu sein.

Mich fasziniert, dass sie ihre alles verändernde Einsicht mit den Worten »Ich stand nicht zu meinem Recht, glücklich zu sein« beschrieb, denn die Form der Meditation, die sie als für sich am hilfreichsten empfand, war eine Meditation im Stehen.

Später schrieb sie mir: »Ich stand oben in meinem Loft, schloss meine Augen und machte mir bewusst, dass meine Verletzlichkeit sowie mein Wunsch, glücklich und frei von geistigem oder körperlichem Leid sorglos zu leben, den wir alle miteinander teilen, eigentlich ein starkes Band mit der Welt war. Wie hatte ich mich nur so einsam fühlen können?

Ich spürte, dass die Erde mich unterstützte. Ich spürte, wie meine Beine sich ganz fein bewegten und sich anpassten und mir halfen, mich der ständig verändernden Welt anzupassen, um aufrecht stehen zu können. Ich sagte mir: ›Mein Körper weiß, wie man das macht.‹«

Georgia hatte den Eindruck, dass ihre weitere Meditation ihr Herz aus einem Käfig befreite. Sie beendete ihre Praxis mit den Worten: »Ich atme die Verbindung zu allen Dingen ein, zu der bezaubernden Welt draußen, zu den Vögeln, die ich am Fluss gesehen habe, zu meinen Nachbarn und mir selbst. Ich atme aus und verteile diese Erkenntnis, teile sie mit den kleinen, benachbarten Städten und den großen, weiter entfernten, allen Plätzen dazwischen und jenseits von ihnen. Licht fließt in mich, und Licht strahlt in Dankbarkeit von mir hinaus zur Welt.«

Die Meditation im Stehen blieb der Hauptpfeiler von Georgias Meditationspraxis. Wenn sie in einer Körperhaltung, die ihre angeborene Würde ausdrückt, die Unterstützung der Erde spürt, wenn ihre Brust sich mit Hilfe des Atems weitet, weiß Georgia, dass sie das Recht hat, zu sein – und mit allen anderen verbunden ist.

Übungen zu Kapitel 8

Meditation im Stehen

Georgia übte diese Meditation barfuß, und dies ist eine gute Art, alle Muskeln zu nutzen und genau zu spüren, wie wir unser Gleichgewicht im Raum halten. Aber Sie können gerne auch Socken tragen, wenn es Ihnen lieber ist.

Stehen Sie aufrecht, schließen Sie die Augen und spüren Sie, wie die Erde Sie hält. Spreizen Sie Ihre Zehen weit und spüren Sie die Stabilität des Bodens unter Ihren Füßen oder nehmen Sie wahr, wie die Struktur des Teppichs sich in Ihre Fußsohlen drückt. Beginnen Sie, ganz kleine Bewegungen zu machen, um Ihr Gewicht gut zu verteilen. Spüren Sie Ihre Fußgewölbe, während Sie langsam auf den Fußballen vor- und zurückrollen, um die Fußgelenke zu lockern.

Beginnen Sie nun, Knochen für Knochen, auszuprobieren, wie es sich anfühlt, Ihr Skelett zu strecken und so die Basis für eine stabilere und selbstbewusste Haltung zu bilden. Stellen Sie die Füße parallel nebeneinander und beugen Sie leicht die Knie. Strecken Sie dann langsam Ihre Knie um etwa drei Zentimeter, ohne sie zu verkrampfen.

Spüren Sie, wie sich beim Strecken der Beine Ihre Wirbelsäule vom Becken aus aufrichtet. Ziehen Sie gleichzeitig die Schulter nach hinten. Das nimmt viel Spannung aus Ihrem Kreuz und streckt gleichzeitig Ihren unteren Rücken. Halten Sie dort eine Weile inne, spielen Sie mit diesen kleinen Korrekturen der Stellung Ihrer Knie und genießen Sie, wie Sie beim Strecken Ihrer Beine immer größer werden und tiefer atmen.

Erforschen Sie als Nächstes den Beckenbereich. Senken Sie Ihr Steißbein um etwa drei Zentimeter ab, ziehen Sie Ihre Schultern etwas weiter nach hinten und spüren Sie, wie sich Ihre Rippen dabei leicht strecken. Bewegen Sie Ihr Steißbein sanft vor und zurück.

Fühlen Sie, wie Ihre Lungen sich bei jedem Atemzug dehnen und wieder zusammenziehen. Forcieren Sie dabei die Bewegung der Rippen nicht. Versuchen Sie ganz tief in die Lungen zu atmen, dorthin, wo sie gegen das Zwerchfell drücken. Erkunden Sie dann, wie sie sich seitlich ausdehnen. Spüren Sie anschließend, wie Ihr Atem unterhalb der Schulterblätter in den Rücken strömt. Stellen Sie sich vor, Ihr Herz würde sich aus einem Käfig befreien. Erfreuen Sie sich weiter am Rhythmus des Atems und am Strecken Ihrer Knochen, und stehen Sie zu Ihrem Recht, glücklich zu sein.

9 Ihrem ethischen Kompass folgen

Was hat Ethik mit Liebe zu uns selbst zu tun? Alles in allem ist Ethik ein wichtiges gesellschaftliches Thema, während Liebe zu uns selbst eher uns persönlich anzugehen scheint. Aber Liebe hat durchaus ethische Implikationen. Wir sind geneigt zu denken, Freiheit und Glück beständen darin, tun zu können, was uns gefällt, und dies kann natürlich leicht zu rücksichtslosem Verhalten führen. Wenn wir jedoch unsere Handlungen mit den Augen der Liebe betrachten, sehen wir, dass unser Leben aufrichtiger, einfacher, weniger von Bedauern und Angst geprägt und eher in Übereinstimmung mit unseren tiefsten Werten sein kann.

Nie war es dringlicher – und gleichzeitig nie komplizierter –, mehr auf die ethischen Implikationen unserer Handlungen zu achten, als heute. Unsere Möglichkeiten, von denen vor hundert Jahren viele nicht einmal vorstellbar waren, sind in der heutigen globalen und digitalen Welt annähernd aus der Kontrolle geraten. Und dies bringt eine nie dagewesene Wahlfreiheit mit sich. Ist es in Ordnung, Fleisch zu essen, oder sollten wir vegan leben? Wieso sollten wir uns einer einzigen Person verpflichten, wenn es doch so aufregend sein kann, mit Apps wie Tinder jeden Tag einen neuen Menschen kennenzulernen?[22] Wie weit sollten wir – und können wir als Einzelne – gehen, um unseren notleidenden Planeten zu schützen?

Wie Entscheidungen treffen, wenn die Wahlmöglichkeiten grenzenlos zu sein scheinen?

Der Buddha bot diesbezüglich folgende Leitlinien an: »Wer sich wirklich liebt, schadet keinem anderen.« Dies ist kein frömmelndes und auch kein bevormundendes Korsett der Moralität, ist weder eine Aufforderung, unsere Bedürfnisse zu leugnen, noch eine Wertung derselben. Hierbei beruft er sich nicht einmal nur auf Mitgefühl füreinander und fordert auch nicht, das Stehlen oder Lügen zu unterlassen, um zu vermeiden, anderen Leid zuzufügen.

Es geht vielmehr darum, zu verstehen, dass es nie nur eine Einbahnstraße ist, anderen Leid zuzufügen, denn wenn wir jemand anderem Schaden zufügen, verletzen wir uns damit gleichzeitig selbst. Um überhaupt dazu fähig zu sein, jemand anderen zu einem Objekt zu degradieren und abzuleugnen, dass er ein lebendes und fühlendes Wesen ist, jemand, der genau wie wir glücklich sein will, müssen wir viel unserer eigenen Sensibilität und des eigenen Gewahrseins abtöten. Es ist moralisch nicht verwerflich, einen Tisch zu zertrümmern. Aber um einen Menschen oder ein Tier wie einen Tisch zu behandeln, bedarf es letzten Endes ziemlicher Abstumpfung (die wir hinterher nur schwer wieder abschütteln können), vieler Scheuklappen (wodurch es später nicht leicht ist, umsichtig zu bleiben) und einer undurchdringlichen Rüstung (die wir nachher nicht so einfach wieder ablegen können). So wächst uns eine zweite dicke Haut der Gleichgültigkeit.

Doch selbst wenn wir anderen mit Güte begegnen wollen, ist es oft nicht einfach, herauszubekommen, welche Handlungen am besten unsere Liebe und Fürsorge spiegeln. Zum Beispiel sind wir unter Umständen fest davon überzeugt, dass es falsch ist, Tiere zu essen. Aber was machen wir, wenn ein Arzt bei uns Anämie diagnostiziert und uns rät, Fleisch zu essen, da es für unsere Gesundheit unentbehrlich sei? Ich habe eine Freundin im dürregeplagten Kalifornien, die versucht, jeden Tropfen Wasser, den sie benutzt, zu sammeln. Gleichzeitig fragt sie sich, ob sie ihre Tochter in ihrem fleckigen Lieblingskleid zur Schule gehen lassen kann oder ob sie es nicht besser wäscht, obwohl die Maschine noch nicht voll ist. Woher sollen wir wissen, was für uns richtig ist, wenn es so viele Grauzonen gibt, so viele unvollkommene Antworten?

Hören Sie auf Ihren Körper

Können wir uns hinsichtlich einer bestimmten Sache nicht entscheiden, gibt uns häufig unser Körper die richtige Antwort – sofern wir uns die Zeit nehmen, uns auf ihn einzustimmen. Anders als unser Geist, der dazu tendiert, die Zukunft vorwegzunehmen oder die Vergangenheit wiederzukäuen, ist unser Körper immer im gegenwärtigen Augenblick. Etwas Starre in der Brust oder ein empfindlicher Magen weist uns unter Umständen darauf hin, dass wir gerade dabei sind, etwas Leidbringendes zu tun – auch wenn unser Verstand uns einreden will, dass die betreffende Entscheidung ganz und gar ethisch sei. Ein Gefühl des Friedens oder der Öffnung und der Weite im ganzen Körper gibt dann schon eine vollkommen andere Botschaft.

Meine Schülerin Sarah trank nicht viel Alkohol, genoss aber im geselligen Rahmen ab und an ein Glas Wein. Das Problem war, dass sie hin und wieder – und völlig unvorhersehbar – von einem einzigen Glas heftige Migräne bekam. Allerdings gab ihr ihr Körper ein Warnsignal: Wenn sie an solchen Tagen auch nur daran dachte, Alkohol zu trinken, spürte sie bereits eine Anspannung in ihrem Hals.

Dennoch entschied sie sich manchmal, diese Warnsignale ihres Körpers zu übergehen. Nach vielen Jahren, in denen sie mit ihrer Gesundheit russisches Roulette gespielt hatte, beschloss Sarah vor kurzem, gar keinen Wein mehr zu trinken – und hat seither keine Migräne mehr. Anschließend erklärte sie mir: »Keinen Alkohol mehr zu trinken ist für mich ein tiefer Akt der Liebe zu mir selbst.«

Auf Leitlinien vertrauen

Wenn es uns nicht gelingt, unser Tempo genügend zu entschleunigen, um die Botschaften unseres Körpers wahrzunehmen, oder wenn diese Botschaften unklar sind, können wir uns vor unheilsamen Handlungen schützen, indem wir einigen grundlegenden Prinzipien folgen, die in den verschiedenen Weisheitstraditionen der Welt erstaunlich ähnlich sind.

Meine Kollegin JoAnna Harper formulierte die folgenden Grundsätze aus den buddhistischen Lehren etwas um, um sie uns heutigen Menschen leichter zugänglich zu machen. Sie berühren die grundlegendsten ethischen Fragen:

Wissend, wie sehr unsere Leben miteinander verknüpft sind, verspreche ich, dem Grundsatz, Leben zu schützen, zu folgen.

Wissend, wie sehr unsere Leben miteinander verwoben sind, verspreche ich, dem Grundsatz der Großzügigkeit zu folgen.

Wissend, wie sehr unsere Leben miteinander verknüpft sind, verspreche ich, dem Grundsatz zu folgen, die Sexualität von mir und anderen zu schützen.

Wissend, wie sehr unsere Leben miteinander verwoben

sind, verspreche ich, dem Grundsatz zu folgen, bei allem, was ich sage, achtsam zu sein.

Wissend, wie sehr unsere Leben miteinander verknüpft sind, verspreche ich, dem Grundsatz zu folgen, mich Rauschmitteln zu enthalten, um einen klaren Geist und ein offenes Herz zu bewahren.

Um diesen Grundsätzen gerecht zu werden, ist es notwendig, auf unsere Gefühle und unsere tiefsten Wünsche zu achten. Die Sätze halten uns an zu lernen, auf würdevolle Weise unsere Begierden loszulassen, ohne uns dabei selbst zu beurteilen; das beinhaltet auch, darauf zu achten, ob wir etwas tun oder sagen, das diesen Grundsätzen widerspricht, und in diesem Falle den Entschluss zu fassen, noch einmal von vorne zu beginnen.

Ich habe Schüler und Freunde, die hart daran gearbeitet haben, die rigiden moralischen Einschränkungen, die man ihnen in der Kindheit auferlegt hat, durch eigene Werte zu ersetzen. Eine Freundin beschrieb ihre durch die Meditation neu gewonnene Freiheit und Kraft mit den Worten: »Wenn du wirklich ein Rebell sein möchtest, praktiziere Güte.« Man kann dies auch anders ausdrücken: »Wenn du gemäß deinen Wünschen und Vorstellungen leben möchtest und dich von den alten Gewohnheiten und Geschichten, die keinen Sinn mehr ergeben, frei machen willst, sei anders – praktiziere Liebe.«

Die eigenen Geheimnisse wahrnehmen

Für mich ist Geheimhaltung oft eine Art persönlicher moralischer Kompass. Ich habe gesehen, dass es von allen Beteiligten einen gewissen Preis verlangt, Dinge nicht offen auszusprechen – sowohl von dem, der verheimlicht, was passiert, von der Person, die von dem Wissen ausgeschlossen wird, als auch von allen anderen, die direkt oder indirekt davon betroffen oder daran beteiligt sind. Auch wenn wir etwas vielleicht nur unbewusst verheimlichen, heißt das nicht, dass es keine Konsequenzen hat. Der Architekt Christopher Alexander sagte einmal: »Es ganz zu machen, heilt den, der es ganz macht.« Mit anderen Worten: Das Umfeld, das wir gestalten, kann uns helfen, uns selbst zu heilen. Dies gilt nicht nur für Landschaften und Gebäude, sondern auch im Austausch mit anderen und für unsere Beziehungen zu ihnen. Wohin führt es, wenn wir Spaltung statt Einssein fördern? Was passiert in uns, wenn wir Trennung und Isolierung stärken?

Ich muss in diesem Zusammenhang an meine Kindheit denken, die von Geheimnissen belastet war. Als ich elf Jahre alt war, kam mein Vater ins Krankenhaus, da er »aus Versehen« zu viele Schlaftabletten genommen hatte. Von da an lebte er in psychiatrischen Krankenhäusern. Erst fünf Jahre später – ich war bereits im College – fügte ich die Teile des Puzzles zusammen und verstand, dass die Überdosis kein Unfall gewesen war. All die Jahre lebte der lebendige, gewahre Teil von mir in einem emotionalen und körperlichen Gefängnis, da mein inneres Wissen nicht mit der Erklärung der Realität zusammenpasste, die man mir gegeben hatte. Natürlich hatte meine Familie mir Schmerz ersparen wollen, aber dennoch ist es für alle Beteiligten nicht ohne Folgen, wenn man Geheimnisse hat.

Je mehr wir Achtsamkeit praktizieren, desto sensibler werden wir für den Preis, den solche Geheimnisse fordern. John erzählte mir dazu folgende Geschichte: »Ich bekam in New York in der Gegend, in der ich gerne leben wollte, eine Wohnung zu einem angemessenen Preis angeboten.

Es schien zu schön, um wahr zu sein – und das war es dann auch. Die Bestimmungen des Genossenschaftsvorstands des Gebäudes erlaubten es dem Besitzer nicht, unterzuvermieten.

Ich war hochgradig versucht, die Wohnung trotzdem zu nehmen. Dies verstieß schließlich nicht gegen die Gesetze Gottes und noch nicht einmal gegen jene unseres Landes! Was für Leute waren das überhaupt in dem Vorstand? Wahrscheinlich ein übereifriger, machthungriger Haufen. Wir reden hier über eine opferlose Straftat![23] Meine Freunde beschworen mich: ›Weißt du wie viele Leute jeden Tag die Genossenschaftsbestimmungen übertreten? Nichts wie ran!‹

Dann stellte ich mir allerdings vor, wie ich mich jeden Tag, wenn ich in die Eingangshalle käme, wie auf der Flucht fühlen und hoffen würde, der richtige Pförtner habe Dienst, jener, der am wenigsten aufpasste, bei dem ich am wenigsten Gefahr lief, nach meinem angeblichen ›Cousin‹, dem Besitzer der Wohnung, gefragt zu werden. Mir war klar, dass ich irgendwann anfangen würde nachzurechnen, wie lange ich hier schon wohnte, dass ich mir manchmal vornehmen würde, eine Weile wegzubleiben, um mehr wie ein Besucher als ein Bewohner zu wirken. Ich stellte mir eine Zukunft vor, in der ich für eine Wohnung Miete bezahlte, obwohl ich mich in ihr nie wirklich zu Hause fühlen würde.«

Selbst wenn etwas nicht herauskommt, so sagt ein altes Sprichwort doch: »Es ist nicht das Verbrechen, sondern das Verheimlichen, das dich irgendwann einholen wird.« Der Preis, den wir bezahlen, wenn wir etwas geheim halten, liegt darin, dass wir uns isolieren, da wir fürchten, entdeckt zu werden, und uns innerlich abschotten, aus Angst, die etwaigen Konsequenzen unserer Handlungen spüren zu müssen. Wir können es uns nie leisten, wirklich gesehen und gekannt zu werden – nicht einmal von uns selbst.

Nach einer Studie von Michael Slepian, Professor an der Columbia University, kann der Tribut, den Geheimhaltung von Menschen fordert, sie sprichwörtlich herunterziehen. In einer Untersuchung bat er homosexuelle Männer, ihm dabei zu helfen, ein paar Kartons zu tragen. Das Ergebnis: Diejenigen, die ihre sexuellen Neigungen unter dem Deckel hielten, trugen weniger Kartons als die anderen. Eine andere Studie zeigte, dass Menschen, die kurz zuvor eine heimliche Affäre hatten, sich von alltäglichen Beschäftigungen – wie etwa, ihre Einkäufe die Treppe hochzutragen – stärker belastet fühlten als andere. In einem Interview mit *The Atlantic* kommentierte Slepian dies so: »Je mehr jemand sorgenvoll darauf bedacht ist, seine Geheimnisse für sich zu behalten, desto mehr Energie kostet es ihn, weswegen einem andere Dinge des Lebens dann schwererfallen.«

Ich möchte damit nicht sagen, dass wir allen alles über uns erzählen müssen. Natürlich gibt es Dinge, bei denen wir Diskretion wahren sollten, sowie Entscheidungen bezüglich unseres Lebensstils, die nicht alle etwas angehen. Doch beginnt die Angst, dass andere unsere Geheimnisse herausfinden könnten, unsere Tage und sogar unsere Träume mitzuprägen, ist dies für mich ein wichtiger Hinweis darauf, dass wir auf diese Weise mehr Leiden als Ganzheitlichkeit schaffen.

Respektieren Sie sich wirklich selbst?

Ein anderes wichtiges Barometer, das uns hilft zu bemessen, ob wir bei unseren Handlungen richtigliegen, ist Respekt für uns selbst. Meiner Erfahrung nach wächst mit der eigenen Selbstachtung unsere Fähigkeit, die Schwierigkeiten, die uns das Leben bringt, zu akzeptieren. Wenn ich mich respektierte, konnte ich durch schwierige Zeiten gehen, ohne den Mut zu verlieren. Schwierigkeiten waren für mich dann kein Zeichen für meinen mangelnden Wert. Gleichzeitig konnte ich gute Zeiten genießen, ohne zu versuchen, sie festzuhalten – aus Sorge, sie könnten zu Ende gehen und dann ein schlechtes Gefühl hinterlassen. Für mich ist Selbstachtung definitiv ein Schlüssel für anhaltendes Glück. Auch wurde mir klar, dass der Umfang meines Selbstrespekts davon abhängt, wie ich mich verhalte.

Wenn wir uns ausreichend achten, stürzen wir uns nicht blindlings in Erfahrungen und Beziehungen, nur weil wir glauben, uns durch sie besser zu fühlen. In uns ist dann keine Leere, die es zu füllen gilt. Dank Selbstachtung können wir uns selbst mehr in unserer Ganzheit lieben. Und umgekehrt stärkt die Liebe uns selbst gegenüber unsere Fähigkeit, andere zu lieben.

Barbara Fredrickson, Psychologin und Professorin an der University of North Carolina in Chapel Hill, ist eine der führenden Wissenschaftlerinnen auf dem Gebiet der Sozialpsychologie und Autorin des Buches *Die Macht der Gefühle*[24]. Sie entwickelte die Broaden-and-build-Theorie der positiven Emotionen, die besagt, dass positive Emotionen wie Selbstliebe und Selbstachtung unsere inneren Ressourcen stärken. Wir werden offen für eine größere Bandbreite an Gedanken und Handlungen. Gleichzeitig gewinnen wir Vertrauen in unsere Regenerationsfähigkeit und in unsere Fähigkeit, allen Überraschungen, die wir auf unserem Weg antreffen, zu begegnen. Selbstverständlich ist das Leben manchmal voller Stress, und natürlich durchlaufen wir bisweilen schwierige Phasen. Aber wir können sie dann voller Vertrauen in unsere Fähigkeit, mit ihnen fertig zu werden, meistern. Wir werden davon dann nicht mehr vor eine Zerreißprobe gestellt.

Unserem ethischen Kompass zu folgen kann diese neue und flexiblere Art, dem Leben zu begegnen, stärken. Wir verhalten uns ethischer, sprechen bedachter und handeln verantwortungsvoller. Uns belastet kein beschämendes Geheimnis, das wir in uns tragen und das, würde es bekannt, unseren Ruf ruinierte. Stattdessen gelingt es uns in unserem täglichen Leben zunehmend, darauf zu achten, ob und wie unsere Handlungen mit unseren Werten übereinstimmen. Dies ist ein weiterer Akt des Vertrauens, der es uns erlaubt, unsere Liebe wachsen zu lassen.

Uns selbst
Anerkennung entgegenbringen

»Wer sich wirklich liebt, schadet keinem anderen.« Diese Worte des Buddha drücken auch aus, dass wir zu weit mehr in der Lage sind, als nur mittelmäßig zu sein, weit mehr, als in dieser Welt nur gerade so über die Runden zu kommen. Wir Menschen haben das Potenzial zu geistiger Größe und die Fähigkeit, über die Umstände, in denen wir uns wiederfinden, hinauszuwachsen und eine tiefe Verbindung zu allem Leben zu erfahren. Denn eigentlich ist es ziemlich traurig, wenn wir uns voller Desinteresse von anderen absondern, ein vorübergehendes

Hochgefühl verspüren, weil wir – koste es, was es wolle – eines unserer Ziele erreichen, oder eine kleine Genugtuung empfinden, sobald es uns gelingt, andere zu übertreffen.

Wären wir uns bewusst, wozu wir alles in der Lage sind, und würden wir diesem Potenzial entsprechend leben, hätten wir gar kein Interesse mehr daran, unsere Integrität und Ganzheit durch ein oberflächliches Gefühl der Macht zu gefährden, das daher rührt, anderen vorzumachen, man wisse mehr und sei ihnen überlegen, oder das mit dem flüchtigen Rausch einhergeht, andere durch Ausbeutung andauernd zu Objekten zu machen. Dies bringt immer Entfremdung und Distanz mit sich. Würden wir uns mehr als nur Mittelmaß zutrauen, könnten wir uns etwas Besseres vorstellen, als durch die Lobby eines Gebäudes zu schleichen in der Hoffnung, der Türsteher möge uns nicht fragen, was wir hier verloren haben.

Nach dem Grundsatz zu leben, »Wer sich wirklich liebt, schadet keinem anderen«, ist wirklich eine revolutionäre und feierliche Art, uns um uns selbst zu kümmern.

Kontemplation

Gibt es in Ihrem Leben jemanden, der für Sie auf einem bestimmten Gebiet ein großes Vorbild für Integrität ist? Identifizieren Sie sich mit der Person, oder scheint sie Ihnen zu rigide?

Haben Sie mit Ihren Freunden und Kollegen manchmal Meinungsverschiedenheiten bezüglich dessen, was richtig oder falsch ist? Mit wem würden Sie reden, wenn Sie Gewissenskonflikte klären möchten? Wie entscheiden Sie, was für Sie richtig ist?

Wie beeinflusst es Ihre Beziehung zu anderen, wenn Sie in einem entscheidenden Bereich Ihres Lebens ein Geheimnis haben sollten? Wie beeinflusst es Ihre Beziehung zu Ihnen selbst?

TEIL 2

EINFÜHRUNG:
Lieben ist ein Verb

Ich hatte einmal einen Traum, in dem mich jemand fragte: »Warum lieben wir andere?«

Ich antwortete: »Weil sie uns sehen, wie wir sind.« Als ich aufwachte, sagte ich mir: »Das ist eine wirklich gute Antwort.«

Andere wirklich wahrzunehmen und ebenfalls von ihnen gesehen zu werden – dieses Gefühl kann uns große Zufriedenheit und innere Ruhe schenken. Bereits die Aussicht, für das, wie wir sind, und nicht dafür, was wir leisten und was wir erreichen, Anerkennung zu finden, kann uns mit Freude erfüllen. Und umgekehrt macht es uns vielleicht ebenfalls glücklich, jemand anderen so zu sehen oder zu akzeptieren, wie er ist. Solch gegenseitige Bestätigung fühlt sich gut, kraftvoll, ausgeglichen, authentisch und wahr an.

Nehmen Sie Ellen und Gil als Beispiel, die kürzlich ihre goldene Hochzeit feierten. »Ich bin an meinem Arbeitsplatz mit vielen jungen Leuten zusammen, und sie bitten mich um Ratschläge für die Partnersuche«, schrieb mir Ellen. »Ich sage ihnen stets, sie sollen nach bedingungsloser Liebe suchen. Sie fragen mich dann, woran man diese erkennen kann. Für gewöhnlich erzähle ich Ihnen dann die folgende Geschichte, die immer mit einem großen ›Ach so, jetzt verstehe ich‹ quittiert wird.

Als Gil und ich uns kennenlernten, lebte ich in Brooklyn. Wenn ich zu ihm nach Long Island kam, holte er mich immer am Bahnhof ab. Einmal erzählte ich ihm im Auto davon, dass sich meine Eltern hatten scheiden lassen, als ich siebzehn war, und was davor, währenddessen und danach passierte. Er bremste und hielt am Fahrbahnrand an. Auf meine Frage, ob etwas nicht stimme, sagte er: ›Du erzählst mir gerade etwas sehr Wichtiges, deswegen möchte ich dir mit ganzer Aufmerksamkeit zuhören.‹ Das war eine *ganz* große Sache für mich: Er hört mir immer noch zu … unglaublich!«

Er sieht sie. Sie sieht ihn. Es ist klar und wahr. Wenn wir das Gleiche Tag für Tag in unsere nahen Beziehungen tragen könnten, hätten wir ein wunderbares Leben.

Mit Hilfe der Achtsamkeit können wir tatsächlich auf diese Art Liebe in allen Bereichen unseres Lebens in unsere Beziehungen zu anderen einbringen, wie auch alles andere, das wir in der Meditation lernen. Ein Freund von mir schlug mir vor, dieses Buch »Wahre Liebe – Einfach, doch nicht leicht« zu nennen. Das ist eine hervorragende Beschreibung der Schwierigkeiten, mit denen wir es hier zu tun haben.

Den kulturellen Ballast abladen

Die erste Schwierigkeit liegt darin, einige beschränkende Vorstellungen von Liebe, die kulturell bedingt sind, abzulegen. Dazu gehören Vorstellungen wie:

Liebe ist ein Ziel oder ein Zustand, den man erreichen muss, eine Art fixes Ideal.

In Wirklichkeit ist Liebe fließend, ein Tun, kein Zustand. Liebe lebt als lebendiges Potenzial in uns. Auch wenn wir sie nicht immer spüren, ist sie doch stets anwesend. Es gibt viele unterschiedliche Arten der Liebe. Im

Sanskrit gibt es verschiedene Wörter, um die Liebe zu einem Bruder und zu einer Schwester, zu einem Lehrer, dem Partner, den Freunden, zur Natur und noch zu anderem zu benennen. In unserer Sprache gibt es nur ein einziges Wort, und die Verwirrung, die dies nach sich zieht, ist grenzenlos.

Die höchste Liebe ist die romantische Liebe – Ekstase und Pein.

Der Bühnenautor Oscar Wilde schrieb in *Ernst ist das Leben:* »Die Essenz einer romantischen Liebesaffäre ist Unsicherheit.« Sie ist eine Reise voller Gefahren, bei der wir der Gnade äußerer Mächte ausgeliefert sind. Von Pfeilen durchbohrt und vom Blitz getroffen verfallen wir ihr hoffnungslos. Wir bitten Blütenblätter, uns zu verraten, ob er oder sie »uns liebt oder nicht«. Wenn wir im wirklichen Leben auf romantische Liebe aus sind, können wir leicht den Menschen übersehen, mit dem eine tragfähige Liebesbeziehung möglich wäre. Ich werde nie vergessen, wie ich zufällig einmal Zeugin wurde, als eine junge Frau einem Freund erklärte: »Weißt du, ich habe meinem Bruder erzählt, dass ich meinen Verlobten liebe, gleichzeitig aber die Intensität meiner letzten Beziehung vermisse. Und er antwortete: ›Richtig, aber was dir eigentlich fehlt, ist das ganze Drama.‹«

Liebe rettet uns und macht uns ganz.

Dieser Glaubenssatz beinhaltet, dass wir ohne die Liebe eines anderen unvollständig seien, unfähig, alleine zu leben. Diese Art des magischen Denkens ist Thema der ganzen triefenden Liebesromane der Trivialliteratur und Hollywood-Filme und gehört in das Reich der herzzerreißenden Schnulzen wie *Achy Breaky Hearts* und *Blue Eyes Crying in the Rain*. Doch wollen wir von ihnen den Lauf unseres Lebens bestimmen lassen?

Die Therapeutin und Autorin Linda Carroll sagte mir in einem Gespräch, dass wir, wenn wir diese Botschaften nicht hinterfragen, unbewusst möglicherweise in unserer Beziehung folgenden Verlauf als unumgänglich akzeptieren: »Von der Phase eins, in der alles perfekt ist, hin zu Phase drei, in der alles grauenhaft ist. Dabei wäre eine Liebe sicherlich realistischer und tragfähiger, in der alles einfach gut genug ist, eine stille Liebe oder eine (nicht zu große) Liebe, bei der man einfach angenehme und leichte Tage miteinander hat und sich gegenseitig unterstützt.

Doch das ist kein mitreißender Song. Wer würde ihn kaufen? In unserer Kultur sind wir auf das Drama der Liebe getrimmt, nicht auf den Frieden, den Liebe mit sich bringt.«[1]

Oder wie es Molly, eine Frau, die ich in einem Meditationszentrum kennenlernte, ausdrückte: »Als ich jung war, interessierten mich ausschließlich Liebesgeschichten, die tragisch endeten. Mein Herz war andauernd gebrochen. Doch irgendwann hatte ich davon die Nase voll. Ich rannte andauernd dem Gefühl hinterher, mich roh, nackt und verzweifelt zu fühlen.«

Ich bin nicht gegen Leidenschaft oder Feuerwerke, aber wenn Sie Romanzen suchen, sie perfektionieren oder an ihnen festhalten wollen, ist die prickelnde Ladung der Instabilität und nicht einer echten Verbindung zu einem anderen Menschen geschuldet. In einer solchen Beziehung ist, wie es Zadie Smith in ihrem Roman *Zähne zeigen* schreibt, »derjenige, den Sie als Objekt der Leidenschaft wählen, nichts als Beiwerk Ihres Verlangens nach Leidenschaft«.[2]

Wahre Liebe erkennen

Wahre Liebe läuft vielleicht auf niederer Spannung, ist aber sicherlich besser geerdet und von längerer Dauer. Von unserem ersten bis zu unserem letzten Atemzug bietet sich uns immer wieder die Gelegenheit, tiefe und anhaltende Verbindungen mit anderen Lebewesen einzugehen, dank derer wir uns entwickeln können. Wir können sie lieben und von ihnen geliebt werden, ihnen unsere wahre Natur zeigen und die ihre erkennen. In Einklang mit ihnen öffnen wir unsere Herzen, um zu geben und zu empfangen. Wir teilen Freude und Mitgefühl, Anstrengungen und Sorgen, Gewinn und Verlust. Und wir lernen es bis ins tiefste Innere, was es bedeutet, zu etwas Größerem dazuzugehören.

Vor etwa zweieinhalbtausend Jahren beschrieb der chinesische Philosoph Laotse die Qualität einer solch tiefen und stärkenden Form der Liebe: »Von jemandem tief geliebt zu werden, gibt dir Kraft, und jemanden zutiefst zu lieben schenkt dir Mut.« Und auch wenn sich die Erde seither zahllose Male um ihre eigene Achse gedreht hat, können wir, wenn wir aufmerksam in uns hineinspüren, noch immer diese Wahrheit erfahren. In ihrem Roman *Jazz* schreibt Toni Morrison: »Denke nie, ich sei dir verfallen oder würde mich vor Begeisterung überschlagen. Ich bin dir nicht Hals über Kopf verfallen, sondern bin in der Liebe zu dir aufgegangen.«

Meine Schülerin Samantha schrieb mir von der umfassenden und ansteckenden Liebe in ihrer eigenen Familie: »Im vergangenen Jahr lag mein Vater wegen einer Herzoperation im Krankenhaus«, so berichtete sie. »An einem der Tage – wir waren gerade beim Mittagessen in der Krankenhauscafeteria – rief er wiederholt erfolglos die

Krankenschwester mit dem Rufknopf, da er auf die Toilette musste. Schließlich nässte er das Bett. Als wir zurückkamen, fanden wir ihn durchnässt vor, was ihn peinlich berührte. Meine Mutter, eine ehemalige Krankenschwester, machte sich sofort an die Arbeit: Sie wusch ihn im Bad, half ihm beim Anziehen und bezog sein Bett neu.

Während ich ihr dabei zusah, wie sie sich ohne Zögern mit einer solchen Entschiedenheit und Einfachheit an die Arbeit machte, dachte ich: ›Das ist also Liebe.‹ In den Medien werden wir mit Bildern von Hochzeiten, Verlobungsringen, Festen und Blumen bombardiert, aber nicht das ist Liebe. Liebe zeigt sich in den schwierigen Handlungen menschlichen Mitgefühls und der Großzügigkeit. An diesem Tag – und nicht nur an diesem – war ich auf das, was meine Eltern erreicht haben, sehr stolz. Vielleicht wäre es ihnen peinlich, wenn sie wüssten, dass ich die Geschichte erzähle, aber sie sind meine Helden.«

In Samanthas Erzählung zeigt sich nicht nur die Tiefe der Liebe zwischen ihren Eltern, sondern auch, wie sehr ihre Kraft zu allen, die sie bezeugen können, strahlt. Immer wieder erzählen mir die Leute, dass sie durch die Aufmerksamkeit und den Respekt füreinander wachsen und die gegenseitige Großzügigkeit und Hingabe ihnen Kraft gibt. Wenn ich sie bitte, mir zu erzählen, was es für sie bedeutet, geliebt zu werden, beschreiben sie Liebe als Gefühl, in der Welt zu Hause zu sein, sowohl wertgeschätzt und anerkannt als auch bestätigt und ermutigt zu werden.

In allen Beziehungen kommt es zu Konflikten, ganz gleich, wie viele Minuten wir uns täglich zum Meditieren nehmen. Auch wenn wir unser Bestes geben, um unsere Nächsten mit dem größtmöglichen Respekt und Verständnis zu behandeln, kommt es ab und an zum Streit. So ist das Leben. Konflikte sind Teil der menschlichen Natur. Doch es ist die Art, wie wir mit ihnen und unseren unterschiedlichen Bedürfnissen und Erwartungen umgehen, was unseren Beziehungen Bestand gibt.

Gleichzeitig gehört auch das grundlegende Bedürfnis, sich zu verbinden, zur menschlichen Natur. Es bringt uns immer wieder zusammen. »Menschen sind soziale Geschöpfe«, schrieb der Autor und Chirurg Atula Gawande im *New Yorker:* »Wir sind nicht nur in oberflächlicher Hinsicht sozial, weil wir gerne mit anderen zusammen sind, und auch nicht nur aufgrund der ganz offensichtlichen Tatsache, dass wir voneinander abhängen, sondern auch auf eine weit existenziellere Art: Um als Mensch überleben zu können, müssen wir mit anderen interagieren.«[3]

Das Paradox der Bindung

Das Bedürfnis nach Verbindung zu anderen dauert von der Wiege bis zur Bahre an, so der britische Psychoanalytiker John Bowlby. Bowlby ist der Architekt der Bindungstheorie, die besagt, dass unsere frühen Bindungen, besonders jene zu unserer Mutter, unsere Beziehungen noch während des gesamten späteren Lebens mitprägen. Wenn diejenigen, die sich um uns kümmerten, in der Lage waren, unseren grundlegenden emotionalen Bedürfnissen zu entsprechen, konnten wir langsam die Fähigkeit der Emotionsregulierung ausbilden. Wir lernten es, uns um uns selbst zu kümmern sowie gesunde Beziehungen zu anderen einzugehen, in denen wir uns geborgen fühlen. War dies hingegen nicht der Fall, neigen wir in Beziehungen eher zu Ängstlichkeit und zu Vermeidungsstrategien.

Bei meinen Schülerinnen und Schülern kann ich die beiden folgenden Arten von Bindungsproblemen regelmäßig beobachten: Da ist zum Beispiel Nick, dessen Mutter ein Jahr vor seiner Geburt ihr Baby verloren hatte, worüber sie während seiner Kindheit weiter trauerte. Heute tendiert Nick wie zwanghaft zu der Angst, die Menschen, die ihm am meisten bedeuten, könnten ihn plötzlich verlassen. Oder da ist Elaine, deren Mutter nach ihrer Geburt mehrere Monate ins Krankenhaus musste, und die dazu neigt, sich zurückzuziehen, sobald sie einen potenziellen Partner kennenlernt. Im Lauf von verschiedenen Meditationsretreats erkannten sowohl Nick als auch Elaine, dass es diese frühen Störungen ihrer Bindungsfähigkeit waren, die zu ihren Schwierigkeiten in ihren heutigen Beziehungen führten.

Aber sind starke Bindungen überhaupt eine gute Sache?

Manche, die mit der buddhistischen Lehre vertraut sind, wissen oft nicht, wie sie mit ihrem zutiefst menschlichen Bedürfnis nach nahen Beziehungen umgehen sollen. Sie fragen sich, ob diese nicht vielleicht eine ungesunde Form des Klammerns darstellen: *Heißt es nicht immer, dass wir genau das nicht tun sollten? Ist Nicht-Anhaften nicht der bessere, erwachtere Zustand?* Oder wie es eine ratlose Meditierende treffend ausdrückte: »Ich wäre zu gerne wie der Dalai Lama, aber gleichzeitig liebe ich auch meinen Mann!«

Im Grunde gibt es zwischen der tiefen Liebe zu anderen und einem achtsamen Leben keinerlei Konflikt.

Zu bestimmten Menschen haben wir eine besonders starke Verbindung, und das ist gut so: Zu unseren Babys, unseren Geliebten, unseren Eltern, Geschwistern und anderen Familienmitgliedern genauso wie zu unseren »für immer besten Freunden« und unseren Lehrern. Tatsächlich erwähnt der Dalai Lama häufig seine engen Beziehungen, besonders jene zu seiner Mutter, von der er zu sagen pflegt, sie habe die Samen der Güte und des Mitgefühls in ihm gesät.

Auch ist der Dalai Lama davon überzeugt, dass wir zwar sehr wohl ohne Religion und Meditation leben können, nicht jedoch ohne Zuneigung. Gleichzeitig rät uns die buddhistische Lehre davon ab, an den Menschen, die uns wichtig sind, zu klammern und festzuhalten. Wir sollten nicht versuchen, andere und die Beziehungen zu ihnen zu kontrollieren. Darüber hinaus ermutigt er uns, uns der Vergänglichkeit aller Dinge bewusst zu sein: Die Blume, die heute blüht, wird morgen welken, die Dinge, die wir besitzen, werden zu Bruch gehen, verschleißen oder ihren Nutzen verlieren, unsere Beziehungen werden sich verändern, und das Leben wird schließlich enden.

Wenn wir genauer betrachten, wie das Wort »Bindung« in der Psychologie bzw. sein Äquivalent »Anhaften« in der buddhistischen Sicht verwendet werden, entdecken wir eher ein Paradox als einen Widerspruch. Phillip Shaver, emeritierter Professor der Psychologie an der University of California in Davis, legte im *International Journal for the Psychology of Religion* dar, dass die Begrifflichkeit der beiden Disziplinen zwar zu Verwirrung führen kann, sie sich in ihrer Bedeutung jedoch ziemlich ähneln: »Beide Denkmodelle betonen, wie wichtig es ist, Liebe zu geben und zu erhalten und ängstliches Festhalten oder vermeidende Distanznahme und die Unterdrückung von unerwünschten geistigen Eindrücken zu verringern.«

Wenn ich unterrichte, finde ich es hilfreich, die Parallelen folgendermaßen zu beschreiben: Die sichere Bindung der westlichen Psychologie ähnelt dem buddhistischen Konzept des Nicht-Anhaftens, unsicher-vermeidende Bindung ist das Gegenteil von Achtsamkeit und gegenwärtiger Präsenz, und unsicher-ambivalente Bindung entspricht der buddhistischen Auffassung von Anhaften und Greifen.[4]

Eine Erfahrung mit dem ganzen Körper

Ganz gleich, welche Ausdrücke wir benutzen, um gesunde Beziehungen zu beschreiben, wenn wir sie leben, fühlen wir uns sowohl im Körper als auch im Geist davon genährt. Roger, einer meiner Schüler, schreibt: »Ich liebe meine Frau, meine Tochter, mich selbst, meine Erfahrungen und meine Freundinnen und Freunde. Doch was ist all dem gemeinsam? Für mich ist es die Körperwahrnehmung, die ich habe, wenn mich Liebe erfüllt. Es ist weder ein lustvolles noch ein freundschaftliches Gefühl. Es ist eine herzerwärmende Qualität, die wir von der Praxis der Liebenden Güte und des Mitgefühls her kennen. Für mich ist wahre Liebe, wenn ich dieses Körpergefühl empfinde.«

Tatsächlich haben Wissenschaftler begonnen, die weitreichenden körperlichen Auswirkungen der Verbundenheit aufzuzeigen, die von der Verringerung von Schmerz bis hin zu der Stärkung der Funktionen unseres Nervensystems reichen.

Richard Davidson, Neuropsychologie-Professor an der University of Wisconsin in Madison, erforschte die Auswirkungen, die Körperkontakt und die Anwesenheit von anderen auf das Erleben von Stress haben. In einer Studie untersuchte er im Jahr 2006 gemeinsam mit einigen Kollegen unter Zuhilfenahme der Magnetresonanztomographie (MRT) die emotionalen Reaktionen von Frauen auf leichte Elektroschocks. Waren die Frauen während dieser kleinen Stromstöße alleine, reagierten sie mit Angst und empfanden Schmerzen; die Regionen ihres Gehirns, die für Emotionen zuständig sind, waren besonders aktiv.

Doch bereits wenn ein Mitglied des Laborteams dabei ihre Hände hielt, war eine geringere Angstreaktion messbar, auch wenn der körperliche Schmerz blieb. Wenn die

Ehemänner die Hand hielten, beruhigte sich ihre Aktivität in allen Bereichen des Gehirns signifikant. Es zeigte sich, dass die beruhigende Wirkung mit der Nähe der Verbindung zu demjenigen, der sie tröstete, proportional anstieg.

Es ist inzwischen darüber hinaus wissenschaftlich belegt, dass Liebe nicht nur die Empfindung von körperlichem Schmerz lindert, sondern uns – und unsere Geliebten – auch gesünder machen kann. Barbara Fredrickson hat Situationen untersucht, die sie »Mikro-Momente der Verbindung« nennt. »Diese finden statt, wenn Sie ein wirklich positives Gefühl der Verbindung mit einem anderen Lebewesen verspüren«, erklärte sie in einem Vortrag[5] in New York. »Dies kann sich darin äußern, dass Sie mit einem Freund spaßen, den Nachbarn voller Mitgefühl umarmen oder Ihr kleines Kind anlächeln. Es braucht nicht einmal Ihr eigenes Kind zu sein, sondern kann beispielsweise auch eines sein, das bei einem Flug zufällig neben Ihnen sitzt.«

Fredrickson geht davon aus, dass diese kurzen Momente weit kraftvoller sind, als man gemeinhin annimmt, und fand heraus, dass immer dann, wenn das Lächeln, die Gesten und die Haltung einer Person von einer anderen gespiegelt wurden, der synchronisierende Kontakt mehr als nur oberflächlich war.

»Wenn Sie mit jemand anderem wirklich in Verbindung treten«, erklärt Fredrickson, »kommen Ihr Herzrhythmus und Ihre Biochemie in Einklang, sogar das Feuern der Neuronen synchronisiert sich.« Oberdrein hat die biologische Resonanz auf Wohlgefühl und Wohlwollen langfristige Auswirkungen. Die Zahl dieser Mikro-Momente zu erhöhen unterstützt die Funktion des Vagusnervs, jenes langen Kranialnervs, der vom Gehirn bis in die Bauchregion führt und die Selbstregulationskräfte des

Körpers stimuliert, wodurch sowohl Herzrasen beruhigt als auch Entzündungen und der Blutzuckerspiegel reguliert werden können.

»Hier geht es nicht nur um Ihre eigene Gesundheit«, erklärt Fredrickson, »denn wenn Sie wirklich mit anderen in Kontakt treten, wird nicht nur Ihr Herz leicht stimuliert, sondern das Ihres Gegenübers auch. Je häufiger Sie mit anderen in Verbindung sind, desto mehr werden auch die entsprechenden neuronalen Verbindungen aktiviert, und dies verringert das Risiko für einen Herzinfarkt. Damit erhöhen Sie die Wahrscheinlichkeit, ein langes, glückliches und gesundes Leben zu führen.«

Fredrickson bekommt eine Gänsehaut, so sagt sie, wenn sie sich vorstellt, dass allein die Tatsache, dass man jemanden anlächelt, signifikant die Gesundheit verbessert. In ihrem eigenen Leben sieht sie nun jede Begegnung als eine Gelegenheit, solche Mikro-Momente zu erleben, ganz gleich, ob sie mit ihren beiden Söhnen und ihren Katzen spielt oder ein Kleinkind im Flugzeug anlächelt: »All dies ist Teil der Magie, die unsere Bindungen stärkt und unsere Herzen gesund hält. Warten Sie nicht länger darauf, dass Amors Pfeil oder ein Liebesblitz Sie auserwählt. Wählen Sie Liebe. Entschließen Sie sich, mit den Menschen in Ihrem Umkreis in echten Kontakt zu treten.«[6]

In diesem Teil des Buches erforschen wir wahre Liebe sowohl mit unseren Partnern, unseren Kindern, Eltern und Geschwistern als auch mit unseren lieben Freunden, Kollegen, die uns nahestehen, und mit unseren spirituellen Lehrern. Wie stellen wir es am geschicktesten an, unsere Liebe zu leben? Wie können wir unsere wunderbaren und reinen Absichten am besten ausdrücken? Wie gehen wir mit Verlust, Enttäuschung und Verletzungen um? Und wie bleiben wir verletzlich genug, um wahre Liebe zu empfinden, wohl wissend, dass sie vergänglich ist?

In aller Kürze zusammengefasst: Erleben Sie jeweils den gegenwärtigen Augenblick. Aber natürlich gibt es mehr als nur das zu tun: Es ist einfach, aber nicht leicht.

10 Was uns davon abhält, wahre Liebe zu finden

Liebe beginnt und endet nicht so,
wie wir offenbar denken.
— JAMES BALDWIN —

»Zieh die Stachel aus deinem Herzen, dann wirst du Rosengärten in dir finden«, schrieb der Sufi-Dichter Rumi im 13. Jahrhundert.

Vielleicht fragen Sie sich, warum Sie sich auf all die Dornen – also die Widerstände, die wir gegen Liebe haben – konzentrieren sollen, statt sie gleich zu kultivieren? Und welche sind diese Dornen überhaupt?

Auch wenn es erst einmal keinen Sinn zu ergeben scheint, liegt der Schlüssel zu Freiheit und Transformation darin, all unsere Gedanken, Emotionen und gewohnten Verhaltensmuster aufzuspüren. Wenn wir nicht die Punkte identifizieren, an denen wir feststecken, verstricken wir uns unvermeidlich in weiteren Blockaden, um gewisse Gefühle und Wahrnehmungen zu umgehen, und dies blockiert die Liebe, die uns sonst zugänglich wäre. Wenn wir uns dazu entschließen, unsere emotionalen Krisenherde zu erforschen, bahnen wir also damit gleichzeitig den Weg zu wahrer Liebe.

Vielleicht meinen wir, unseren Nachbarn oder unseren Chef lieben zu müssen, obwohl wir ihn in Wirklichkeit nicht ausstehen können. Doch ich glaube nicht, dass wir uns dazu zwingen können. Wenn wir allerdings versuchen, unsere Gefühle der Abneigung mit Achtsamkeit und Mitgefühl zu verstehen, und dabei sichergehen, das Mitgefühl *uns selbst gegenüber* nicht zu vergessen, schaffen wir die Voraussetzung für Veränderung. Selbst wenn Ihr Nachbar oder Ihr Chef dann weiterhin Dinge tut, die Sie stören, werden der Ärger und die Anspannung in Ihrer Brust, die Sie spüren, wenn Sie ihn treffen, zwangsläufig nachlassen. Sie gewinnen so an innerer Freiheit und werden zugänglicher für Liebe.

Statt nur im Außen nach der Ursache unserer Schwierigkeiten mit anderen zu suchen, blicken wir auch nach innen. Dies gilt für alle Beziehungen. Unsere Sehnsucht nach Nähe konfrontiert uns mit diesen inneren Blockaden, und dementsprechend beginnen wir bei uns zu Hause.

Der große Balanceakt

Sich selbst bedingungslos zu lieben ist keine Voraussetzung dafür, wahre Liebe zu geben oder empfangen zu können. Denn dies würde aus der Suche nach Liebe zu uns selbst nur ein weiteres Projekt machen, uns selbst verbessern zu wollen, und somit eine weitere Barriere dafür schaffen, uns ganz zu fühlen und zu spüren, dass wir Liebe verdienen.

Die gute Nachricht ist: Die Gelegenheiten für Liebe kommen ganz unvorhergesehen in unser Leben, ganz gleich, ob wir Mitgefühl mit uns selbst perfektioniert und mit unserer inneren Kritikerin bereits Freundschaft geschlossen haben oder nicht. Wenn wir die Fähigkeit, zu lieben, in einem Bereich entwickeln, nähren wir diese Fähigkeit gleichzeitig in anderen – vorausgesetzt, wir bleiben für den Fluss der Einsicht und des Mitgefühls offen.

Genauso wie ein Prisma je nachdem, wie man es dreht, Licht anders bricht, beleuchtet jede liebevolle Erfahrung die Liebe an sich auf neue Art und lässt dabei eine grenzenlose Palette an Mustern, Formen und Farbtönen erstrahlen. Wenn wir einem Kind zuschauen, öffnet sich unser Herz. Verstehen wir gleichzeitig, dass diese Öffnung nicht daher kommt, dass es etwas Besonderes getan hat, können wir beginnen, uns vorzustellen, uns selbst ebenso bedingungslose Liebe entgegenzubringen. Wir können von jeder Beziehung lernen, in der wir eine Herzensbindung eingehen.

Gleichzeitig ist dieser Balanceakt zwischen Selbstrespekt und Liebe zu anderen nicht einfach. Wenn wir unser Selbstwertgefühl zu sehr von dem abhängig machen, was wir geben oder empfangen, leiden wir. Manche von uns geben ohnehin zu viel von sich und nennen dies Liebe. Vielleicht hat man uns erzählt, es führe zu vollkommener Erfüllung, wenn wir andere nur genug liebten und uns noch mehr aufopferten. Manche wollen andere besitzen, um sich ganz zu fühlen, oder glauben weiterzukommen, wenn sie ihre Beziehungen kontrollieren. Doch solange in uns selbst emotionale Armut herrscht, ist Liebe nichts als Hunger: Hunger nach Anerkennung, Beifall und Bestätigung dessen, wie wir sind.

Meine Schülerin Emma hatte eine äußerst erhabene Vorstellung von Liebe, voller Idealismus und Selbstaufopferung. Sie entwickelte dieses Muster, als sie im Sommer nach ihrem ersten Jahr im College nach Italien reiste, um Dante zu studieren. »Der Lehrer konzentrierte sich auf Dantes Darstellung des heiligen Franziskus, und wir besuchten den Ort Assisi«, erinnert sich Emma. »Der Heilige ist einer der Helden in der *Göttlichen Komödie*, da er, indem er sich selbst vollständig zurücknahm, sich in den Staub warf und allem entsagte, ein Ideal selbstloser Liebe prägte. Das Bild, das unser Lehrer zeichnete, beschrieb den Heiligen als jemanden, der, einer leeren Schale gleich, ein perfektes Gefäß war, um von Gott erfüllt zu werden.

In meiner Vorstellung von Liebe sah ich mich als einen ruhigen, bestätigenden, alles vergebenden und gütigen Hintergrund, vor dem mein großartiger Lebensgefährte seine Größe zeigen könnte. Ich wollte selbstlos sein.« Und sie fuhr fort: »Noch dazu zog es mich zu Männern hin, die ich als zutiefst aufgewühlte Genies wahrnahm. Mein Hauptfach in der Schule war Englisch, und die Beziehungen, wie ich sie in der Literatur fand, wie etwa die von Véra und Vladimir Nabokov, schienen mein Bild von Liebe zu bestätigen. Es schien mir heilig, rein und unvermeidlich, mich gänzlich jemand anderem hinzugeben, auch wenn es meine Freunde erschreckte, wie bereitwillig ich einen großen Teil meiner Autonomie aufgeben wollte.

Ich erinnere mich gut an eine Situation, die wie eine ganz normale Verabredung mit meinem ersten Freund im Museum der bildenden Künste in Boston begann. Es war Frühling, und wir machten anschließend einen Spaziergang. Er wiederholte andauernd: ›Es geht einfach nicht, es geht einfach nicht!‹ Ich war geradezu panisch und verstand einfach nicht, was ihn so beunruhigte. Schließlich sagte er: ›Ich weiß nicht, was du willst, weiß nicht, was du denkst …‹« In diesem Augenblick verstand Emma, dass sie zwei getrennte Individuen waren, und dies sprengte ihre vollkommen idealisierte Vorstellung, dass in einer perfekten Beziehung zwei Menschen völlig eins werden müssten.

Allzu oft sind unsere Handlungen von Vorstellungen über Liebe motiviert, die keineswegs unserer Wirklichkeit entsprechen. Erst nachdem Emma ihre Ansichten über Liebesbeziehungen aufgegeben hatte, war sie fähig, sich selbst die gleiche Fürsorge und den gleichen Respekt entgegenzubringen, die sie anderen zukommen ließ. Nach und nach gründeten sich ihre Beziehungen zunehmend auf Gegenseitigkeit und wurden damit auch für sie befriedigender.

»Letztendlich«, so schreibt der Jungsche Psychologe James Hollis in *The Eden Project,* »ist die beste Sache, die wir für unsere Beziehung mit anderen tun können, uns der Beziehung zu uns selbst bewusster zu werden.«[7]

Unsere Annahmen auspacken

Nach einem Vortrag über Gleichmut kam einmal eine Frau auf mich zu, machte als Erstes eine Bemerkung über die Schönheit der Kirche, in der der Vortrag stattgefunden hatte, und dankte mir dann für mein Kommen. Aber sie schien sich in ihrer Haut nicht wohl zu fühlen, ihre Augen blickten unruhig umher, und sie vermied es, mich anzuschauen. »Was würden Sie jemandem raten, von dem sie wissen, dass er sexuell missbraucht wurde?«, fragte sie schließlich mit Blick zur Decke. Ich hatte das Gefühl, es sei besser, nicht zu fragen, ob ihre Frage hypothetisch war oder sich auf ihr eigenes Leben bezog, und ich musste genau überlegen, wie ich ihr antworten sollte, da ich spürte, dass viel auf dem Spiel stand.

»Also«, antwortete ich, »es ist wirklich wichtig, für sich selbst Liebende Güte zu empfinden. Wenn wir im Kontext des Missbrauchs von Gleichmut sprechen, bedeutet das, dass wir Grenzen setzen müssen. Manche Menschen, die einen Missbrauch erleben, glauben, sie seien für das Glück der anderen Person verantwortlich oder sie könnten zur Heilung des anderen beitragen und dafür sorgen, dass es ihm bessergeht. Doch die Praxis des Gleichmuts lehrt, dass es nicht nur an Ihnen ist, jemand anderen glücklich zu machen.« Sie schien aufmerksam über das Gesagte nachzudenken, und wir schauten uns tief in die Augen. Anschließend bedankte sie sich und ging.

Die Praxis des Gleichmuts hilft uns zu verstehen, dass es umgekehrt auch *nie* die Aufgabe eines anderen ist, *uns* glücklich zu machen. Dies mag eine bittere Pille sein, besonders wenn Sie einsam sind. Die Sängerin Janis Joplin machte die berühmte Äußerung: »Auf der Bühne mache ich Liebe mit fünfundzwanzigtausend verschiedenen Leuten und gehe dann alleine nach Hause.« Alleine nach Hause zu gehen ist keine schlimme Sache, wenn Sie sich ganz fühlen. Doch wenn Sie dabei das Gefühl haben, Sie seien ohne jemand neben sich nicht genug, kann dies sehr schmerzhaft sein.

Mein Schüler Dan, der für Depressionen anfällig ist, hatte den Traum, dass, würde er erst Vater, all seine inneren Dämonen wie durch Magie verschwänden. »Vielleicht lag es daran, dass ich mich von meinem Vater immer so beurteilt gefühlt hatte, dass ich dachte, die einzige Art zu heilen sei, selbst ein Kind zu bekommen«, sagt er heute. »Mit der Geburt meines Sohnes Jake wurden meine größten Wünsche Wirklichkeit. Ein nichtberufstätiger Vater zu sein, gab meinem Leben neuen Sinn. Mein Kind brauchte mich, und ganz im Gegensatz zu meinem Vater war ich für es da. Als Jake älter wurde, gingen wir zu Baseball- und Basketballspielen und unternahmen auch andere typische Vater-Sohn-Ausflüge. Wir waren ein *Team*, und das sogar, nachdem er in die Grundschule kam.«

In der dritten Klasse begann Jake jedoch, lieber mit seinen Freunden Lego zu spielen, als all seine Zeit mit seinem Vater zu verbringen. Dan fiel in eine tiefe Depression. »Es war ausgesprochen schmerzhaft. Doch der einzige Weg, wieder aus diesem Loch der Finsternis hervorzukommen, war, zu erkennen, welch große Bürde ich dem Kind auferlegt hatte, indem ich es für mein eigenes Glück verantwortlich machte«, reflektiert Dan heute. »Meiner und seiner Entwicklung zuliebe musste ich loslassen. Er hätte sonst seine Persönlichkeit nicht ausbilden können.« Eine Kombination aus Psychotherapie und Achtsamkeit, die großen Wert auf Selbstmitgefühl legte, holte Dan aus seiner Co-Abhängigkeit und half ihm, seine Depression zu überwinden. Letzten Endes rettete dies die Beziehung zwischen ihm und seinem Sohn.

Um uns von unseren vorgefassten Meinungen über Liebe zu befreien, müssen wir uns erst einmal fragen, welche lang gehüteten, oft verborgenen Annahmen wir da eigentlich haben, und uns ihnen anschließend stellen. Dies erfordert Mut, Bescheidenheit und Güte. Glauben wir, wie Dan es einst tat, dass jemand anderes für unser Glück verantwortlich ist? Oder dass wir selbst für das Glück eines anderen die Verantwortung tragen?

Unsere unbewussten Erwartungen können sich auf vielerlei Art zeigen. Kathryn beschreibt ihren Lernprozess, den sie durchlief, als eine für sie wichtige Beziehung zu Ende ging. »Ich verstand, dass ich unserer Beziehung eine Idee zugrunde gelegt hatte, von der mein Partner aber nichts wusste: Ich werde mich um ihn kümmern und versuchen, ihn zu heilen. Anschließend müsste er sich um mich kümmern. Als ich eine Therapie begann, fand ich heraus, dass ich – genau wie mein ehemaliger Freund – unter einem heftigen Trauma litt. Mein Vater ist Alkoholiker. Er war ein schwieriger Mensch und in vieler Hinsicht übergriffig. In meiner Beziehung wollte ich meinen damaligen Partner kurieren, dann zusammenbrechen und mich von ihm heilen lassen. Wir engagieren uns in solchen Beziehungen mit so vielen eigenen Hoffnungen und Schmerzen. Aber das ist uns selbst und dem anderen gegenüber zutiefst unfair.«

Manchmal hoffen wir, dass, wenn wir einen Freund, unser Kind, unsere Geschwister oder unseren Partner nur genug lieben, diese Liebe alle Wunden heile; dass wir dann weniger schmerzhafte Rückschritte erleiden würden und es unseren Lieben ebenso erginge; dass es keine verzweifelten Anrufe oder Interventionen um Mitternacht mehr gäbe. Glauben wir, es sei unsere Schuld, dass jemand, um den wir uns kümmern, zutiefst leidet? Erwarten wir von jemand anderem, dass er uns zu unserer Ganzheit verhilft oder uns heilt?

Frieden schließen mit der Angst

Wenn wir auf die Empfindungen unseres Körpers achten, können wir spüren, dass Liebe energetisch gesehen das Gegenteil von Angst ist. Liebe öffnet und erweitert uns bis hin zur zellulären Ebene, während Angst einzwängt und uns in uns zurückziehen lässt. Sie hält uns vor allem davon ab, *ja* zur Liebe zu sagen – der vielleicht größten Herausforderung für uns als Menschen.

Wie James Baldwin schrieb: »Liebe nimmt uns jene Masken ab, von denen wir fürchten, ohne sie nicht leben zu können, und von denen wir wissen, dass wir nicht mit ihnen leben können.«[8]

In einer engen Beziehung müssen wir unsere Herzen öffnen und unsere innersten Gedanken und Gefühle offenbaren. Wenn wir uns in unserer Kindheit jedoch nicht gesehen oder nicht geschätzt fühlten, kann es leicht sein, dass wir glauben, es sei ein beinahe lebensbedrohliches Risiko, sich zu zeigen. Oder wenn wir nur dann Anerkennung fanden, wenn wir »artig« waren, und wir nicht ermutigt wurden, unsere Individualität auszudrücken, kann große Nähe erstickend wirken. Die Gefühle, die wir als Kinder denen gegenüber empfanden, die sich um uns kümmerten, werden oft zu einem (unbewussten) Vorbild für die Beziehungen in unserem späteren Leben. Uns über diese frühen Gefühle bewusst zu werden, kann uns die Angst davor nehmen, unsere schützenden Masken fallenzulassen.

Die Angst, jemanden zu verlieren, ist etwas Natürliches, besonders wenn Sie zu Beginn Ihres Lebens einen großen Verlust hinzunehmen hatten. Doch sie kann uns davon abhalten, von der Liebe zu kosten, die wir heute leben können.

Mit den Blockaden arbeiten

Für das Erkunden neuer Wege, um zu lieben und geliebt zu werden, brauchen wir einen offenen und flexiblen Geist. Auch wenn wir eigentlich dachten, wir wüssten bereits sehr viel über Liebe, bedarf es des Wunsches, zu untersuchen, zu experimentieren und unsere Überzeugungen in Frage zu stellen.

Ich stelle mir dies wie eine innere Haltung vor, die für diese neuen Wege genauso grundlegend ist wie eine Stellung im Tai-Chi. Oft Pferdestellung genannt, dient sie dazu, den Energiefluss im Körper zu steigern. Wir beugen bei dieser Stellung die Knie leicht und verlagern unseren Schwerpunkt nach unten. Sie wird in Kampfkünsten verwendet, um die Stabilität im Falle eines unerwarteten Schlags zu erhöhen.

Man könnte dieses Äquivalent zur Pferdestellung in der Achtsamkeitspraxis *Untersuchende Haltung* nennen. Wir sind im gegenwärtigen Augenblick präsent. Wir sammeln wieder und wieder unsere Aufmerksamkeit, öffnen uns allem, was kommt, und akzeptieren es voller Bescheidenheit. Dadurch dringen wir zu den Schichten unserer Konditionierungen und unbewussten Erwartungen vor. Erst wenn wir uns dieser gewahr sind, können wir beurteilen, ob sie realistisch sind. Wir beginnen, einschätzen zu können, was für uns wirklich machbar ist hinsichtlich dessen, was wir zu geben und auch was wir zu nehmen in der Lage sind. Und gleichzeitig erkennen wir auf einer tieferen Ebene, dass Liebe einfach ununterbrochen da ist und dass es nur eine Frage der seelischen Prioritäten ist, ihr Raum zu geben.

Der Psychoanalytiker, Sozialpsychologe und Philosoph Erich Fromm drückte dies in seinem Buch *Die Kunst des Liebens* folgendermaßen aus: »Liebe ist nicht in erster Linie eine Beziehung zu einer bestimmten Person, sondern eine Einstellung, eine Ausrichtung des Charakters, die bestimmt, wie sich der betreffende Mensch mit der Welt als ganzer in Beziehung setzt ...«[9]

Übungen zu Kapitel 10

Gewinn-und-Verlust-Meditation

Diese Übung dient dazu, Ängste zu überwinden, mit denen wir es zu tun haben, wenn wir andere lieben. Mit ihr können wir erkennen, dass unsere Lebensumstände in andauerndem Wandel begriffen sind, was selbstverständlich auch für unsere Beziehungen gilt. Es ist möglich, in jedem einzelnen Augenblick einen Aspekt des Wandels zu entdecken, und das kann bei einigen von uns einiges auslösen, besonders bei jenen, die in Hinsicht auf Nähe verschiedene Ängste entwickelt haben.

1. Beim Einatmen erlauben wir uns, uns auf den Schmerz einzulassen, der von der Angst kommt, dass sich Dinge jederzeit ändern können. Statt das Gefühl wegzuschieben, heißen wir es mit jedem Atemzug willkommen.

2. Beim Ausatmen erkennen wir, dass wir in jedem Moment eine neue Perspektive einnehmen können, sogar inmitten einer unangenehmen Erfahrung. Wir erkennen, wie viel Raum wir für Akzeptanz und Dankbarkeit haben, und betrachten die andauernden Veränderungen unserer Beziehungen mit Neugier und voller Flexibilität.

Es ist eine Praxis, mit der wir unsere Identifikationen überwinden. Sie hilft uns, uns von den Sorgen zu befreien, die sich möglicherweise zeigen, wenn wir jemanden lieben, und unterstützt uns dabei, unsere Ängste in Wachstum zu verwandeln.

Praxis mit unserer inneren Fülle

In der nun folgenden Übung untersuchen wir das Gefühl, nicht zu genügen, und den Glauben, sich zurücknehmen und kleiner machen zu müssen, als man ist, eine Einstellung, die oft mit der Liebe für andere verwechselt wird. Dies passiert besonders dann, wenn wir glauben, für das Glück anderer verantwortlich zu sein. Wir verlieren uns in der Sorge um sie, wodurch wir immer weniger den eigenen inneren Reichtum sehen.

1. Achten Sie im Verlauf des Tages auf Momente, in denen Sie von Gefühlen der Verantwortung einem Elternteil, einer ande-

ren wichtigen Person, Ihrem Kind, einem Schüler oder Freund oder anderen gegenüber überwältigt werden. Unter Umständen glauben Sie, es sei Ihre Aufgabe, diesem Menschen mehr von sich zu schenken, oder vielleicht spüren Sie auch einen gewissen Unmut, weil Sie erwarten, dass der Betreffende sich ebenfalls mehr um Sie kümmern sollte, es jedoch nicht tut.

2. Versuchen Sie der Schwere dieses Gefühls mit mehr innerer Weite zu begegnen, und untersuchen Sie, was in Ihrem Körper und in Ihrem Herzen geschieht, wenn Sie sich entspannen.

3. Nehmen Sie sich so viel Zeit, wie Sie brauchen, um die Erfahrungen zu beschreiben, diesem Gefühl auf verschiedene Arten zu begegnen: einerseits mit Selbsturteilen, Ablehnung, Furcht, dass gute Erfahrungen nicht von Dauer sind und / oder schlechte Erfahrungen nicht enden, und andererseits mit der umfassenderen Perspektive eines weiten Geistes. Achten Sie auf Augenblicke

~ des Ärgers,
~ der Begierde,
~ des Urteils und / oder Selbsturteils,
~ der Ruhelosigkeit / Ungeduld / Enttäuschung,
~ der Ungewissheit.

Diese Praxis können Sie in jeder Situation anwenden, in der Sie sich überwältigt fühlen. Sie hilft insbesondere, die verwirrenden und einengenden Annahmen bezüglich der Liebe zu anderen abzubauen – wie die allzu verbreitete Auffassung, die Verantwortung, andere heilen zu müssen oder umgekehrt von anderen geheilt zu werden, sei Teil der Liebe. Es ist eine Übung, offenes Gewahrsein zu entwickeln, und dies macht uns im Umgang mit uns selbst und anderen neugieriger und kreativer. Indem wir die Weite, die wir in uns tragen, erkennen und Zugang zu dem Gefühl finden, genug zu sein, geben wir auch wahrer Liebe den nötigen Raum.

11 Neugier und Erstaunen entwickeln

Eine der Grundlagen liebevoller Beziehungen ist Neugier – die Offenheit, zu glauben, dass wir sogar über diejenigen noch viel lernen können, denen wir bereits seit Jahrzehnten nahestehen. Ich muss in diesem Zusammenhang an eine Dinnerparty denken, bei der eine alte Freundin von mir ein überschwengliches deutsches Trinklied anstimmte. Völlig perplex schaute ich ihr zu, wie ihre Hände dabei dirigierend in der Luft schwangen. Beim zweiten Refrain sangen bereits fast alle mit – und das, obwohl sie eigentlich eine schüchterne Frau der sanften Töne war, die sich immer davor scheute, im Mittelpunkt zu stehen. Nach all den Jahren konnte sie mich noch immer überraschen.

Was wissen wir schon, welche Fähigkeiten in denen schlummern, die uns lieb sind? Wir teilen eine gemeinsame Geschichte, die den Ton, der zwischen uns herrscht, bestimmt. Es sind die gemeinsamen Interessen und geteilten Erfahrungen, die uns zusammenhalten. Halten Sie inne, wenn Sie über alte Freunde Dinge sagen wie: »Es gibt nichts, womit sie oder er mich noch verblüffen könnte!« Denken Sie eine Minute lang nach: Wissen Ihre Kinder, Ihr Lebensgefährte, Ihr engster Freund alles über Sie?

Jenny war eine kompetente Anwältin für Körperschaftsrecht. Doch nie fand sie einen Partner, der ihr »passend« erschien, auch wenn sie eine Zeitlang aktiv gesucht hatte und über Monate mit Männern ausgegangen war. Sie wollte nie Kinder. Sie war brillant, humorvoll, großzügig, eine wunderbare Freundin und Reisegefährtin, die, als sie auf das mittlere Lebensalter zuschritt, nicht die Spur eines Beschützerinstinkts in sich zu haben schien.

Als man bei einer gemeinsamen Freundin ein Eierstockkarzinom vierten Grades diagnostizierte, ermunterte Jenny sie, an der Versuchsreihe einer neuen, vielversprechenden klinischen Behandlungsmethode teilzunehmen. Es war wirklich beeindruckend, wie sie das machte – und sie war für ihre hervorragenden Fähigkeiten, zu beraten, bekannt.

Als die Behandlung allerdings mit starken Nebenwirkungen einherging, lernte ich eine neue Seite von Jenny kennen. Sie besuchte ihre Freundin täglich zu Hause und brachte Essen und andere Dinge mit, von denen sie wusste, dass sie ihr guttaten, erleichterte den Kontakt zu ihren Ärzten und blieb ihr die ganze Zeit, in der der Krebs zurückging, eng verbunden.

Später dankte ich Jenny für ihre liebevolle Fürsorge und sagte, ich sei erstaunt, wie gut sie in diese Rolle geschlüpft war. Sie erzählte mir daraufhin etwas, das ich bis dahin nicht gewusst hatte: Direkt nach dem Abitur hatte sie drei Jahre lang ehrenamtlich in dem Hospiz gearbeitet, in dem ihre geliebte Großmutter gestorben war.

Plötzlich verstand ich: Jenny hatte diesen Teil von sich beiseitegestellt, um sich auf ihre Arbeit zu konzentrieren, aber wenn jemand (in diesem Fall unsere Freundin) diesen brauchte, war er wieder da. Nach zweiundzwanzig Jahren Freundschaft hatte Jenny mich überrascht und mich verblüfft. Ich bin gespannt, was ich noch alles bei ihr entdecken werde.

Wodurch wird Erstaunen zu einem solch starken Appell an die Liebe? Erstaunen unterbricht. Es schleicht sich an uns heran. Es bittet uns nicht um Erlaubnis, bevor es uns zum Staunen bringt. Ein flüchtiger Blick, ein kurzer Klang oder eine einzige Geste – all dies kann uns verblüffen. Und dadurch sind wir ganz natürlicherweise präsent, präsent für den anderen und präsent für wahre Liebe.

Angenommen Sie sitzen mit einem Verwandten zusammen und erzählen ihm etwas, das ihn zum Lachen bringt. Er hat die Angewohnheit, stets schallend zu lachen – laut, lang und frei. Und dieses Lachen ist der extrovertierteste Ausdruck seiner Großzügigkeit. Hören Sie es mit Achtsamkeit, begegnen Sie diesem Lachen, auch wenn Sie es vielleicht bereits unzählige Male zuvor gehört haben, diesmal mit Staunen.

Sehen, was sich direkt vor uns zeigt

Fritz Perls, der Mitbegründer der Gestalttherapie, sagte einmal: »Langeweile ist Mangel an Aufmerksamkeit.« Ganz selbstverständlich suchen wir intensive Erfahrungen, um uns lebendig zu fühlen. Wenn unsere Aufmerksamkeit nicht darin geübt ist, Routine oder subtile Eindrücke zu erkennen, warten wir einfach auf den nächsten starken Treffer und schalten in der Zwischenzeit ab. Es bedarf häufig einer bewussten Anstrengung, sich für den Menschen vor uns zu interessieren, um unsere vorgefasste Meinung über ihn zu überwinden, aber es ist eine Anstrengung, die uns für eine wahre Begegnung öffnet.

Ich habe viele Menschen kennengelernt, die in herkömmlicher Hinsicht großen Einfluss und große finanzielle Ressourcen haben – Menschen, die anscheinend alles besitzen und bei fast allen, die sie treffen, Neid hervorrufen. Nur wenn ich das Bild, das sie (aufgrund meiner oder ihrer Projektionen dessen, was sie darstellen, oder aufgrund von beidem) abzugeben scheinen, hinterfrage, bin ich in der Lage, sie auf einer tieferen Ebene wahrzunehmen und ihre Verletzlichkeit zu sehen. Nur indem ich vollkommen präsent bin, kann ich für sie emotional zur Verfügung stehen. In diesem Fall werden sie mir möglicherweise eröffnen, dass ihr Bruder Alkoholiker oder ihr Kind im Teenageralter in Schwierigkeiten ist und sie selbst äußerst frustriert und ängstlich sind, und lassen mich damit auch gleichzeitig die Schönheit ihrer unsterblichen Liebe für das betreffende Familienmitglied sehen.

Andererseits habe ich auch Menschen mit sehr geringem Einkommen kennengelernt, Menschen, die wirklich pleite oder depressiv sind, die jedoch überraschende Stärken haben. Sie baut es auf, einem Nachbarn, dem Kind in Not im Nachbarhaus oder anderen Menschen in ihrem Bekanntenkreis, denen es schlechtgeht, zu helfen. Es ist so einfach, jemanden in die Kategorie »hilfsbedürftig« einzuordnen und nicht zu sehen, welch riesige Unterstützung er oder sie anderen zukommen lässt.

Die Kraft des Staunens

In unserer Zeit der andauernden Superlative ist es nicht einfach, eine authentische Beziehung zum Staunen zu entwickeln. Wenn heutzutage jemand sagt, dass etwas »unglaublich« sei, meint er es meist ironisch, etwa in dem Sinne wie: »Ich musste dreieinhalb Stunden an der Zulassungsstelle warten; es war unglaublich.« Oder wir werden selbst für die Vorspeise, die wir uns ausgesucht haben, gelobt mit den Worten »eine erstaunliche Wahl«. Wahres Staunen hingegen verbindet uns mit der Welt auf neue Weise.

Eine meiner Schülerinnen stammt aus einer Familie, in der Unabhängigkeit gepredigt wird. Sie wurde dazu erzogen, selbständig zu sein, und um einen Gefallen zu bitten, war verpönt. Diese Autonomie nahm sie später auch in die Ehe mit, und auch ihr Mann hatte diese Eigenschaft. Beide Partner mochten jeweils die Tüchtigkeit beim anderen.

»Wir sind jetzt ein Dutzend Jahre verheiratet«, sagt sie, »und wir hängen ohne Frage in unserer Routine fest, aber es gibt noch immer Sachen an ihm, die ich umwerfend finde. Wenn ich von einer Reise zurückkehre, holt er mich ganz selbstverständlich am Bahnhof oder am Flughafen ab, ich muss ihn nicht einmal darum bitten.« Jedes Mal erinnert sie das an seine Großzügigkeit, die noch dadurch versüßt wird, dass sie beide wissen, dass sie ohne Schwierigkeiten alleine nach Hause kommen könnte. »Jedes Mal bin ich etwas überrascht, und jedes Mal ist es so, als stoße ich zufällig auf dieses liebevolle Geschenk!«

Phantasien loslassen

Auf der Suche nach einem Partner oder auch einem nahen Freund tragen die meisten von uns ein idealisiertes Bild von »dem einzigen« und vollkommenen Menschen in sich. Dabei projizieren wir unsere Idealvorstellung häufig auf andere. Wenn dann derjenige, den wir zum Protagonisten unseres persönlichen Hollywood-Films gemacht haben, diesem Bild nicht entspricht, fühlen wir uns natürlich alleinegelassen, frustriert und verlieren die Hoffnung, jemals jemanden zu finden, der zu uns passt.

Wo auch immer der Ursprung dieser idealen Vorstellung liegt – ganz gleich, ob wir sie aus Büchern, Songs, Filmen, anhand von Vorbildern aus dem echten Leben oder aus alldem zusammen gezaubert haben –, ist es wichtig, dies ans Licht unseres Bewusstseins zu bringen. Erst wenn wir beginnen, Realität von Phantasie zu unterscheiden, können wir bescheiden und mit weit offenen Augen liebevolle und dauerhafte Beziehungen zu anderen schmieden.

Früher verliebte sich Yvonne stets in große, attraktive und kräftige Männer, die sie aber stets hinhielten und bei der ihre emotionalen Bedürfnisse nie befriedigt wurden. Alejandro hingegen war eher klein, dicklich, fürsorglich und verspielt. Und obwohl sein Interesse für sie ehrlich war, hatte Yvonne lange gezögert, mit ihm eine Beziehung einzugehen, da er nicht ihrem »Typ« entsprach. Eines Tages verfuhr sie sich auf dem Weg zu Alejandro. Ihr Orientierungssinn war entsetzlich schlecht, und so kam das öfters vor. Ihre kleine geistige Fehlleistung war so stark, dass ihr dies selbst mit einem Navigationssystem passieren konnte. Ihre früheren Freunde hatten dies immer sehr kritisiert und sie, wenn sie verloren von unterwegs anrief, sogar beleidigt. Entsprechend hatte sie auch jetzt Angst, Alejandro anzurufen, mit dem sie trotz ihrer anfänglichen Zweifel eine Beziehung begonnen hatte. Nachdem sie in zunehmender Verzweiflung mehr als eine halbe Stunde herumgefahren war, um sein Haus zu finden, gab sie schließlich auf und rief an.

»Fahre, sobald du kannst, an die Seite«, riet Alejandro. Selbst nachdem sie angehalten hatte, war sie immer noch aufgeregt und erwartete ein herabsetzendes Wort. »Ich liebe dich«, versicherte ihr Alejandro stattdessen. »Sag mir nur, wo du bist.« Nachdem sie es ihm beschrieben hatte, blieb er die ganze Zeit am Telefon, um ihr den Weg zu sich zu beschreiben. Bei ihm angekommen, begrüßte er sie mit einer langen Umarmung und einem reich gedeckten Abendessenstisch.

So begrüßt zu werden, war fast ein Schock für Yvonne, die es gewöhnt war, dass ihre Partner ihrer Verletzlichkeit mit Hohn begegneten. Doch Alejandro gab ihr das Gefühl der Wertschätzung und Sicherheit. Er liebte sie, wie sie war und nicht aufgrund eines Bildes, wie sie zu sein habe. Und auch Yvonne begann ihn so anzunehmen und zu lieben, wie er war, und ließ ihr romantisierendes Ideal hinter sich.

Statt zu hoffen, dass die anderen sich wie durch Magie in unser idealisiertes Bild dessen, wie sie zu sein haben, verwandeln, sollten wir besser die Gedanken ausfindig machen, die uns davon abhalten, sie so zu sehen, wie sie sind. Damit bereiten wir den Grund für wahre Liebe.

Eine Absicht festlegen

In den letzten Jahren haben viele Lehrer und Therapeuten aufgezeigt, wie man Beziehungen als Weg zum Erwachen nutzen kann. Diese Vorstellung von Liebe zielt nicht nur darauf, dass beide Partner seelisch ganz werden, sondern macht die Beziehung zu einer spirituellen Praxis. Stephen Levine schreibt in seinem Buch *In Liebe umarmen – Der spirituelle Wegweiser für Liebende:* »Wenn eine andere Person das Wichtigste in Ihrem Leben ist, haben Sie ein Problem – und diese ebenfalls, da sie für Ihr Leiden verantwortlich wird. Aber wenn für uns Gewahrsein das Wichtigste ist und unsere Beziehungen ein Mittel zu diesem Zweck ... ja, dann nähern wir uns dem Paradies. Wir kommen der Möglichkeit näher, tatsächlich ein Mensch zu werden, bevor wir sterben.«

Dabei sollten wir nach Levine mit der entsprechenden Absicht beginnen: »Wenn wir Praktiken wie Achtsamkeit, Verzeihen und Liebende Güte praktizieren, die unseren

Geist klären und durch die sich unser Herz zeigt, kann etwas, was zuvor nicht machbar schien, durchaus zum Mittelpunkt unserer Beziehung werden ... Unsere Absicht selbst hat ein enormes Potenzial, zu heilen.«

Also beginnen wir mit einer Intention: dem Gegenwärtigen gegenüber offenzubleiben, fähig zu Neugier und Erstaunen. Wir achten auf die Lebewesen, die das Universum uns über den Weg schickt, wissend, dass wir sie vielleicht eines Tages zutiefst schätzen werden.

Übungen zu Kapitel 11

Aufmerksamkeit

Gefühle der Apathie in unseren Beziehungen rühren oft daher, dass wir nicht genug auf die Menschen in unserem Leben achten. Erinnern wir uns: Alle, mit denen wir zu tun haben, können uns auf mannigfaltige Weise überraschen. Dies anzuerkennen ist ein erster Schritt der Öffnung hin zu der uns angeborenen Fähigkeit, zu lieben.

Doch wie?

In dieser Übung geht es darum, kreative Wege zu finden, achtsamer mit unseren Beziehungen umzugehen – uns zu öffnen und auf unser unbegrenztes Potenzial neugierig zu werden, in unserem Leben zu staunen.

1. Beginnen Sie damit, sich stärker auf jede einzelne Ihrer Begegnungen zu konzentrieren. Achten Sie darauf, ob sich dabei Ihre Absichten, je nachdem, mit wem Sie es zu tun haben, unter-

scheiden. Verschließen Sie sich bei manchen eher, oder begegnen Sie ihnen mit Vorurteilen? Versuchen Sie alles, was Sie antreibt – all Ihre Erwartungen, Sehnsüchte und Urteile –, bereits bei ihrem Erscheinen zu erkennen. Sie sollten all dies nicht wegschieben, sondern sehen, ob und wie es Ihre Einschätzung der Situation mitbestimmt.

2. Versuchen Sie bei jeder Ihrer Begegnungen etwas Überraschendes zu entdecken oder eine neue Art des Austausches auszuprobieren. Vielleicht haben Sie mit einer bestimmten Person noch nie zuvor bewussten Augenkontakt gehabt – wenn Sie sie jetzt voller Präsenz anschauen, sehen Sie diese vielleicht auf ganz neue Art. Sollten Sie dazu neigen, die Unterhaltungen mit Freunden steuern zu wollen, können Sie sich vornehmen, sich mehr zurückzuhalten, und jetzt den anderen erlauben, beim Gespräch die Richtung anzugeben. Unter Umständen sehen Sie die Freundin oder den Freund zu Ihrer Überraschung in völlig neuem Licht.

3. Kontemplieren Sie folgende offene Fragen, die Sie Freunden, Familienmitgliedern, anderen, die Ihnen wichtig sind, und auch flüchtigen Bekannten stellen können. Sicherlich eignen sich nicht alle Situationen dazu, diese Fragen auch wirklich zu stellen, aber es kann bereits unsere Neugier beleben, uns vorzustellen, wie unterschiedlich verschiedene Menschen auf sie antworten könnten.

Fragen:

~ Was ist eine der schmerzhaftesten Erinnerungen Ihrer Kindheit?

~ Gibt es ein Gedicht, Musikstück oder Kunstwerk, dass Sie ganz besonders bewegt hat?

~ Welche Erlebnisse verbinden Sie mit jeder der vier Jahreszeiten?

~ Hatten Sie früher mal eine Arbeit, an die Sie nicht gerne denken?

- Was ist Ihre liebste Zeit am Tag?
- Welchem Menschen fühlten Sie sich während Ihrer frühen Kindheit am nächsten? Und in Ihrer Jugend?
- Wo in der Welt fühlen Sie sich am herzlichsten aufgenommen und am sichersten?
- Auf welche Art entspannen Sie sich?

Wenn man Fragen stellt, gibt dies sowohl einem selbst als auch demjenigen, dem man sie stellt, Gelegenheit, der Kreativität freien Lauf zu lassen und der eigenen Persönlichkeit Ausdruck zu verleihen. Fühlen Sie sich frei, sich ein paar eigene Fragen auszudenken, die mehr Aufmerksamkeit und Neugier in Ihren Austausch bringen können, aber vergewissern Sie sich, dabei stets Ihre Motivation zu sehen. Nehmen Sie sich vor, dabei achtsamer für die Verbindung zu sein, die zwischen Ihren großen Sehnsüchten und Zielen, mehr Tiefe und mehr Staunen in Ihre Beziehungen zu bringen, und den kleinen Gesten bei Ihren täglichen Begegnungen besteht.

Meditation: Liebende Güte für Menschen, die uns guttun, und für Freunde

Wir beginnen damit, jemandem Liebende Güte zu schenken, der uns geholfen hat: Vielleicht hat er uns entweder direkt durch seine Großzügigkeit oder Güte geholfen oder hat uns inspiriert, auch wenn er uns nie persönlich begegnet ist. Solche Menschen nennt man Wohltäter. Sie symbolisieren für uns die Kraft der Liebe. Wenn wir an einen solchen Wohltäter denken, lächeln wir. Er kann ein Erwachsener sein, ein Kind oder ein Haustier.

Sie können sich ihn dabei bildlich vorstellen, seinen Namen sagen und ihm Sätze der Liebenden Güte schenken: »Mögest du sicher, glücklich und gesund sein. Mögest du unbesorgt leben.«

Gehen Sie nach einer Weile dazu über, einem Freund Liebende Güte zu schenken, wobei Sie mit einem beginnen können, dem es derzeit gutgeht und der sich in einigen Lebensbereichen des Erfolgs oder des Glücks erfreut. Sie können sich die Person vorstellen, ihren Namen aussprechen und ihr einige Sätze der Liebenden Güte schenken: »Mögest du sicher, glücklich und gesund sein. Mögest du unbesorgt leben.«

Denken Sie anschließend an einen Freund, der im Moment Schwierigkeiten, Schmerz oder Angst hat bzw. einen wie auch immer gearteten Verlust zu verkraften hat. Stellen Sie sich ihn vor, als ob er sich direkt vor Ihnen befände, und schenken Sie ihm die Sätze der Liebenden Güte.

Sie können die Sitzung damit beenden, jemandem Liebende Güte zu schenken, der Ihnen spontan in den Sinn kommt.

12 Authentische Kommunikation

Von der Theater- und Drehbuchautorin Lillian Hellman stammt der berühmte Ausspruch: »Die Menschen ändern sich, doch sie vergessen, es einander zu sagen.« Auch wenn ich davon ausgehe, dass Sie dies ironisch meinte, steckt in ihren Worten eine wertvolle Wahrheit. Vergessen wir es, denen, die wir lieben, mitzuteilen, was wirklich in uns vorgeht, und hören wir nicht genau zu, was sie zu sagen haben, entstehen Lücken, die wir mit eigenen Interpretationen auszufüllen tendieren. Vielleicht denken wir, dass eine Freundin, die mürrisch oder abgelenkt wirkt, böse auf uns ist, obwohl sie in Wirklichkeit deprimiert oder überfordert ist. Oder wir machen uns Sorgen, dass unser Partner uns nicht mehr liebt, weil er uns grundlos anschnauzt, doch schließlich finden wir heraus, dass er in Wirklichkeit Angst hat, seinen Job zu verlieren, und sich nicht traut, es uns zu sagen.

In engen Beziehungen geht es ausgesprochen häufig gar nicht um die Sache, über die man redet. Oder wie es die Psychologin Virginia Satir ausdrückt: »Das Problem ist nicht das Problem. Die Frage ist, wie man damit umgeht.«[10]

Wie aber können wir herausfinden, was zwischen jemandem, den wir lieben, und uns wirklich vor sich geht? Wie lernen wir es, unsere wahren Erfahrungen mitzuteilen und umgekehrt – ohne zu bewerten – für die anderen da zu sein, wenn sie uns ihre Empfindungen anvertrauen? Wie vermeiden wir es, in die Routine der sich wiederholenden, vorhersagbaren und enttäuschenden Kommunikations- und Verhaltensmuster zu verfallen?

Sowohl im Buddhismus als auch in der westlichen Psychologie ist man sich einig, dass Güte einen guten Ausgangspunkt darstellt. Vielleicht wirkt das für manche auf den ersten Blick wie eine Vereinfachung, doch Studien des Gottman Institute in Washington State bestätigen, dass Güte das wichtigste Kriterium dafür ist, anhand dessen man sehen kann, ob eine Ehe erfolgreich verlaufen wird oder nicht. Natürlich halten die meisten Güte für eine nette und im Allgemeinen wünschenswerte Eigenschaft, die wenigsten erachten sie jedoch als Grundpfeiler einer gesunden Beziehung.

Wenn Sie sich entscheiden, Ihrem Partner oder Ihrer Familie Güte entgegenzubringen, heißt dies jedoch *nicht,* dass Sie nie mehr ärgerlich oder verstimmt sind. Es bedeutet keinesfalls, die Realität zu beschönigen. Gütig zu sein bedeutet, ehrlich zu sein, allerdings auf eine Art, die konstruktiv das Wachstum der Beziehung fördert. Julie Gottman, die Mitbegründerin des Gottman Institute, drückt dies in einem Interview mit *The Atlantic* folgendermaßen aus: »Güte bedeutet nicht, dass wir unseren Ärger übergehen, sondern ermöglicht es uns, ihn anders auszudrücken. Sie können einen Speer auf Ihren Partner schleudern. Oder Sie können ihm erklären, warum Sie verletzt und verärgert sind – und das ist der gütigere Weg.«[11]

Meine Freundin Carolyn erzählte mir unlängst, dass sie mit ihrem Partner zu Beginn ihrer Beziehung einen Therapeuten aufsuchte, um Konflikte zu lösen, die daher kamen, dass ihr Ex-Partner, mit dem sie das Sorgerecht für ihren gemeinsamen Sohn teilte, häufig bei ihnen zu Gast war. Am Ende der ersten Sitzung erklärte der Therapeut, dass er optimistisch sei, dass das Paar sein Problem lösen könnte, da die beiden sich einen solch »guten Willen« entgegenbrächten. Mit anderen Worten: Güte. Das war vor fünfunddreißig Jahren.

Güte ist keine angeborene Charaktereigenschaft, die man entweder hat oder auch nicht. Sie gleicht eher einem Muskel, den wir trainieren und stärken können. Jedes Mal, wenn wir bemerken, dass wir unser Menschsein mit anderen teilen – mit all den Hoffnungen, Träumen, Freuden, Enttäuschungen, all der Verletzlichkeit und all dem Leiden, das es mit sich bringt –, praktizieren wir Güte. Dieses einfache, aber tiefe Gewahrsein bestimmt das Niveau, auf dem das Spiel des Lebens abläuft. Wir sind Menschen und tun, was wir können.

Selbstoffenbarung und nichtwertendes Zuhören

Eine bewusste Beziehung zeichnet sich dadurch aus, dass wir uns vornehmen, sowohl die alten Geschichten, die wir uns immer wieder erzählen, als auch unsere Denk- und Verhaltensmuster zu untersuchen. Ganz konkret bedeutet das, dass wir für unsere Handlungen, Reaktionen, Verteidigungsstrategien und Geheimnisse und auch dafür, dass wir anderen die Schuld an unserem Leiden geben, selbst die Verantwortung übernehmen.

»In einem Klima, in dem jeder für sich hundertprozentig die Verantwortung übernimmt, blühen die Menschen am meisten auf, in einem Klima also, in dem man sich nicht gegenseitig beschuldigt und niemand eine Opferrolle für sich beansprucht«, erklären die Beziehungsexperten Kathlyn und Gay Hendricks. »Mit dieser Haltung, bei der man die Zügel selbst in die Hand nimmt, können Probleme schnell gelöst werden, da man seine Zeit und Energie nicht darauf verschwendet, in einer fruchtlosen Anstrengung jemandem für das Geschehene die Schuld zuzuschreiben.«[12]

Die Verantwortung für sich selbst zu übernehmen ist per Definition ein Akt der Güte. Doch auch wenn dies sicherlich ein erstrebenswertes Ideal ist, sind wir doch nicht vollkommen, und dementsprechend bedarf es manchmal einiger Anstrengung, ihm gerecht zu werden. Mein Freund Jonah, der regelmäßig meditiert, erzählte mir von einer Erfahrung, die er mit seinem besten Freund Peter machte. Seit ihren Schultagen sind die beiden wie Brüder und teilen so gut wie alles. Tatsächlich halten die meisten, die sie kennenlernen, sie erst einmal für Geschwister. Sie sehen sich sogar ähnlich. Noch dazu liegen ihre Geburtstage nur zwei Tage auseinander, weswegen sie stets zusammen feiern. Als Jonah letztes Jahr Peter anrief, um die gemeinsame Feier zu besprechen, wich dieser aus und behauptete, gerade mit zu vielen anderen Dingen beschäftigt zu sein, um sich darüber Gedanken machen zu können. Peter versprach, ihn am nächsten Tag zurückzurufen. Nachdem eine ganze Woche verstrichen war, rief Jonah erneut an. Er war bestürzt und verletzt zugleich, als er erfuhr, dass Peters neuer Freund diesen eingeladen hatte, in der Woche ihrer Geburtstage Ski fahren zu gehen – und dass Peter die Einladung angenommen hatte, ohne ihm davon zu erzählen.

Um Jonahs Achtsamkeit war es geschehen. Er verlor sich in seiner Wut, beschuldigte Peter, ihn absichtlich getäuscht zu haben, und knallte den Hörer auf. Peter, dem bewusst war, dass er achtlos gehandelt hatte, rief mehrmals zurück, um sich zu entschuldigen, aber Jonah ging nicht an den Apparat. Schließlich fuhr Peter zu Jonah und passte ihn, als er von der Arbeit zurückkam, an seiner Wohnungstür ab und folgte ihm hinein.

Peter entschuldigte sich auf ganzer Linie und gestand ein, er habe seine Pläne nicht mit ihm geteilt, da er fürchtete, Jonah zu verärgern. Anstatt die Wahrheit zu sagen, hatte er die Konfrontation gemieden und sich unsichtbar gemacht – eine Strategie, die er als Kind angenommen hatte, wenn sein alkoholabhängiger Vater seine Tobsuchtsanfälle bekam. Jonah seinerseits räumte ein, dass Peters Verhalten alte Gefühle, übersehen und nicht für voll genommen zu werden, ausgelöst hatte – etwas, was in seiner großen Familie häufig vorgekommen war. Obwohl es schmerzhaft war, stellte sich das Gespräch für die beiden Männer als heilsam heraus. Sie schmiedeten nicht nur Alternativpläne für ihre Geburtstagsfeier, sondern waren sich obendrein anschließend einig, dass dieser Konflikt, der ihrer Freundschaft leicht hätte ein Ende setzen können, sie sogar noch vertieft hatte.

»Auch wenn es mir erst schwerfiel, mich zu öffnen, die eigene Verletzlichkeit zu zeigen und die Wahrheit zu sagen, machte genau das den Unterschied aus«, sagt Jonah rückblickend. »Peter und ich kamen zu dem Schluss, dass unsere Freundschaft fast alles überleben kann, wenn wir nur ehrlich sind und uns selbst treu bleiben, auch wenn das nicht immer einfach ist.«

In ihrem Buch *And Baby Makes Three* (Mit unserem Baby sind wir drei) beschreiben die Psychotherapeuten und Mitbegründer des Gottman Institute, John und Julie Gottman, wie eine gute Kommunikation zwischen zwei Partnern angesichts von Konflikten aussehen kann – und dies gilt meines Erachtens auch für enge Freunde: »Fragen Sie einander: ›Gibt es eine Geschichte, die hinter dem Problem steht? Vielleicht machten Erlebnisse aus der Kindheit die Sache für dich so wichtig?‹ Ziel ist, nicht nur die Gefühle an der Oberfläche zu entdecken, sondern auch die tieferen Schichten.«[13]

Mit dem eigenen Lehrer leben

»Wenn wir mit einem Partner in einer festen Paarbeziehung zusammenleben, wird er zu unserem Lehrer«, sagt der Therapeut George Taylor, der sich auf die Arbeit mit Paaren spezialisiert hat. »Wir werden jeden Tag aufs Neue geprüft und haben täglich die Möglichkeit, unseren Widerständen und überschnellen Reaktionen zu begegnen. Von Moment zu Moment zeigt unsere Körpersprache und insgesamt unsere Reaktion unserem Partner, was in uns vorgeht – und umgekehrt. Wir sind einander perfekte Spiegel.«

Die gute Nachricht sei, fügt Taylor hinzu, dass uns solche Dinge ein reiches Übungsfeld bieten. »Wenn wir auf unsere oft unbewussten Reaktionen und Bewertungen achten – und das habe ich sowohl in meiner Ehe als auch bei meiner Arbeit mit Paaren beobachtet –, haben wir die Möglichkeit, anders zu antworten. Bereits kleine Momente der Achtsamkeit können hochgradig transformierend wirken.«

Unsere Bereitschaft, die eigenen Erfahrungen zu erforschen, öffne den Weg zu tieferer Verbindung und Nähe, erklärt er. Wir beginnen, unseren Partner immer mehr so zu lieben und zu schätzen, wie er oder sie wirklich ist, und umgekehrt liebt und schätzt auch er oder sie uns so, wie wir sind, unverstellt und ganz. Und im Licht des gegenseitigen klaren Blicks werden wir *gesehen*.

Daniella und Rayne verliebten sich und heirateten 2010 in California Beach. Nach der Legalisierung gleichgeschlechtlicher Ehen durch das höchste Gericht der USA hielten sie eine weitere Zeremonie ab, um ihre Verbindung auch vor dem Gesetz zu legitimieren. Zu diesem Zeitpunkt war ihre Beziehung aber bereits bis an die Grenzen auf die Probe gestellt worden.

Ihre Probleme hatten nach ihrer Entscheidung, gemeinsam ein Café zu eröffnen, begonnen. Obwohl beide Frauen bereits zuvor ein Geschäft geführt hatten, besaß nur Daniella Erfahrung in der Gastronomie. Die erste Phase ihres Traums, in der das Paar mit Rezepten experimentierte und sich ausmalte, wie ihr Café werden sollte, hatte die beiden noch enger zusammengebracht. Doch nachdem sie den Leasingvertrag unterzeichnet hatten, fingen sie an, bei jeder Entscheidung zu streiten. Daniella ist überaus kreativ, hat aber Schwierigkeiten damit, sich auf bestimmte Optionen zu beschränken, während Rayne am Aufmerksamkeitsdefizit-Hyperaktivitätssyndrom (ADHS) leidet und unruhig wird, wenn die Dinge für sie nicht schnell genug gehen. Sie kamen an einen Scheideweg: Sie hatten die Wahl, sich entweder über die Defizite der anderen aufzuregen oder sie zu akzeptieren und sich gegenseitig in ihrem Wachstum zu unterstützen. Bewusst entschieden sie sich für den zweiten Weg.

»Heute«, sagt Rayne, »denken wir daran, wie viel wir zusammen erreicht haben.«

Und Daniella fügt hinzu: »Wenn wir Streit haben, versuchen wir, jetzt anders damit umzugehen und den Konflikt zu nutzen, um mehr über uns selbst zu erfahren. Unser gemeinsames Leben öffnete uns die Augen, es war wie neu geboren zu werden.«

Auch wenn wir einen großen Teil der Arbeit in festen Beziehungen mit unserem Partner machen, ist es manchmal nötig, bei uns selbst zu beginnen.

Clara lernte dies während einer schwierigen Phase im siebten Jahr ihrer Ehe mit James. Ihre Kinder waren noch klein, und sie hatte ihren Job aufgegeben, um sich um sie zu kümmern. An den meisten Tagen war sie zufrieden. Doch gegen Abend, wenn sie müde und die Kinder quengelig wurden, störte es sie insbesondere, wie sich ihr Mann verhielt, wenn er von der Arbeit nach Hause kam:

Nach dem Heimkommen griff er nach dem Abendessen, das sie für ihn bereitet hatte, und setzte sich vor den Fernseher. Clara war frustriert, da er so wenig Interesse an ihr zeigte. Sie hatte den Eindruck, ihre Ehe stecke in einer unglücklichen Sackgasse fest, und natürlich entgingen auch James ihre Sorgen nicht. Eines Abends, als er von der Arbeit kam, erwiderte er ihren wie üblich düsteren Blick bei der Begrüßung mit den Worten: »Ich würde gerne nur einmal nach Hause kommen und von jemandem die Tür geöffnet bekommen, der sich freut, mich zu sehen.«

Die Bemerkung traf Clara direkt ins Herz. Sie wollte James nicht verletzen, wusste aber nicht, wie sie mit ihrem Kummer umgehen sollte. Zum Glück erinnerte sie sich jedoch an die Praxis mit schwierigen Gefühlen, die wir in Teil 1 besprochen haben: RAIN – Registrieren (Erkennen), Akzeptieren, Investigation (achtsames Erforschen) und Nicht-Identifizieren.

Clara begann mit Schritt eins – Erkennen. Sie spürte die Gefühle in ihrer ganzen Fülle: Sie stand in der Tür, während James fernsah, und bemerkte, dass ihre Arme verschränkt waren und sie ihre Hüfte in einer aggressiv wirkenden Haltung gegen den Türrahmen drückte. Als sie so auf ihren Mann starrte, dachte sie: Ich bin ihm wirklich völlig egal. Bevor die Kinder kamen, hatten die Dinge noch anders gelegen: Manchmal hatten sie Musik aufgelegt und zusammen getanzt oder sich zusammengesetzt, um sich miteinander zu unterhalten. Solche Gedanken rasten oft durch ihren Kopf, unbemerkt und unbehindert. Doch jetzt, da sie innehielt, um sie genauso wie die ganze Bitterkeit und das Selbstmitleid, die in ihr waren, wahrzunehmen, erlebte sie einen erstaunlichen Moment des Gewahrseins.

Sie setzte sich in die Küche und begann mit Schritt zwei: Akzeptieren. Sie akzeptierte, wie traurig sie war, solche negativen und lieblosen Gedanken über James zu haben, und gleichzeitig, wie einsam sie sich fühlte und für wie selbstverständlich James sie selbst und das, was sie für ihn tat, zu nehmen schien. Auch vermisste sie ihren Beruf. Zwar bereute sie ihren Beschluss nicht, zu Hause zu bleiben, aber sie erlaubte es sich, zu spüren, wie sie sich nach den Aspekten ihres Berufslebens sehnte, die ihr Spaß gemacht hatten.

Paradoxerweise empfand es Clara als Erleichterung, ihre Trauer zuzulassen. Sie kam aus der Defensive und wurde weniger aggressiv. Als sie mit achtsamem Erforschen, dem Schritt drei von RAIN, weitermachte, begann sie zu verstehen, warum sie sich so fühlte. Sie entdeckte in ihrem Innersten, dass ihre Einsamkeit ein Gefühl der Verlassenheit spiegelte, das sie bei der Scheidung ihrer Eltern empfunden hatte. Nach der Trennung war das Leben für ihre Mutter geschäftiger und schwieriger geworden. Clara wollte ihr nicht zur Last fallen und begann, sich gegen ihre eigenen Gefühle zu sperren – genauso, wie sie es nun bei James tat.

Auch gelang es Clara, die ganze Angelegenheit aus James' Perspektive zu betrachten: Er musste Überstunden bei der Arbeit machen, da er den Druck spürte, die Familie ernähren zu müssen. Ihr Groll legte sich. Sie erinnerte sich, dass sie und James die Entscheidungen gemeinsam getroffen hatten und sie sich daher nicht mehr mit der Rolle der Übergangenen identifizieren brauchte. Sie war zu Schritt vier von RAIN gekommen: Nicht-Identifizieren. All dies war nur ein Abschnitt in ihrem Leben. In ein paar Jahren kämen die Kinder in die Schule, was sowohl ihrer Ehe als auch ihrem Berufsleben neue Möglichkeiten eröffnen würde.

Indem sie sich die Empfindungen, die sie James gegenüber hatte, anschaute, kam Clara auch mit ihm wieder in

Kontakt. In geeigneten ruhigen Augenblicken hatten sie kurze Gespräche, und ihre Ehrlichkeit öffnete ihn. So konnte auch er seine Gefühle mit ihr teilen: Einerseits vermisste er Clara, und gleichzeitig war er frustriert, so wenig Zeit für sich selbst zu haben. »Wir begannen einen Dialog, und da sind wir nach wie vor dran«, sagt Clara. »Es fühlt sich sehr gut an. Verglichen mit dem Stillstand zuvor ist alles äußerst lebendig. Wir empfinden viel mehr Liebe füreinander und versuchen unser Bestes, mit meinem Bedürfnis nach größerer Nähe und dem seinen nach ausreichend Raum umzugehen. Wenn wir jetzt eine Auseinandersetzung haben, *reden* wir darüber, was los ist.«

»In der Treibhausatmosphäre einer festen Beziehung melden sich unsere Verteidigungsmechanismen immer wieder sehr schnell«, erklärt George Taylor. »Doch dank der Werkzeuge der Achtsamkeit können wir mit ihnen arbeiten und unsere Vorstellung davon, was es bedeutet, ein liebevoller Mensch zu werden, in die Tat umsetzen – mit all der damit verbundenen Fürsorge, Versöhnung und Großzügigkeit.«

Der Dampfkochtopf Familie

Die Kommunikation in einer Familie kann oft genauso schwankend und explosiv sein wie die zwischen Partnern. Erwachsene Geschwister, Kinder, Eltern und nahe Verwandte hegen untereinander möglicherweise intensive Gefühle wie Verletztheit und Ablehnung – und dennoch werden diese Empfindungen oft erst einmal vergraben und kommen irgendwann möglicherweise auf unpassende und ungeschickte Weise wieder zum Vorschein. Während Paare sowic nahe Freundinnen und Freunde häufig einen ehrlicheren Austausch wünschen, kann es innerhalb der Familie ein Tabu sein, Meinungsverschiedenheiten offen auszutragen.

Hierfür gibt es viele gute Gründe: der Wunsch, sich selbst oder andere zu schützen, das Bedürfnis nach Individualität oder Abgrenzung, Rivalitäten, starke Emotionen wie Angst und Scham, geistige oder körperliche Krankheit, Konflikt der Eltern oder Scheidung, erneute Heirat, wirtschaftliche Schwierigkeiten, Differenzen zwischen den Generationen oder der frühe Tod eines Elternteils, um nur einige zu nennen. Die Gründe für Konflikte in der Familie sind vielfältig, aber die Auswirkungen sind oft die gleichen: Geheimnistuerei, Vorwürfe, Trauer, Verletztheit, Verwirrung und Gefühle des Verlusts oder des Kummers.

An einem gewissen Punkt in unserem Leben als Erwachsene erkennen wir möglicherweise die Liebe, die unter den leidvollen Erfahrungen liegt, und sehnen uns danach, diese zu heilen. Aber selbst dann können wir nicht davon ausgehen, dass das betreffende Familienmitglied ebenfalls Achtsamkeit praktiziert oder sich mit unseren Bekenntnissen und dem nichtwertenden Zuhören gut fühlt. Doch das ist nicht weiter schlimm: Es kann zu erstaunlichen Durchbrüchen kommen, wenn auch nur eine Person in der Familie damit beginnt, die alte und unglückliche Dynamik zu durchbrechen und zu transformieren.

In seinem Buch *Dieser Schmerz ist nicht meiner* erzählt der Therapeut Mark Wolynn, wie er die gestörte Beziehung zu seinen beiden Eltern heilte. Nachdem er die entlegensten Winkel der Welt bereist hatte, merkte er, dass er den Frieden und die spirituelle Heilung, die er suchte, nur dann finden könnte, wenn er zu Hause in Pittsburgh mit seinem Vater und seiner Mutter erneut eine Beziehung aufbauen würde.

Wolynn begann mit seinem Vater. Seine Eltern hatten sich scheiden lassen, als er erst dreizehn Jahre alt war. Obwohl der Vater nicht sonderlich weit entfernt lebte, trafen sich die beiden nach der Scheidung nur noch selten. Doch jetzt lud ihn Wolynn ein, einmal pro Woche mit ihm zu Mittag zu essen. Er war einverstanden.

»Ich habe mich schon immer nach einer engen Beziehung zu meinem Vater gesehnt, doch weder er noch ich wusste, wie wir dies hinbekommen sollten. Diesmal allerdings blieben wir im Gespräch. Ich sagte ihm, wie sehr ich ihn liebte und was für ein guter Vater er mir gewesen sei. Ich teilte meine Erinnerungen an die Dinge, die er für mich getan hatte, als ich klein war. Ich spürte, dass er mir wirklich zuhörte, auch wenn seine Reaktion – er zuckte mit den Schultern und wechselte schnell das Thema – etwas anderes ausdrückte. Es bedurfte vieler Wochen des Gesprächs und Mitteilens alter Erinnerungen, um uns näherzukommen. Während eines unserer gemeinsamen Mittagessen schaute er mir direkt in die Augen und sagte: ›Ich hätte nie gedacht, dass du mich je geliebt hast.‹ Es verschlug mir den Atem. Es war klar, dass uns beide großer Schmerz erfüllte. In diesem Augenblick brach etwas auf – es war unser beider Herz. Manchmal muss das Herz brechen, um sich zu öffnen. Erst jetzt konnten wir uns unsere gegenseitige Liebe zeigen.«

Wolynn machte sich anschließend daran, auch eine neue Beziehung zu seiner Mutter zu finden. »Es war das erste Mal – zumindest kann ich mich nicht daran erinnern, es vorher erlebt zu haben –, dass ich die Liebe und Fürsorge meiner Eltern spürte und annahm«, schreibt er, »nicht auf die Art, wie ich es einst erhofft hatte, aber eben so, wie sie es konnten.«[14]

Übungen zu Kapitel 12

Mit RAIN experimentieren

Weiter vorne in diesem Kapitel haben wir gesehen, wie Clara die RAIN-Methode nutzte, um bei einem Konflikt mit ihrem Mann weniger schnell und nicht so impulsiv zu reagieren. Wie etwas ausführlicher in Teil 1 erklärt, steht die Abkürzung RAIN für eine Achtsamkeitspraxis, die uns hilft, eine umfassendere und flexiblere Beziehung zu emotionalem Leid zu etablieren: Registrieren (Erkennen). Akzeptieren. Investigation (achtsames Erforschen). Nicht-Identifizieren.

Schauen wir uns nun den Prozess noch einmal etwas genauer an. Wenn eine schwierige Emotion auftaucht, können wir uns einfach an RAIN erinnern. Beim ersten Schritt, Erkennen, geht es darum, zu bemerken, was sich zeigt. Der zweite Schritt ist eine Erweiterung des ersten: Wir *akzeptieren* das Gefühl und erlauben ihm, einfach da zu sein. Als Nächstes *erforschen* wir es, indem wir uns einige Fragen stellen. Wenn wir uns gestatten, uns dem Gefühl mit Neugier zu nähern, statt uns von ihm abzuwenden, können wir Freiheit finden.

Beim letzten Schritt von RAIN – *Nicht-Identifizieren* – entscheiden wir uns ganz bewusst, uns nicht von einer bestimmten Emotion bestimmen zu lassen, auch wenn wir sie tiefer erforscht haben. Lassen Sie es uns nun ausprobieren.

1. Erinnern Sie sich an eine schwierige Situation oder einen Konflikt, bei dem Sie Ihre Emotionen davon abhielten, direkt, authentisch und ganzheitlich zu kommunizieren.

2. Durchkämmen Sie als Nächstes mit etwas mehr Abstand die

Emotionen, die Sie während des Konfliktes hatten. Dieser Schritt geht der RAIN-Methode voraus und dient dazu, Ihre Erinnerungen an die Situation zu kontaktieren. Wurden Sie wütend? Ärgerlich? Waren Sie aufgrund Ihrer Schuldgefühle verletzend? Waren Sie enttäuscht?

3. Überlegen Sie sich, nachdem Sie einige bestimmte Emotionen, die dabei auftauchten, ausgemacht haben, wie dieselbe Situation durch die Praxis von RAIN *hätte* anders verlaufen können. Dies ist keine Einladung zu einem Blick zurück in Reue, sondern dient dazu, die Kraft der Selbstreflexion zu stärken. Was passiert, wenn Sie einfach nur *erkennen*, wie Sie sich fühlten? Wenn Sie die Situation als solche *akzeptieren* und sich eingestehen, wie sie war? Wie fühlt es sich an, wenn man die Situation und die Emotionen neugierig *erforscht?* Zeigt Ihnen das *Nicht-Identifizieren*, wo Sie von Angst oder Beklemmung geblendet wurden?

4. Nachdem Sie sich jetzt mit den Schritten von RAIN etwas besser vertraut gemacht haben, können Sie gern eine kurze Reflexion über Ihre Reaktionen auf die Übung niederschreiben. Vielleicht ist Ihnen danach, den Verlauf der Situation, um die es geht, in der Gegenwartsform neu zu schreiben und dabei die Schritte von RAIN als Richtlinie zu verwenden. Diese Übung kann uns zeigen, dass wir durchaus in der Lage sind, mit größerer Achtsamkeit zu kommunizieren.

Liebende Güte für ein Familienmitglied

Oft ist die Kommunikation mit Familienmitgliedern deswegen so schwierig, weil wir ihnen einerseits so nahestehen und andererseits ihnen gegenüber das größte Bedürfnis nach Individualität und Abgrenzung haben. Diese unterschwellige Dynamik zieht Paradoxe und Spannungen nach sich, denen wir uns zwar nicht immer bewusst sind, die aber zu jenen übertriebenen Reaktionen führen können, die Achtsamkeit so kraftvoll abzuwenden hilft.

In der nächsten Übung praktizieren wir die einfache Liebende-Güte-Meditation für ein bestimmtes Familienmitglied. Sie können sich jemanden aussuchen, mit dem Sie einen Konflikt hatten oder haben, jemanden, mit dem Sie eine kompliziertere oder wechselhafte Beziehungsdynamik teilen, oder auch jemanden, der zu Ihnen sehr großzügig war. Wie auch immer, das Ziel ist das gleiche – eine Beziehung zu verbessern, von der wir denken, sie sei in Stein gemeißelt.

1. Setzen Sie sich (oder legen Sie sich bequem auf dem Rücken) mit geschlossenen Augen oder gesenktem Blick.
2. Schenken Sie einem Familienmitglied Ihrer Wahl Liebende Güte. Sagen Sie im Stillen: »Möge diese Person in Sicherheit sein. Möge sie glücklich sein. Möge sie gesund sein. Möge sie sorglos leben.«
3. Wiederholen Sie die Sätze in einem Rhythmus, der sich für Sie gut anfühlt, und konzentrieren Sie Ihre Aufmerksamkeit auf jeweils nur einen Satz.
4. Falls Ihr Geist abschweift, erinnern Sie sich daran, wieder sanft von vorne zu beginnen.
5. Überlegen Sie sich am Ende der Sitzung, ob Sie auf die betreffende Person auf die eine oder andere Weise zugehen möchten oder auch nicht.

Sich treu bleiben

Erinnern Sie sich, wie die beiden Psychotherapeuten John und Julie Gottman gute Kommunikation zwischen Partnern beschreiben: »Sie fragen einander: ›Gibt es eine Geschichte, die hinter dem Problem steht, vielleicht Erlebnisse aus der Kindheit, durch die die Sache für dich so wichtig wurde?‹ Ziel der Kommunikation ist, nicht nur die Gefühle an der Oberfläche zu entdecken, sondern auch die tieferen Schichten.« Meiner Ansicht nach ist eine solch radikale Ehrlichkeit auch im Umgang mit unseren nahen Freundinnen und Freunden hilfreich.

Denken Sie in dieser Übung an die Schwierigkeiten, die Sie in einer aktuellen platonischen oder nicht platonischen Liebe bzw. in einer beruflichen oder anderen Beziehung haben und in der sich möglicherweise bereits unheilsame Muster eingeschlichen haben. Bemerken und untersuchen Sie diese Schwierigkeiten, ohne sich mit ihnen zu sehr zu identifizieren.

1. Für den Anfang schlage ich folgende Fragen vor: Fällt es Ihnen schwer, Ihre Bedürfnisse auszudrücken? Gibt es Angst oder Ärger mitzuteilen? Wie reagieren Sie, wenn jemand von Ihnen Unterstützung erbittet? Selbst wenn Sie glauben, dass einiges davon zu Ihren Persönlichkeitszügen zählt, erinnern Sie sich daran, dass Sie die Kraft haben, damit achtsamer umzugehen. Teilen Sie Ihre diesbezüglichen Schwierigkeiten mit und bemühen Sie sich, an ihnen zu arbeiten.

2. Erkunden Sie beim zweiten Schritt, *warum* diese Muster entstanden sein könnten. Möglicherweise finden Sie keinen Grund, aber oft bahnen Dynamiken, mit denen wir in der Kindheit zu tun hatten, sich ihren Weg ins Erwachsenenalter und bestimmen unsere Erfahrungen weiterhin mit. Diese sehr persönliche Übung können Sie im Stillen machen, indem Sie einfach nur darüber nachdenken. Sie können Ihre Erkenntnisse aber auch aufschreiben oder, wie die Gottmans es in dem Zitat vorschlagen, sie mit einem Ihnen vertrauten Menschen besprechen. Welche der Möglichkeiten wir hier auch wählen, mit dieser Praxis werden wir uns unserer selbst bewusster und öffnen uns dafür, auch anderen größeres Gewahrsein entgegenzubringen.

13 Fair spielen: ein Vorschlag für eine Win-win-Situation

*In allen tiefergehenden Beziehungen sollten wir
wahrhaft lieben, nicht nur in den Liebesbeziehungen.*
— BELL HOOKS —

Es ist unser Wunsch, in den Beziehungen zu unseren engen Freunden, Familienmitgliedern und Geliebten ein Klima der Fürsorge, der gegenseitigen Liebe und des Mitgefühls zu schaffen, auf das wir uns verlassen können. Wir möchten darauf vertrauen können, dass die Verpflichtungen, die wir mit den anderen eingegangen sind, gegenseitiger Natur sind, und sind entschlossen, aktiv daran zu arbeiten, diese Verpflichtungen umzusetzen und lebendig zu erhalten.

B. Janet Hibbs ist Familienpsychologin, und ihr therapeutischer Ansatz schließt die Ethik in Beziehungen mit ein — das, was wir in einer Familie den anderen schuldig sind und was wir verdienen, von ihnen zu bekommen. In ihrem Buch *Try to See It My Way: Being Fair in Love and Marriage* (Versuche, es auf meine Art zu sehen: Fairness in Liebe und Ehe) beschreibt sie, wie man grundlegende Aspekte der Fairness durch eine radikale Neuorientierung und gut durchdachte Absprachen zur Basis von guten Beziehungen machen kann. Sie beschreibt die Herausforderungen, mit denen wir es zu tun haben, wenn wir fair handeln wollen, und dies, obwohl die meisten von uns denken,

Fairness sei eine Lektion, die wir bereits im Kindergarten gelernt haben: »Wir glauben zu wissen, was faires Verhalten ist, aber sind diesbezüglich mit unseren Ehegatten, Partnern oder noch kleinen oder bereits großen Kindern keinesfalls immer gleicher Meinung. Doch was dann? Fairness ist ein wirrer Mix an Überzeugungen, Traditionen und sich manchmal widersprechenden Wahrheiten. Wenn Sie sich gesunde Beziehungen wünschen und möchten, dass Ihre Liebe lange andauert, müssen Sie sich darauf einigen, wie Sie Fairness in Ihrer Beziehung umsetzen.«[15]

Hibbs' Rat: Es bedarf der Bereitschaft, langgehegte Positionen loszulassen und die Angelegenheit aus einem neuen Blickwinkel zu betrachten. Ich nenne das die Bereitschaft, neu anzufangen, die wir ja auch in der Meditation praktizieren. Ihr Vorschlag ist, damit aufzuhören, Buch zu führen. Hören Sie auf, recht haben zu wollen. Hören Sie auf, die Dinge allein deswegen wie gewohnt zu tun, weil sie es nicht anders kennen. Öffnen Sie sich für die Möglichkeit, dass Sie auch andere Wege beschreiten können, miteinander umzugehen.

Eine ethische Beziehung zu führen bedeutet, dass ich meinen Partner oder meine Partnerin darin unterstütze, sein bzw. ihr Leben so gut wie möglich zu führen, und er bzw. sie mir in der gleichen Weise hilft. Wir unterstützen uns gegenseitig. Wir nutzen unsere gemeinsame Zeit, um mit vereinten Kräften unser beider Leben zu verbessern.

Das bedeutet auch, dass wir unsere Taten nicht gegeneinander aufrechnen: Ich habe drei gute Sachen für dich gemacht, wann machst du drei gute Dinge für mich? Wahre Liebe zählt nicht den Spielstand. Wir wissen, dass manchmal unsere persönlichen Bedürfnisse vorgehen oder dass jemand nicht mehr so viel beitragen kann wie zuvor. Ein Freund wird krank und braucht während eines oder zweier Monate mehr Unterstützung, ein lieber Kollege sucht für die Zeit nach der Trennung von seiner Partnerin etwas zum Wohnen. Gleichzeitig muss sich jede Person gesehen und respektiert fühlen, und ihre Bedürfnisse wollen berücksichtigt sein. Gegenseitigkeit ist einer der größten Balanceakte des Lebens.

In dem allerersten Gesprächskreis, den ich leitete und bei dem ich das Thema der Liebe ergründete, sagte ein Mann: »Die meisten glauben, dass man in einer guten Beziehung fifty-fifty macht. Doch mein Hund und ich geben und nehmen hundertprozentig.« Ich muss daran immer wieder denken, wenn ich die Liebe zwischen zwei Partnern, Eltern und erwachsenen Kindern, zwischen Freunden oder auch die Liebe in einem weiteren Zusammenhang betrachte.

Hibbs und ich tauschten uns kürzlich per E-Mail über »Buchführung« aus. »In Liebesbeziehungen«, schrieb sie, »ist Gegenseitigkeit idealerweise wie eine Wippe, auf der jede oder jeder abwechselnd gibt und empfängt. Beide durchdringt ein Gefühl der Großzügigkeit. Manche Menschen beginnen, wenn sie das Gefühl haben (oder es auch objektiv so ist), dass Geben und Empfangen nicht ausgeglichen ist, genau darüber Konto zu führen, ob sie auch die entsprechende Gegenleistung für das Getane bekommen haben, sowie darüber, wer wem etwas schuldet. Die Frage, was für wen wie viel zählt, bleibt hierbei natürlich weitgehend ein unausgesprochener Deal, der einer Neuverhandlung bedarf, wenn die Angelegenheit in die Schieflage gerät und die Wippe durch einen Machtkampf aus der Balance gerät (du schuldest mir noch etwas und ich habe das Sagen; ich schulde dir noch etwas, aber was sind die Rückzahlungsbedingungen?).«

Doch was für den einen bereits als Geste der Güte oder

der Großzügigkeit »zählt«, bemerkt der andere unter Umständen nicht einmal. Es ist kein grundlegendes Problem, wenn man verschiedene emotionale Wertesysteme hat. Doch ist es wichtig, in der Beziehung ein verlässliches und gemeinsames Vokabular zu etablieren, das ausdrückt, was für Sie »zählt« und was für Ihre Lieben »zählt« – nicht um genau messen zu können, wer was geleistet hat, sondern um authentisch und mit echter Großzügigkeit zu geben, statt zum Beispiel das zu geben, von dem *wir denken,* es sei für den anderen wertvoll.

Kontemplation

Wählen Sie einige Beziehungen in Ihrem Leben aus und betrachten Sie, was in ihrer Dynamik für Sie zählt und was für Sie dabei am wertvollsten ist. Versuchen Sie, so gut es geht, nachzuvollziehen, was für den anderen am wichtigsten ist (oder nehmen Sie sich, wenn es Ihnen sinnvoll erscheint, vor nachzufragen).

Das Prinzip der Rückzahlung ist ein Grundpfeiler der Ökonomie, führt im menschlichen Austausch jedoch nicht zu der organischen Gegenseitigkeit, die wir uns wünschen. Statt mit dem Hintergedanken zu geben, irgendwann etwas zurückbezahlt zu bekommen, machen wir uns bewusst, dass alle Beziehungen von den stetigen Gezeiten der emotionalen Bedürfnisse gekennzeichnet sind, und versuchen nicht, dieses Geben und Nehmen zu kontrollieren, indem wir eine rigide Währung der emotionalen Verfügbarkeit einführen. Wir vertrauen dem anderen Menschen, und er vertraut uns.

Gegenseitigkeit ist entscheidend

Unlängst lernte ich bei einem Freund eine junge Frau namens Jackie kennen. Sie weinte, denn sie kam gerade aus einem Restaurant, wo ihr Partner sie derart gekränkt hatte, dass sie ihre Verlobung aufgelöst hatte. Da sie nichts auf der Karte angesprochen hatte, hatte sie die Bedienung gebeten, sich beim Koch zu erkundigen, ob er ihr ein einfaches Nudelgericht zubereiten könne, auch wenn es nicht auf der Speisekarte stand. Für ihren Verlobten war das ein Grund, sie wutentbrannt anzuschnauzen: »Du bist so anspruchsvoll, du bist eine solche Zicke!«

Sie musste erst einmal Luft holen. Dann antwortete sie: »Weißt du, was ich mir wünschte? Ich hätte gerne einen Partner, der die Bedienung freundlich anschaut und sagt: ›Meine Verlobte ist wirklich ein ganz besonderer Mensch. Könnten Sie nicht versuchen, etwas für sie zu bekommen, das sie mag?‹«

Jackie wusste intuitiv, dass wir alle es verdienen, in den Augen unserer Lieben als etwas Besonderes zu gelten und von ihnen wertgeschätzt zu werden. »Ich will dich lieben, achten und ehren« ist Teil des traditionellen Heiratsversprechens. Ich denke Jackie verstand sehr deutlich die Bedeutung der Reaktion ihres Verlobten auf ihren Essenswunsch. Nicht nur, dass ihre Bedürfnisse für ihn nicht von Belang zu sein schienen, ihre einfache Frage führte darüber hinaus zu einer feindseligen Reaktion. Ich bewundere ihr gesundes Empfinden für den eigenen Wert. Für diesen einzustehen ist nicht immer einfach, besonders wenn man angegriffen wird. Sie hatte nicht versucht, ihren Partner zu besänftigen, und war auch nicht darum besorgt, jemandem zur Last zu fallen, weil sie womöglich zu viel verlangte. Stattdessen schaute sie auf die vielen Jahre der Ehe, die vor ihnen liegen würden. Was sie sah, gefiel ihr nicht. Sie war nicht einverstanden, dass selbst ein einfacher Wunsch nach einem kleinen Extra niedergemacht wurde. Ihr gefiel die Aussicht nicht, dass sie möglicherweise irgendwann des lieben Friedens willen ihre Bedürfnisse unterdrücken würde.

Zufällig saß eine Freundin von Jackie, die Psychologin ist, an diesem Nachmittag mit uns im Wohnzimmer, und die sagte ihr: »Ich würde dir gern als Leitmotiv für deine künftigen Beziehungen ein Wort schenken: Gegenseitigkeit.«

Familiäre Verpflichtungen

Sofern Sie mit Geschwistern aufgewachsen sind, erinnern Sie sich sicher noch daran, wie Sie sich bei Ihren Eltern mit den Worten »das ist nicht fair« über deren ungerechtes Verhalten beklagten. Abgesehen von wenigen Glücksfällen können diese Kriege über Fairness wieder aufflammen, wenn die Eltern mit zunehmendem Alter Fürsorge und Unterstützung brauchen.

Die Zeiten sind vorbei, als es noch normal war, dass die verschiedenen Generationen nah beisammen lebten. In vielen Familien sind Großeltern, Eltern und die erwachsenen Kinder über das ganze Land verstreut.

Die Sandwich-Generation[16] von heute jongliert mit verschiedenen Zwängen, von finanziellen Sorgen über die Herausforderungen bei der Arbeit bis hin zur Kindererziehung. Zu dieser Mischung kommt, dass viele ältere Erwachsene, die allmählich ihre Unabhängigkeit verlieren und Hilfe brauchen, unter einer Kombination aus Scham und Ärger leiden. Wenn dann außerdem alte Gefühle der Verletztheit, des Ärgers und der Ungerechtigkeit provoziert werden, haben Sie das todsichere Rezept, um die Spannungen zum Überkochen zu bringen.

Immer wieder höre ich Geschichten wie jene von der Schwester, die sich – entweder freiwillig oder weil sie in der Nähe wohnt – von ihren Geschwistern am meisten um die alternden Eltern kümmert und ärgerlich wird, da sie sich überlastet fühlt, höre von einem Bruder, der die Rechnung für das betreute Wohnen übernimmt und in dem der Groll schwelt, oder von Geschwistern, die bezüglich der Pflege der Eltern wegen jeder Kleinigkeit und später bei der Aufteilung des Erbes miteinander in den Ring gehen, oder auch von den Eltern, die bei jeder Einmischung ihrer erwachsenen Kinder toben.

Glücklicherweise habe ich auch viele Familien kennengelernt, die die Sache erfolgreich durchgearbeitet haben. Der Schlüssel hierzu ist meist der gemeinsame Wille, sich die Angelegenheit aus dem Blickwinkel aller Familienmitglieder anzuschauen, wodurch man schließlich zu einer gemeinsamen und einvernehmlichen Lösung findet, die die persönlichen Fähigkeiten, Mittel und Lebensumstände aller berücksichtigt, also, mit anderen Worten ausgedrückt, auf Gewahrsein, Flexibilität und Großzügigkeit gründet. Und oft ist es bereits wunderbar ansteckend, wenn nur ein einziges Familienmitglied einen offenen und achtsamen Dialog beginnt.

Vor etwa einem Jahr geriet mein Schüler Max an die Grenzen seiner Belastbarkeit: Er war vollkommen erschöpft. Angesichts einer kränkelnden Mutter, seiner geschäftigen Kinderarztpraxis und dem Alltag zu Hause mit seiner Frau und ihren beiden Kindern war es klar, dass es zwangsläufig zum Zusammenbruch kommen würde. Aber er wusste nicht genau, was er dagegen tun könnte, denn er hatte nur einen jüngeren Bruder, Tim, der mit seiner Familie am anderen Ende der USA lebte. Dieser hielt zwar den Kontakt mit ihm und kam ein- oder zweimal im Jahr zu Besuch, doch stets nur für einige Tage. Je stärker Max' Stress wurde, desto wütender wurde er auf Tim, da er sich mit seiner Mutter alleingelassen fühlte. Gleichzeitig wusste er, dass es nach hinten losgehen könnte, wenn er versuchen würde, Tim bei ihrem nächsten Telefonat ein schlechtes Gewissen zu machen, um ihn dazu zu bewegen, mehr zu tun: »Mir war klar, dass ich ihm nicht am Telefon vorwerfen konnte, er engagiere sich nicht genug, da Tim dann einen Gegenangriff starten würde«, sinniert Max. Also wartete er bis zu dessen nächstem Besuch, um *das Gespräch* zu führen.

»Als wir uns das nächste Mal trafen, sagte ich ihm nur, wie alleine ich mich fühlte und wie körperlich und emotional erschöpft ich war. Bis dahin hatte Tim, so glaube ich, die Situation nicht ganz erfasst, was zum Teil meine Schuld war: Ich bin wirklich gut darin, den still leidenden Märtyrer zu spielen, denn als Arzt ist dies quasi Teil meiner Stellenbeschreibung. Da ich ihn nicht angriff, hatte ich den Eindruck, dass er mir wirklich zuhören konnte. Er versprach mir, mich eine Woche pro Monat abzulösen, was ihm glücklicherweise möglich ist, da er von zu Hause aus arbeiten kann. Bis jetzt hielt er sein Versprechen, und ich vertraue darauf, dass, wenn wir an einem gewissen Punkt mehr Hilfe brauchen, er auch noch öfter kommen wird. Aber was am wichtigsten war: Seine Anwesenheit war nicht nur eine Erleichterung für mich, sondern auch ein riesiges Geschenk für unsere Mutter – und für Tim selbst. Natürlich stimmt es«, fügt Max hinzu, »dass sich unsere Mutter für unser Engagement nicht eins zu eins revanchieren kann. Aber das ist in Ordnung, denn in dieser Angelegenheit gewinnen wir alle.«

Der Tanz der Fürsorge

Unlängst schrieb mir eine Frau von der Liebe, die sie mit ihren erwachsenen Kindern teilt. »Wenn ich meine Kinder sehe, erfasst die Freude meinen ganzen Körper«, sagte sie. »Ich möchte sie berühren und umarmen, denn sie sind für mich so kostbar. Ich bin entspannt und gelassen, da sie all meine verschiedenen Verhaltensweisen kennen. Sie haben mich in mehr Situationen gesehen als irgendein anderer. Jetzt, da sie erwachsen sind, brauche ich nichts mehr vor ihnen zu verstecken. Ich bin nicht mehr länger Botschafterin für das rechte Betragen. Sie sind alt genug, ihre eigenen Entscheidungen zu treffen, und ich kann offener mit den meinen sein, kann eher meine Schwächen und meine Verletzlichkeit zeigen. Wir haben zusammen einige schwere Krisen durchgemacht und sie überstanden. Meine Kinder schützen mich jetzt. Ich spüre die Gegenseitigkeit, spüre, dass es fließt, und das bedeutet, dass sich die Kraft zwischen uns, jetzt wo ich älter werde, zu ihnen verlagert. Letztes Jahr lieh ich mir von meinem Sohn Geld. Als ich nach meiner Operation aufwachte, saß meine Tochter neben mir und las mir etwas vor. In Zukunft werden sie sich mehr und mehr um mich kümmern. Aber ich fühle mich sicher und frei, denn das innerste Herzstück unserer Beziehung ist getestet und hält stand.«

Zweifelsohne war das, was sie früher alles für ihre Kinder getan hatte, nicht mit der Hoffnung verbunden gewesen, es eines Tages zurückzubekommen. Sie tat es aus Liebe und wollte, dass ihre Kinder sich zu Hause geborgen fühlten. Der Fluss des Gebens und Nehmens nährt sie alle.

Übungen zu Kapitel 13

Was ist Fairness?

B. Janet Hibbs definiert Fairness als »wirren Mix an Überzeugungen, Traditionen und sich manchmal widersprechenden Wahrheiten«. Und natürlich erschwert die Tatsache, dass wir alle unsere eigene Vorstellung dessen haben, was es heißt, in unseren Beziehungen fair zu sein, die Umsetzung unseres Wunsches nach »Fairplay«. Wenn wir bei einem Konflikt mit einem geliebten Menschen an diesen Vorstellungen festhalten, bedeutet das nicht, dass wir nicht fair sind, sondern, dass wir nicht offen genug sind, um zu sehen, dass es sich bei dieser Vorstellung eben um einen »wirren Mix an Überzeugungen« handelt und man diesbezüglich einen Kompromiss finden muss.

Schreiben Sie die Qualitäten der Fairness, die Sie in Beziehungen schätzen, in ein Notizbuch. Vielleicht entdecken Sie dabei, dass manche Qualitäten Ihnen wichtiger sind als andere. Vielleicht sehen Sie auch, dass manche Verhaltensweisen für Sie nicht akzeptabel sind und Sie andere wiederum als Voraussetzung für eine gute Beziehung ansehen. Hier ein paar Fragen für den Anfang:

~ Was bedeutet Fairness für Sie?
~ Welches Verhalten oder welche Arten, zu kommunizieren, schätzen Sie an anderen?
~ Hatten Sie irgendwelche Schwierigkeiten mit Vertrauen oder Vorstellungen von »Fairness« in Ihrer Kindheit oder in anderen Beziehungen?
~ Was war Ihre Erfahrung mit Großzügigkeit in Beziehungen? Haben Sie den Eindruck, dass Sie tendenziell mehr geben, als

Sie bekommen? Achten Sie auf diese Problematik? Fühlen Sie sich zu Menschen hingezogen, die darüber, wie viel sie geben und bekommen, Buch führen?

Allzu oft hinterfragen wir nicht, ob unser Bild von uns selbst und unseren Beziehungen von lang gewahrten Annahmen, Urteilen oder von Reaktionen auf alte Wunden stammt. In dieser Übung entwickeln Sie ein Vokabular für das eigene Wertesystem der Fairness, und dies dient dazu, mehr Klarheit zu schaffen. Dies ermöglicht es Ihnen, bei einem Konflikt über Fairness in einem geeigneten Augenblick von *Ihren* Erfahrungen und über *Ihre* Glaubenssysteme in Form von »Ich-Botschaften« zu sprechen, statt Ihre Meinung für eine universelle Wahrheit zu halten.

Richtig und Falsch loslassen

Hibbs meint mit dem Begriff der »Ethik in Beziehungen«, dass wir uns ein Umfeld schaffen, in dem wir erwarten können, dass uns Fürsorge, Zärtlichkeit und Mitgefühl entgegengebracht werden. Auch wenn wir vielleicht nicht mit denjenigen, mit denen wir es gerade zu tun haben, die gleiche Auffassung von Fairness teilen, so wissen wir doch, dass wir uns versprochen haben, uns gegenseitig zu unterstützen.

Sich in einer Beziehung ethisch oder »fair« zu verhalten bedeutet, unsere Perspektive fortdauernd den neuen Situationen anzupassen. Wir haften nicht an unseren verschiedenen Überzeugungen bezüglich dessen, was richtig oder falsch, tugendhaft oder ungerecht, gütig oder grausam ist. Stattdessen sind wir offen dafür, gemeinsam mit denen, die wir lieben, eine Lösung zu finden, bei der sich alle gehört, gesehen und verstanden fühlen.

Die folgende Übung ist eine ganz grundlegende Meditation, die uns zeigt, welche Parallelen zwischen »wieder von neuem beginnen« in der Meditation und dem immer wieder neuen und unvoreingenommenen Sehen der Dinge in einer Beziehung bestehen. Die allumfassende Praxis des Loslassens besteht auch darin, mehr Flexibilität und Einsicht zu gewinnen.

1. Setzen Sie sich bequem mit geradem Rücken hin. Sie können die Augen schließen oder sie geöffnet lassen; wenn Sie sich schläfrig fühlen, ist es ratsam, mit offenen Augen leicht nach unten zu schauen, um wach zu bleiben.

2. Richten Sie Ihre Aufmerksamkeit auf den Körper. Bemerken Sie die Empfindungen Ihrer Hände (spüren Sie dort Wärme, Kälte oder Anspannung?). Finden Sie heraus, wo Sie Ihren Atem am stärksten wahrnehmen – an den Nasenlöchern, im Brust- oder im Bauchraum. Atmen Sie natürlich und achten Sie auf jedes Ein- und Ausatmen. Atmen Sie dann einmal bewusst ein und aus und lassen Sie dann los.

3. Manche werden dies vielleicht auch benennen wollen – einatmen und ausatmen oder ansteigen und abfallen –, um sich besser des Atems gewahr zu werden. Doch richten Sie die Achtsamkeit auf die Empfindungen und nicht auf die Worte, mit denen Sie sie benennen.

4. Werden Sie sich der Bilder, Gedanken, Emotionen und Sorgen, die sich möglicherweise in Ihrem Geist zeigen, einfach nur bewusst und lassen Sie sie vorbeiziehen. Bei der Meditationspraxis geht es nicht darum, willentlich den Kopf frei zu machen. Vielmehr versuchen wir, es gleich zu bemerken, wenn wir abgelenkt sind, und dann wieder und wieder (und wieder), von neuem zu beginnen – jedes Mal ohne weiter darüber nachzudenken oder es zu bereuen.

Dieser Prozess bei der Meditation, eine Ablenkung zu bemerken, sie loszulassen und dann wieder zum Atem zurückzukehren, führt bei Meditierenden oft zu Bewertungen und Schuldgefühlen. Mir geht es da nicht anders (aber damit praktizieren wir dann einfach auch wieder!). Am wichtigsten ist der Augenblick, in dem wir bemerken, dass wir weggetragen worden sind. Wir erkennen, dass wir uns verloren haben, und beginnen von neuem.

Auch in Beziehungen können wir unseren Horizont auf ähnliche Weise erweitern: Jedes Mal, wenn wir feststellen, dass wir uns auf unsere gewohnten Vorstellungen von gut und schlecht – oder gerecht und ungerecht – stützen, können wir auf diese genauso wie auf die Ablenkungen bei der Meditation reagieren. Beides sind Gewohnheiten, auf die wir konditioniert sind, und beiden begegnen wir mit der bewussten Entscheidung, sie loszulassen. Wann immer wir sie bemerken, beginnen wir von neuem – jedes Mal ohne weiter darüber nachzudenken und ohne sie zu bereuen.

14 Im Raum dazwischen navigieren

Zweifellos gibt es echte Unterschiede zwischen uns.
Doch nicht das, was uns unterscheidet, trennt uns,
sondern die Weigerung, diese Unterschiede zu sehen.
— AUDRE LORDE —

Mit Anfang zwanzig dachte Diana, sie fände nur dann ihren Seelengefährten, wenn sie mit ihrem Partner in spe bald nach dem Kennenlernen ins Bett ginge und anschließend jede verfügbare Minute mit ihm verbrächte. Ihr Traum war es, eine derart perfekte Symbiose von Körper und Geist mit ihm einzugehen, dass der betreffende Mann nie mehr von ihrer Seite weichen wollte. »Ich wünschte, wir wären so aufeinander eingestimmt, dass wir wie eine Person in zwei Körpern würden«, sagt sie heute. »Ich erinnere mich, dass ich meiner damaligen Liebschaft sagte, ich wisse nicht, wo ich ende und wo er beginnt. Es erübrigt sich, zu sagen, dass die von mir erwählten Seelengefährten bestürzt waren, wie sehr ich mich von ihnen abhängig machte, und schnell das Weite suchten. Es dauerte Jahre, bis ich die Gründe meiner Bedürftigkeit entwirrte und sah, dass ich durch vollkommene Symbiose mit meinem Partner meine einsame Kindheit heilen wollte. Glücklicherweise lernte ich, dass, wollte ich einen anderen Menschen sowohl sehen als auch von ihm gesehen werden, es zwischen uns auch der Unterschiede und des Abstands bedarf. Wir *können nicht* eins sein.«

In jeder intimen Beziehung gibt es drei Elemente: uns selbst, den oder die andere und den Raum dazwischen. Dieser Bereich birgt mannigfaltige Möglichkeiten, kann aber auch zu einem regelrechten Schlachtfeld oder einer menschenfeindlichen Flugverbotszone werden. Wie finden wir eine gesunde Balance zwischen Privatsphäre und Intimität, zwischen Selbstschutz und Verletzlichkeit, zwischen Angst und Sehnsucht? Ist es möglich, zu lieben, ohne besitzen zu wollen? Wie können wir, wenn wir verletzt oder betrogen wurden, je wieder in die Liebe vertrauen?

Mit Hilfe der Achtsamkeitspraxis können wir diesen »Raum zwischen uns« erkunden und Wege finden, uns in ihm sicher zu bewegen. Wenn wir meditieren, versuchen wir damit Raum zu schaffen – ganz gleich, ob wir damit etwas Abstand von unserem inneren Geplapper bekommen, was uns erlaubt, eine neue Perspektive einzunehmen, oder uns damit der Zärtlichkeit und dem Wohlwollen öffnen. Wir erkennen, dass wir diesen Raum mit Großzügigkeit, Respekt, Unterstützung und Fairness ausfüllen können. Es ist hingegen nicht ganz einfach, immer die richtige Art zu finden, mit diesem Raum zwischen uns umzugehen. Wie bleiben wir offen, wenn wir merken, dass es uns verletzlich macht?

Wir Menschen leiden unter dem Stachelschwein-Syndrom, denn wir versuchen mit Körpern zu leben, die am Bauch zart und empfindlich sind, an deren Rücken sich aber spitze Stacheln sträuben. Diese Metapher stammt aus einer Parabel von Arthur Schopenhauer, in der er anschaulich das Dilemma unserer Beziehungen beschreibt: »Eine Gesellschaft Stachelschweine drängte sich an einem kalten Wintertage recht nahe zusammen, um sich durch die gegenseitige Wärme vor dem Erfrieren zu schützen. Jedoch bald empfanden sie die gegenseitigen Stacheln; welches sie dann wieder voneinander entfernte.«

Die Psychotherapeutin Deborah Luepnitz untersuchte dieses Spannungsfeld in ihrem Buch *Schopenhauers Stachelschweine:* »Die Definitionen von Liebe, Aggression, Intimität und Privatsphäre gehen selbstverständlich je nach Kultur, Epoche und sozialer Klasse weit auseinander«, schreibt Luepnitz. »Ohne allgemeingültige Behauptungen aufstellen zu wollen, können wir jedoch konstatieren, dass die heutigen Menschen im Westen ein Leben führen, in dem sie vom Stachelschwein-Dilemma geplagt werden. Das bedeutet, dass wir uns täglich abmühen, eine Balance zwischen Privatsphäre und Gemeinschaftsleben, zwischen der Sorge um sich selbst und andere sowie zwischen sexueller Vereinigung und dem Raum für uns selbst zu finden.«[17]

Die Art, wie wir uns verbinden

Wenn wir zu ängstlichen Beziehungsmustern neigen, in denen wir nach anderen greifen, versuchen wir, den Raum zwischen uns und den anderen mit allen möglichen Dingen zu füllen, die die anderen an uns zu binden versprechen. Wir probieren, unverzichtbar zu werden. Wir sind fest entschlossen, überaus hilfsbereit, unübertrefflich sexy, am perfektesten, schlauesten, nettesten zu sein – kurz: der interessanteste Mensch überhaupt. Natürlich geht dieses Bemühen nicht nur auf Kosten unserer eigenen Authentizität, sondern verhindert oft obendrein, dass wir uns dessen gewahr sind, was der oder die andere von uns eigentlich möchte. Wir stützen unsere Entscheidungen auf Annahmen, die auf unseren eigenen Bedürfnissen beruhen, und übersehen dabei möglicherweise das Bedürfnis des anderen nach Unabhängigkeit.

Eine der schmerzhaftesten Methoden, mit denen viele Menschen – klassischerweise Frauen – den Abstand zwischen sich selbst und denen, die sie lieben, zu überbrücken versuchen, ist, unsichtbar zu werden und sowohl die eigenen Bedürfnisse als auch ihre eigenen Wünsche zu verstecken. Gina erzählte mir von der Eingebung, die sie hatte, als sie an der Heilung von ihrem Krebs arbeitete: »Ich gehörte zu jenen Frauen, die bei einer Autofahrt mit ihrem Mann, bei der es glühend heiß ist, nichts anderes herausbringen als: ›Ist dir warm, Liebling?‹«

Wir können andererseits die Problematik mit dem Raum zwischen uns auch dadurch lösen, dass wir uns mit unseren eigenen Bedürfnissen befassen. Bill, ebenfalls mein Schüler, sagte, dass er erst in dem Moment zu einer »Befreiung des Herzens« fand, als er aufhörte zu glauben, unbedingt immer im Mittelpunkt des Lebens seiner Frau stehen zu müssen. Diese Erkenntnis kam ihm, als sie ihm nach dem Tod ihrer Mutter erzählte, sie wolle für drei Monate mit ihrer Schwester verreisen. Seine ehrliche Antwort war: »Eigentlich passt mir das nicht, aber wenn es dir wirklich guttut, solltest du es tun.« Sie war ihm dankbar, und dies half wiederum ihm zu sehen, dass es ihre Liebe stärkte, wenn er ihre Bedürfnisse akzeptierte, auch wenn sie den seinen widersprachen. Eleanor Roosevelt sagte einst: »Liebe zu geben ist eine Lehre in sich.« Es ist Learning by Doing.

Erst als Bill und Gina in sich selbst das unbewusste Verlangen, mit jemandem zu verschmelzen, erkannten, waren sie – sowohl als Individuen als auch mit ihrem Partner – in der Lage, zu wachsen. Rainer Maria Rilke beschrieb in seinem Buch *Brief an einen jungen Dichter* den heiligen Bereich zwischen Menschen auf sehr schöne Weise:

»Es handelt sich in der Ehe für mein Gefühl nicht darum, durch Niederreißung und Umstürzung aller Grenzen eine rasche Gemeinsamkeit zu schaffen, vielmehr ist die gute Ehe die, in welcher jeder den anderen zum Wächter seiner Einsamkeit bestellt und ihm dieses größte Vertrauen beweist, das er zu verleihen hat … [Es] kann ihnen ein wundervolles Nebeneinanderwohnen erwachsen, wenn es ihnen gelingt, die Weite zwischen sich zu lieben, die ihnen die Möglichkeit gibt, einander immer in ganzer Gestalt und vor einem großen Himmel zu sehen!«

Flexible Grenzen

In allen dauerhaften und festen Beziehungen, sowohl zwischen verheirateten oder nicht verheirateten Partnern als auch zwischen Verwandten oder Freunden, wird dieser Raum über die Jahre je nach Umständen mal anwachsen und dann wieder abnehmen; er ist im Wandel begriffen, während die Menschen durch ihr Leben gehen. Barbara schreibt darüber, wie sie dies in ihrer jahrzehntelangen Beziehung mit ihrer Cousine Sue zu respektieren lernte:

»Sue und ich waren schon als Kinder sehr eng befreundet«, erzählt Barbara, die heute in ihren Fünfzigern ist, »aber wir sind gewachsen und haben uns verändert. Als wir noch jünger waren, schenkte ich ihr zwei von diesen sich umarmenden Affen, die mit einem Klettverschluss verbunden waren. Aber ich glaube, dass meine Vorstellungen, was es bedeutet, beste Freundinnen zu sein, für sie eher einengend wirkten. Sie ist anders und braucht mehr Raum. Sie sagte mir, dass beste Freundinnen zu sein für sie nicht bedeute, ›unsere Namen auf einer Gedenktafel einzugravieren‹. Das versetzte mir einen Schlag und schmerzt mich noch heute. Aber es war mir gleichzeitig eine Lehre, dass andere Menschen die Liebe, die ich ihnen gegenüber empfinde, nicht immer so erwidern, wie ich es gerne hätte.«

Zwischen Eltern und Kindern ändern sich die Grenzen fortwährend. Eine der Hauptaufgaben von Eltern besteht darin, die Kinder darauf vorzubereiten, selbständig zu werden – und dies ist gleichzeitig ihre größte Gabe der Liebe, auch wenn dies keinesfalls einfach ist: Wenn das eigene Kind das erste Mal zur Schule geht oder sich erstmals hinters Steuer setzt und beim Wegfahren zum Abschied winkt oder wenn es auf die Hochschule kommt – in jedem dieser Momente lassen Sie ein Stück von ihm los. Glücklich und ängstlich über das, was das Leben für Ihre geliebten Kinder bereithält, freuen sich Eltern, weinen und sorgen sich – und das alles zugleich.

Ich war schon immer der Überzeugung, dass die Gratwanderung zwischen Angst und Liebe eine besonders schwierige ist; und dies gilt besonders für Eltern, die ihre Kinder vor allem Leid schützen möchten.

Claudia, eine Frau, die schon seit langem meditiert, wurde während ihres Urlaubs auf einer karibischen Insel unversehens mit ihren Ängsten konfrontiert. Ihr neunjähriger Sohn teilte ihr begeistert mit, er wolle unbedingt einen berühmten Wanderweg entlanglaufen, der sich durch den tropischen Urwald zum Meer hinunterschlängelte. In Claudias ängstlichem Geist kreisten die Warnungen des Reiseführers vor den zerklüfteten Felsen und Skorpionen unterwegs, die in ihr Bilder von Knöchelbrüchen, giftigen Bissen oder Stichen und Erschöpfung aufgrund der großen Hitze provozierten. Aber gleichzeitig bewunderte sie den Eifer ihres Sohnes, und sie wollte ihm das Abenteuer, nach dem er sich sehnte, nicht vorenthalten. Also machten sie sich auf den Weg.

»Wie eine kleine Bergziege lief er den Weg hinunter«, schrieb sie mir, »stolpernd, aber ohne zu fallen. Ich blieb hinter ihm zurück, Mahnungen nachrufend, er solle gut aufpassen, langsamer gehen, sehen, wohin er trat, und sich von Wespen und Spinnennetzen fernhalten.« Es war kein Spaß für Claudia, und sie bemerkte, wie sie in Panik geriet.

Claudia sagte sich, was sie ängstlichen Freunden selbst oft rät: Atme. Entspanne. Besänftige dich im gegenwärtigen Augenblick – sie erinnerte sich an all die Methoden, die sie normalerweise achtsam werden ließen. Aber sie atmete zu heftig, um schnell einen Gang herunterschalten zu können. Einige Atemzüge später hörte sie, so erinnert sie sich, »aus den Tiefen meines Bauches eine Stimme eine buddhistische Weisheit flüstern: ›Hege den ängstlichen Geist in der Wiege der Liebenden Güte.‹«

»Ja, natürlich, das kann ich!«, sagte sie sich. Leise begann sie, sich Liebende Güte zu schenken, einer Mutter, die voller Liebe, aber gleichzeitig von Angst erschüttert war. »Möge ich Frieden finden und entspannt sein«, flüsterte sie. Als Nächstes sandte sie ihrem Sohn, der den Wanderpfad hinunterkraxelte, Wünsche des Wohlergehens. Sie begegneten ein paar Wanderern, die den Weg hinaufgingen und müde und verschwitzt aussahen. Claudia gab auch ihnen gute Wünsche mit auf den Weg. Nach einer Weile näherten sie und ihr Sohn sich dem Ende des Pfades. Sie fühlte sich so glücklich, dass sie allen und allem um sich herum Frieden und Sicherheit wünschte – den Bäumen, den Felsen und sogar den beängstigenden und gefährlichen Kreaturen, die sie glücklicherweise in Ruhe gelassen hatten.

Ohne sich dessen ganz bewusst zu sein, hatte sich Claudia durch sämtliche klassischen Sätze der Liebenden-Güte-Meditation gearbeitet, beginnend mit Wünschen für sich selbst, für ihren Sohn, für die Fremden und dann für alle Lebewesen, die sie traf. Doch am wichtigsten war, dass sie ihrem Sohn die Freiheit gelassen hatte, sich einen Traum zu erfüllen und sich zu entfalten. Das war ihr Geschenk der Liebe.

Der Unterschied ist das, was uns verbindet

Wie gehen wir mit dem Raum zwischen uns um, wenn Konflikte entstehen, die tiefe Auswirkungen auf die Gesundheit und die Dauer unserer Beziehungen haben? Die Psychologen John und Julie Gottman forschten darüber die letzten vier Jahrzehnte hinweg mit Tausenden von Paaren und untersuchten unter anderem, wie die Partner akute Probleme in ihrer Beziehung besprachen. Dann wiederum beobachteten sie ihr Verhalten bei ganz normalen Interaktionen im Alltag. Sie entdeckten, dass man anhand einiger Anhaltspunkte, die mit dem zu tun haben, was sie »emotionale Sicherheit« nennen, mit neunzigprozentiger Sicherheit voraussagen kann, welche Paare glücklich oder unglücklich zusammenbleiben bzw. sich einige Jahre später trennen werden.

Paare, die auf einen Konflikt abschätzig und mit Kritik reagierten, sich verteidigten oder abblockten, waren auf dem Weg in ihr Unglück. Bei der Auswertung dieser Konflikte, die die Psychologen aufgezeichnet hatten, stellte sich heraus, dass nicht nur die Worte, sondern auch die Körper dieser Paare Bände sprachen und sich im Angriff-oder-Flucht-Reaktionsmodus befanden. Sogar in weniger angespannten Situationen war eine gewisse körperliche Spannung messbar, und die Partner ignorierten oder übergingen häufig den Wunsch des anderen nach Aufmerksamkeit.

Jene Paare hingegen, die ihre Konflikte nicht unterdrückten, sondern sich auf besondere Weise offen mit ihnen auseinandersetzten, blieben meist zusammen. Sie fanden Wege, ihre Bedürfnisse klar auszudrücken, ohne sich gegenseitig anzugreifen oder sich herablassend zu behandeln. Sie vertrauten darauf, dass im Allgemeinen die Absicht ihres Partners gut war, auch wenn seine Handlungen sie verletzt hatten. Mit alltäglichen kleinen Handlungen der Güte, Aufmerksamkeit und Großzügigkeit schufen beide eine Atmosphäre, in der sie sich sicher fühlten.

Candace erzählte mir einmal die bezaubernde Geschichte von dem Tag, an dem sie und ihr Mann endlich ihre Unterschiede akzeptierten. Sie erinnert sich, dass sie kurz zuvor einen Essay des berühmten thailändischen Lehrers Ajahn Chah gelesen hatte, in dem stand: »Wenn Sie wollen, dass ein Huhn eine Gans ist oder eine Gans ein Huhn, werden Sie leiden.«

Sie dachte über den letzten Streit mit ihrem Mann nach, und dank der Metapher fiel bei ihr der Groschen. Als der nächste Streit sich anbahnte, sagte sie ihm: »Ich glaube, unsere Konflikte kommen stets daher, dass du eine Ente bist und ich ein Huhn. Und wir versuchen uns gegenseitig zu verändern.« Sie erzählte: »Ein paar Tage später bekam er einen Hautausschlag, und wir begannen zu streiten. Ich wollte, dass er zum Arzt geht, doch er sträubte sich. Also sagte ich: ›Jedes Mal, wenn ich möchte, dass du etwas Bestimmtes tust, willst du das Gegenteil. Wie kommt das?‹ Er erwiderte: ›Weil ich eine Ente bin.‹ Seither arbeiten wir immer mit diesem Bild.«

In seinem Buch *Keiner ist eine Insel* schrieb der Trappisten-Mönch Thomas Merton: »Der Anfang echter Liebe ist der Wille, den geliebten Menschen vollkommen ihn selbst sein zu lassen, ihn nicht unter Druck zu setzen, damit er in unsere Vorstellung passt.«[18]

Um es zusammenzufassen: Um zu verstehen, wo wir enden und der andere beginnt, müssen wir uns selbst kennenlernen und das Geschick entwickeln, im Raum dazwischen zu navigieren. Andernfalls werden wir Ganzheit mit den falschen Mitteln suchen, die weder uns selbst würdigen, noch jene, die wir lieben.

Übungen zu Kapitel 14

Ausgeglichenheit ist die Antwort

Ganz gleich, ob wir die Grenzen fürchten, die andere ziehen, oder selbst lieber stärkere setzen würden, es ist unbestreitbar, dass Individuation und Abgrenzung zu liebevollen Beziehungen dazugehören und gleichzeitig immer wieder Ursache von Spannungen werden. In diesen Grenzbereichen zu navigieren ist ein sich ständig ändernder Prozess.

Eine wichtige Qualität dieser Kunst des Navigierens ist Ausgeglichenheit, auch Gleichmut genannt. Es ist nicht immer einfach, über Gleichmut zu reden, da eine »ausgeglichene« Beziehung keine so prickelnden und aufregenden Erlebnisse zu versprechen scheint; vielmehr assoziieren wir Liebe oft eher mit Begriffen wie »glühende Leidenschaft« oder »starkes Verlangen«. Manche denken bei Ausgeglichenheit eher an eine Art Apathie oder Rückzug. Jemanden »mit Gleichmut« zu lieben halten viele sogar für einen Widerspruch in sich. Das Paradox besteht jedoch darin, dass es, wenn wir Liebe von diesem umfassenden Standpunkt der Weis-

heit und Einsicht aus kontaktieren, ein freundlicheres und trag-
fähigeres Klima schafft, in der wahre Liebe erblühen kann.

Mangelt es uns in der Liebe an Gleichmut, versuchen wir mit
unserer »Liebe« möglicherweise nur den gesunden Abstand, der
zwischen zwei Menschen nun einmal besteht, zu überbrücken.
Oder wir geben anderen Liebe, um ihren Erwartungen zu entsprechen – und finden uns schließlich dabei wieder, uns selbst
zu verurteilen, weil wir versuchten, anderen zu gefallen, statt im
Einklang mit uns selbst im gegenwärtigen Augenblick präsent zu
sein. Gleichmut ist die Zutat, die Klarheit und Ruhe in Beziehungen bringt. Sie hilft uns, die Vorstellung loszulassen, Festhalten
und Zurückweisen seien in einer Liebesbeziehung die beiden einzigen Optionen, und so können wir uns im Raum zwischen uns und
dem anderen frei bewegen.

In der nun folgenden Übung zu Gleichmut denken wir als Erstes an
eine Beziehung, in der der Raum, den man sich gibt und nimmt, zu
einem Thema geworden ist.

1. Vergegenwärtigen Sie sich die Person, um die es geht. Vielleicht ist es ein Lehrer, von dessen Anerkennung Sie sich abhängig gemacht haben, so dass Sie jeglicher Raum, der entsteht, verunsichert und Ihnen ein Gefühl der Verlorenheit gibt.
   Vielleicht ist es Ihr Geliebter, der sich weit mehr gemeinsame
   Zeit wünscht als Sie selbst, und Sie wissen nicht, wie Sie es
   ihm freundlich beibringen sollen, dass Sie mehr Raum für sich
   brauchen.

2. Beginnen Sie damit, im Stillen der Person, an die Sie denken,
   einige ehrliche Sätze zu sagen, Sätze wie: *Die Dinge sind nun
   einmal, wie sie sind. Du bist mir wichtig, und doch weiß ich,
   dass wir zwei eigenständige Menschen sind. Wir beide sind
   die Urheber unserer Handlungen, und jeder von uns ist für sich
   vollständig. Unser persönliches Glück hängt von unseren jeweiligen Handlungen ab.*

3. Sie können ruhig mit Sätzen experimentieren, die bestimmte Punkte, mit denen Sie in ihrer Beziehung konfrontiert sind, ansprechen. Halten Sie diese Sätze aber einfach. Sie sollten mit der Übung von Gleichmut zu tun haben, die darin besteht, die Dinge so zu akzeptieren, wie sie sind.

15 Loslassen

Auch wenn ich dich halte, lasse ich los.[19]
— ALICE WALKER —

Ein guter Freund von mir war vor einigen Jahren in großer psychischer Not und verbrachte längere Zeiträume in der Psychiatrie. Ich hätte ihm so gerne geholfen, fühlte mich aber machtlos. Ich bat einen meiner tibetischen Lehrer um Rat. Er empfahl, ich solle »aufhören, mich zu bemühen« — ein äußerst hintergründiger Rat. Er schlug nicht vor, ich solle mich zurückziehen oder aufhören, mich um ihn zu sorgen, sondern meinte, ich solle für meinen Freund einfach »da sein«, bräuchte ihn aber nicht zu heilen. Ich folgte dem Hinweis.

Ich saß oft bei ihm in seinem Zimmer in der Klinik und bekam mit, wie andere Freunde ihm Ratschläge gaben wie: *Nimm einfach fünfzehn Tropfen dieser Tinktur, und du wirst nicht mehr deprimiert sein* oder *Geh zu dem-und-dem Heiler* oder *Versuch dies Ergänzungsmittel, und du wirst gesund werden.* Ihre Ratschläge kamen aus Liebe, aber ich hatte den Eindruck, dass sich mein Freund davon etwas unter Druck gesetzt fühlte. Ich kann mir vorstellen, dass er sich Dinge fragte wie: *Was, wenn ich ihrem Rat nicht folge oder wenn er wirkungslos ist? Werden sie mich dann weiter besuchen kommen und sich um mich kümmern?*

Als mein Freund Ram Dass einen Schlaganfall hatte, fiel es mir wirklich nicht leicht, der Weisheit meines tibetischen Lehrers zu folgen und einfach nur *mit ihm zu sein.* Wir standen uns seit Jahrzehnten nahe, und ich war am Boden zerstört. Ich hatte den Impuls, alles mir Mögliche zu seiner Heilung beizutragen, hoffte, dass es ihm bald besserginge und er gänzlich genese. Als ich ihn dann besuchte, sah ich die Geschenke seiner besorgten Freunde, die sich in seinem Wohnzimmer stapelten und in denen sich Ratschläge wie *Nimm einfach diese Tropfen* o. Ä. spiegelten.

Es war wirklich schön zu sehen, wie viele Menschen sich um ihn sorgten, aber ich weiß, dass Ram Dass sich davon unter Druck gesetzt fühlte. Ich fragte mich, ob diejenigen, deren Mittelchen nicht dazu führten, dass er wieder flüssig reden und unbehindert gehen könnte, ihm den Rücken zukehren würden. Eines Tages kam ein Paket mit einer Flasche Wasser aus dem heiligen Fluss Ganges. In dem beiliegenden Brief versicherte der Absender, Ram Dass werde wieder gehen können, wenn er den Inhalt der Flasche trank. »Trink es bloß nicht!«, warnte ich ihn. »Du wirst davon Cholera bekommen!« Es war einer der Momente, in denen ich mir nicht verkneifen konnte, doch meinen Senf dazuzugeben.

Ich will damit nicht sagen, dass wir unseren Freundinnen und Freunden nicht im Geiste der Großzügigkeit unsere Hilfe zukommen lassen sollten. Natürlich sollen wir das – und am liebevollsten ist es, wenn wir diese Geschenke ohne Bedingungen und Fangstricke geben. Loslassen ist das Gegenteil davon, an unseren Hoffnungen und Ideen, wie die Dinge zu sein haben, festzuhalten. Es bedeutet, zuzulassen, dass die Menschen einfach so sind, wie sie sind.

Für mich selbst war es von unschätzbarem Wert, den Unterschied zwischen der Motivation, jemandem zu helfen, weil man die Situation verbessern möchte, und jener, einfach nur mit der Person *zu sein,* kennenzulernen. Ich verstand, dass Heilung ihrem eigenen Rhythmus folgt, genau wie jede andere Veränderung im Leben. Natürlich ist es nicht leicht, sich zurückzuhalten. Es liegt in der menschlichen Natur, das Leid unter Kontrolle bekommen zu wollen, besonders, wenn es jemanden trifft, den man liebt. Doch die eigenen Absichten und Ideen jemand anderem aufzwingen zu wollen, ist die dunkle Seite der Liebe. Wahre Liebe hingegen ist sich bewusst, dass das Leben sich in seinem eigenen Tempo entfaltet.

Die Kunst, etwas anzunehmen

Paradoxerweise ist es manchmal auch eine Spielweise des Loslassens, die Liebe und Fürsorge von anderen anzunehmen. In unserer Do-it-yourself-Kultur glauben viele von uns, stets für sich selbst sorgen zu müssen. Irgendwo auf unserem Weg haben wir die Botschaft verinnerlicht, es sei ein Zeichen der Schwäche, um Hilfe zu bitten. Oft vergessen wir, dass wir gegenseitig voneinander abhängig sind und unsere Existenz grundlegend von der Güte anderer abhängt, einschließlich – mit einer Hommage an Tennessee Williams – von Fremden.

Sebene erinnert sich, dass sie das Glück im Unglück hatte, nach ihrer Brustkrebsdiagnose im Alter von vierunddreißig Jahren von vielen Freundinnen, Freunden und Familienmitgliedern umgeben zu sein, die ihr ihre Unterstützung anboten. »Doch ich dachte«, so sagt sie, »ich bräuchte nicht viel Hilfe. Ich meditierte bereits und war es gewohnt, mich um mich selbst zu kümmern. Obwohl ich von meinen Freunden große emotionale Unterstützung bekam, hielt ich die Leute (und mich selbst) hinsichtlich meiner Erfahrungen der Angst, Trauer und Verzweiflung auf Abstand.

Ich verbrachte viel meiner gemeinsamen Zeit mit ihnen darauf, zu zeigen, wie gut ich beisammen war.«

Erst, so fügt sie hinzu, als alles zusammenzubrechen begann, war sie in der Lage, die Liebe anzunehmen, die man ihr schenkte. »Keiner wusste genau, was mir fehlte, aber schlussendlich wurde ich schwer krank«, erklärte sie. »Bei allem war ich vollkommen von meinen Freunden abhängig: Sie mussten den Hund ausführen, die Wäsche waschen, Rezepte abholen, Essen bereiten und mich trösten. In gewisser Weise war das der Moment, als alles einfacher wurde. Die Kontrolle aufzugeben (bzw. sie weggerissen zu bekommen) half mir, mich für all die Liebe zu öffnen, die mich umgab. Die verstorbene Zen-Lehrerin Charlotte Joko Beck hat einmal gesagt: ›Freude ist alles, was passiert, abzüglich unserer Meinung darüber.‹

Als ich schließlich mit Nierenversagen völlig geschwächt und voller Schmerzen ins Krankenhaus kam, wo man mir Schläuche in die Nase einführte, hatte ich gemeinsam mit meinem lieben Freund Ahmad einen hysterischen Lachanfall«, fährt sie fort. »Ich ließ die Einschätzung meiner Lage, die mir natürlich gar nicht gefiel, los und fand in der Absurdität der Situation zu einem Augenblick wahren Lachens, der Freude. Ich glaube, Liebe und Freude wohnen am selben Ort – in der Fähigkeit, mit einem offenen Herzen und einem freien Geist mit dem zu leben, was ist. Wenn Freude alles ist, was passiert, abzüglich unserer Meinung darüber, dann ist Liebe vielleicht alles, was geschieht, abzüglich unseres Versuchs, es zu kontrollieren.

Mir wurde klar, wie sehr ich mich dagegen wehrte, mich für das zu öffnen, was mir widerfuhr, hauptsächlich weil ich weder den Schmerz und die Angst spüren noch die anderen damit belasten wollte«, erinnert sie sich. »Aber da ich versuchte, das Geschehen zu kontrollieren, konnte ich keinen einzigen Moment mit vollem Herzen da sein. Ich konnte mich nicht für die Freude und die Liebe öffnen, die nur darauf warteten, angenommen zu werden.«

Sich von dem unrealistischen Traum befreien

Sehr viele Beziehungen basieren auf der Hoffnung, es heile wie durch Zauberhand unsere Wunden und stelle unsere Ganzheit wieder her, wenn uns nur jemand bedingungslos liebte. Selbst wenn wir verstandesmäßig durchaus wissen, wie unrealistisch dies ist, nähren wir diese Illusion möglicherweise weiterhin – und sei es unbewusst. In seinem Buch *The Eden Project – In Search of the Magical Other* beschreibt der Jungsche Psychologe James Hollis, dass »die Menschheit von der enormen und irrigen Fantasie angetrieben wird, es gäbe einen *Magischen Anderen,* die Vorstellung, es gäbe irgendwo da draußen einen Menschen, der genau der Richtige für uns ist und der unser Leben zum Funktionieren bringt, ein Seelenverwandter, der die Verwüstungen unserer persönlichen Geschichte heilt, einer, der für uns da sein wird und spürt, was in uns vorgeht, der nicht nur weiß, was wir wollen, sondern noch dazu diesen tiefsten Bedürfnissen genau entspricht – wie ein ideales Elternteil, das uns vor allem Leiden beschützt und, wenn wir Glück haben, uns die schwierige Reise der Selbstwerdung erspart.« Hollis fügt hinzu, dass sich solche Beziehungsmuster bereits aufgrund der frühesten Erfahrungen bilden und tatsächlich in die Entwicklung unseres neurologischen und emotionalen Netzwerks einfließen.[20]

Einerseits sind wir vielleicht schrecklich enttäuscht, zu entdecken, dass der »Magische Andere«, den wir so lange gesucht haben, eine Illusion ist. Möglicherweise sind wir darüber aber auch erleichtert. Indem wir erkennen, dass wir alle für unser Ganzsein selbst verantwortlich sind, ebnen wir erfüllenden und auf Gegenseitigkeit basierenden Beziehungen den Weg. Dafür bedarf es jedoch des Gewahrseins und des Wunsches, die Phantasien, uns werde eines Tages jemand befreien, aufzugeben.

In einem Blogeintrag auf der Internetseite *Greater Good* (Größeres Gutes) schrieb die Psychologin Christine Carter: »Ich verstand, dass ich einen Verlust akzeptieren musste, wenn ich mich von meinen Phantasien bezüglich meiner Beziehungen befreien wollte, mitsamt der entsprechenden Trauerarbeit. Ich wollte wirklich, wirklich, wirklich mit jemandem sein, der zutiefst romantisch ist, der Gedichte schreibt und einem etwas vorsingt. Aber als ich feststellte, dass meine romantischen Phantasien von der Filmindustrie geprägt worden waren (und vielleicht auch von der Blumenindustrie, der Grußkartenindustrie, nicht zu vergessen der Diamantenindustrie) und nicht aus meinen eigenen Bedürfnissen stammten, konnte ich diese Trugbilder leichter loslassen. Für eine Weile war ich traurig darüber, meine märchenhaften Hoffnungen verloren zu haben. Wenn Sie traurig sind, trauern Sie«, rät sie, »aber gehen Sie dann weiter.«[21]

Für Julia und ihren Mann war ein zentrales Thema ihrer Ehe zu akzeptieren, dass sie dem anderen nur das geben können, was sie sich auch selbst als Individuen geben können.

»Ich bin mit einem guten und gütigen Mann verheiratet«, sagt Julia. »Wir lieben uns und kümmern uns umeinander. Er ist gefühlvoll und sensibel, und das Gleiche gilt für mich. Wir sind beide verletzt, können uns das aber eingestehen.« Allerdings, so fügt sie hinzu, haben beide mit ihrem *Shenpa* zu kämpfen, dem tibetischen Begriff für Anhaftung. Bei diesem Ausdruck schwingt mit, dass auch alte Auslöser wieder aktiviert werden, man Unbehagen empfindet und nach Linderung sucht. »Mein Mann«, so erklärt Julia, »braucht sehr stark meine Anerkennung. Nur so fühlt er sich gut und ist selbstbewusst. Ich wiederum möchte mich geschützt fühlen, wodurch ich ihn so sehr bremse wie wohl noch nie jemand zuvor. Das ist der Rahmen, in dem sich unserer Beziehung abspielt.«

Dennoch erklärte ihnen kürzlich ihr Paartherapeut während einer Sitzung, »dass sich mein Mann diesen Respekt selbst entgegenbringen kann und nicht bei jeder Gelegenheit bei mir um ihn zu ringen braucht«, berichtet sie. »Zu mir sagte er, dass ich nicht länger beschützt werden müsse, denn ich könne mir sehr wohl alleine helfen.«

Julia weiß, dass das Bedürfnis nach Schutz in der Beziehung mit ihrem Vater wurzelt, einem autoritären Mann, der zu gewalttätigen Wutausbrüchen neigte. Sie erinnert sich insbesondere an eine Nacht, in der er explodierte, sie festhielt und ihr auf den Kopf schlug. Obwohl ihr das durchaus bewusst ist, sagt sie, dass sie noch immer enttäuscht ist, wenn »mein netter und fürsorglicher Mann mich nicht in dem Maße schützt, wie ich es mir wünsche – und das, obwohl er aus seiner Erfahrung heraus nicht einmal sehen oder wissen kann, wie dieser Schutz auszusehen hat.«

Julia verstand schließlich, dass wir alle in uns Brüche und Abgründe tragen, die von unseren früheren Erfahrungen herrühren. Und vielleicht wird es auch immer eine Diskrepanz zwischen dem geben, was wir im anderen zu finden ersehnen, und dem, was tatsächlich ist. Wenn wir dann jedoch unsere Hoffnungen loslassen, dass eines Tages jemand kommt, der diese Brüche behebt, erkennen wir, dass sie eigentlich nur darauf warten, mit Liebe und Mitgefühl uns selbst gegenüber gefüllt zu werden.

Zu sich selbst Zuflucht nehmen

Justin ist Sozialarbeiter. Er erzählt die Geschichte seiner Pilgerreise zu einer Hindulehrerin, die viele als Inkarnation der göttlichen Liebe ansehen. Einige von Justins Freunden hatten den Ashram, in dem sie lehrt, bereits besucht und die Zeit bei ihr als *ekstatisch, lebensverändernd* und *zutiefst heilend* beschrieben. Justin, der von sich sagt, er sei »für Angst prädisponiert«, hatte große Hoffnungen, die Lehrerin würde ihn, sobald sie ihm in die Augen schaute und seinen Schmerz wahrnahm, umgehend von seinem Leiden befreien. Er hielt die Wandlungen seiner Freunde für authentisch und betete, dass es ihm genauso erginge.

Genauer gesagt kam ihm diese Überzeugung in der Nacht vor seinem ersten Gruppenmeeting mit ihr, als er den schlimmsten seiner wiederkehrenden Alpträume hatte, nämlich den Erstickungstod zu erleiden: »Ich dachte«, so Justin, »der Angsttraum, der in mir ein Gefühl der Panik hinterließ, sei ein verheißungsvolles Zeichen«, sagt Justin heute. »Als ich aufwachte, lag meine Panik derart unverkennbar und offen da, dass ich überzeugt war, sie werde die Tiefe meines Schmerzes erkennen und mich mit ihrer grenzenlosen Liebe ein für alle Mal von meinen Ängsten befreien.«

Doch als er an der Reihe war, vor ihr zu sitzen, spürte er absolut nichts, und nach dem Treffen war sein Unbehagen genauso intensiv wie zuvor. Er war am Boden zerstört.

»Ich fühlte mich ungesehen, einsam, abgelehnt und war in meinem Schmerz gefangen«, erinnert er sich. »Ich hatte den Eindruck, dass mein Leiden so groß war, dass es selbst diese großherzige und liebevolle Lehrerin überforderte. Ich war unbeschreiblich verletzt.«

Er brauchte eine ganze Weile, bis er diese Erfahrung

verarbeitet hatte. Erst einige Jahre später verstand Justin, dass die Lehrerin ihn keinesfalls im Stich gelassen, sondern ihm das Geschenk einer sehr wesentlichen Belehrung gemacht hatte, auch wenn es ihm erst einmal schwergefallen war, sie anzunehmen. »Heute verstehe ich, dass ich – ganz unabhängig von all den Erfahrungen meiner Freunde – zu mir selbst Zuflucht nehmen und lernen musste, in meine eigenen Fähigkeiten, mich zu heilen, zu vertrauen. Als ich meiner Angst mit Mitgefühl begegnete, konnte ich meine Phantasien loslassen, dass irgendein weises, allwissendes Wesen vom Himmel herunterfahren und mich retten würde.«

Wenn wir verstehen, dass wir sehr wohl genug Kraft haben, an der Überwindung unseres Leidens mitzuwirken, stärkt dies nicht nur unsere Fähigkeit, selbst zu gesunden, sondern wir sind auch in der Lage, wirklich zu lieben und die Liebe von anderen zu empfangen, ganz gleich, ob es spirituelle Lehrer, der Partner oder geliebte Freunde sind.

Zwischen Eltern und Kindern

Auch wenn ich selbst keine Kinder habe, scheint es mir doch ganz offensichtlich zu sein, welch tiefes und schmerzliches Loslassen das Leben den Eltern abverlangt, wenn ihre Kinder immer unabhängiger werden. Es ist einer der größten Momente wahrer Liebe. Barbara Kingsolver schrieb in *Die Pfauenschwestern:* »Es bringt dich um, mitanzusehen, wie sie größer werden. Aber ich glaube, es würde dich noch schneller zur Strecke bringen, wenn sie es nicht täten.«

Die Gratwanderung zwischen Verantwortung und Loslassen beginnt für die Eltern sehr früh: bereits am Tag, an dem das Kleinkind seine ersten Schritte weg von ihnen und hinaus in die Welt wagt; und von da geht der Weg durch Kindheit und Jugend bis hin ins junge Erwachsenenalter und darüber hinaus. Glücklicherweise folgt in den meisten Familien die Reiseroute einem ziemlich vorhersehbaren Verlauf. Dennoch ist sie sowohl für die Eltern als auch für die Kinder mit zunehmenden Schmerzen verbunden, gefolgt von sanften, bittersüßen, aber unvermeidlichen Trennungen. Loslassen – und noch mehr loslassen.

Für Eltern hingegen, deren Kinder an geistigen oder körperlichen Behinderungen leiden, ist dieser Weg des Lebens steiniger und birgt unerwartete Biegungen und Wendungen. Für diese Eltern kann es äußerst schwierig sein, ihre vorgefassten Meinungen bezüglich der Gesundheit, des Verhaltens und der Zukunft ihres Kindes loszulassen, und all dies wird noch dazu oft durch eine heftige Dosis an Selbstvorwürfen erschwert.

Jack, ein Filmemacher, den ich über einen Freund kennenlernte, beschreibt die Erfahrung, die er durchmachte, seitdem sein Sohn vor fünf Jahren begann, Stimmen zu hören. »Noah war bereits dreißig Jahre alt, als er mir in einer Nacht sagte, er höre pausenlos seltsame wütende Stimmen«, berichtet Jack, »die ihm befahlen, was er zu tun hatte.« Über die nächsten Wochen wurde der Sohn, der damals die juristische Fakultät besuchte, zunehmend paranoid, ängstlich und verlor die Kontrolle. Auch wenn es Zeiten gab, in denen es ihm besserging und die Stimmen schwächer wurden, spielte sich sein Leben in den zwei darauffolgenden Jahren mal in, mal außerhalb der Psychiatrie ab.

»Sowohl für mich als auch für Noah war es die Hölle«, sagt Jack. Tatsächlich war er so verzweifelt, dass er das Gefühl hatte, ihm widerfahre das Gleiche wie Noah. Wenn Noah in der Psychiatrie war, besuchte ihn sein Vater jeden

Tag. Er glaubte, nicht mehr sein eigenes Leben führen zu können. »Ich versuchte, ihn zu ermutigen, ihn zu beruhigen, ihm einfach nur Liebe zu geben – aber nichts half«, erinnert er sich. »Trotzdem war ich weiter überzeugt, es ginge ihm besser, wenn ich nur das Richtige zu tun wüsste. Ich fühlte mich für ihn so verantwortlich, dass es mich im wahrsten Sinne des Wortes krank machte.«

Schließlich verschloss sich eine Arterie in Jacks Herz. »Wenn ich weiterhin versucht hätte, Noahs Leid auf mich zu nehmen, hätte es mich wahrscheinlich umgebracht«, sagte er im Nachhinein. »Es war das größte Loslassen meines Lebens. Ich war mit ihm zu verstrickt und musste mich von ihm lösen, musste mir klarmachen, dass all dies meinem Sohn widerfuhr und nicht mir. Ich tat ihm keinen Gefallen, wenn ich mich selbst ruinierte.« Sowohl Jacks starke Verbindung zu seiner Frau Cathy als auch seine Meditationspraxis und der starke liebende Rückhalt seiner Zen-Gemeinschaft halfen ihm, die Zeit zu überstehen.

Bald ging es auch Noah besser. Jetzt, da ich diese Zeilen schreibe, war er bereits seit drei Jahren nicht mehr in klinischer Behandlung und lebt in einer Atelierwohnung auf dem Grundstück seiner Eltern. Zusammen mit seinem Psychiater fand er nach langem Ausprobieren die richtige Dosis seiner Medikation. Sie half, die Stimmen zum Verstummen zu bringen. Auch hat er seit einem Jahr eine Arbeitsstelle. Noah ist vielleicht nicht Anwalt für Menschenrechte geworden, wie er es sich erhofft hatte, aber er scheint mit seiner »neuen Normalität« ins Reine gekommen zu sein. Und da Jack und Cathy ihn so nehmen, wie er ist, und ebenfalls ihre liebgewonnenen Träume bezüglich der Zukunft ihres Sohnes loßließen, konnten sie ihr eigenes Leben wieder aufnehmen und auch ihm helfen, das seine zu leben.

Mit Hilfe der Achtsamkeit, der Liebenden Güte und des

Mitgefühls zu uns selbst können wir unsere Erwartungen bezüglich des Lebens und dessen, wie unsere Lieben sein sollen, mehr und mehr loslassen. Loslassen ist eine innere Arbeit, etwas, was nur wir selbst für uns tun können. Wie wir im nächsten Kapitel sehen werden, bedeutet ein achtsames Leben zu führen auch, in unseren Beziehungen zu anderen konkret zu handeln.

Übungen zu Kapitel 15

Zurückschauen und loslassen

Wir haben bezüglich der Liebe weit vielschichtigere Erwartungen, als wir es in Worte fassen können. Zum einen erwarten wir von den Menschen, die wir lieben, verschiedene Verhaltensweisen, und umgekehrt gehen wir davon aus, dass auch sie uns gegenüber Erwartungen haben, zum anderen erhoffen wir uns so manches vom Gefühl der Liebe selbst. Doch während diese Erwartungen sich von Mensch zu Mensch unterscheiden, gibt es hinsichtlich der Liebe eine Empfindung, die die meisten von uns teilen: Loslassen kann beängstigend sein.

Die Kontrolle aufzugeben, wenn ein geliebter Mensch leidet, erscheint uns kaum vorstellbar. Auch ist es nicht leicht, den Wunsch loszulassen, vor anderen, die wir lieben, gut dazustehen, denn wir fürchten, sonst schwach zu wirken. Noch dazu glauben wir, dass, sollten wir all unsere Hoffnungen bezüglich der Liebe loslassen, Enttäuschung bereits vorprogrammiert ist.

Der Schlüssel zum Loslassen ist Praxis. Jedes Mal, wenn wir loslassen, lösen wir uns von den Verstrickungen der Erwartungen und beginnen die Dinge so zu erleben, wie sie wirklich sind. Wir können *mit ihnen sein*. Wir können uns vor Augen führen, dass Loslassen tatsächlich ein gesundes Fundament ist, aufgrund dessen wir uns für wahre Liebe – dem Fluss des Gebens und des Bekommens – öffnen und den Austausch authentisch und organisch erleben können.

1. Vergegenwärtigen Sie sich eine Situation (oder schreiben Sie sie nieder), in der Sie Angst hatten loszulassen. Vielleicht wollten Sie jemandem helfen, sich besser zu fühlen, und waren enttäuscht darüber, bestimmte Umstände nicht verändern zu können. Eventuell hatten Sie Angst, ein Selbstbild loszulassen, an dem sie lieber weiter festhalten wollten, oder möglicherweise waren Sie nicht willens, eine konkrete Vorstellung, wie eine Begegnung oder eine Erfahrung aussehen sollte, aufzugeben.

2. Versuchen Sie vor dem Hintergrund der im vorigen Kapitel aufgezeigten Möglichkeiten des Loslassens eine solche Situation zu hinterfragen. Haben wir nur auf den Vorfall reagiert, oder gab es darüber hinaus noch andere Einflüsse, welche die innere Anspannung erhöhten? Welche weiteren Faktoren könnten Ihre Gefühle, Gedanken und Ihr Verhalten beeinflusst haben?

3. Stellen wir uns nun die andere Person in dieser Dynamik vor. Hatten die Schwierigkeiten, die Ihnen widerfuhren, für Sie oder die andere Person irgendwelche Konsequenzen? Versuchten Sie, in einer Situation zu helfen, und drückten Ungeduld oder Enttäuschung aus, da Ihre Bemühungen nicht erfolgreich waren? Erkunden Sie, wie die andere Person auf Ihr Verhalten reagierte.

4. Stellen Sie sich als Nächstes dieselbe Situation vor, nur dass Sie jetzt eine Stimmung der Ruhe, Offenheit und Wärme erfüllt, wodurch Sie dem gegenwärtigen Augenblick mit Akzeptanz begegnen können. Ändert sich Ihr Verhalten? Und wenn

ja, wie? Entwickeln Sie bezüglich der Situation neue Einsichten? Notieren Sie ruhig alle Überlegungen hierzu.

Manche praktizieren dies als inneren Dialog, andere als formelle Schreibübung. Wieder andere vergegenwärtigen und kontemplieren die Situation, die sie sich in Erinnerung gerufen haben, eher abstrakt oder nehmen sie als Erkundungsreise dessen, wie es sich in ihrem Körper anfühlt, loszulassen. Seien Sie kreativ!

16 Heilen,
nicht siegen

Niemand, nicht einmal die Poeten, hat jemals
ermessen können, wie viel ein Herz fassen kann.
— Zelda Fitzgerald —

Eine Freundin von mir ist seit mehr als zwei Jahrzehnten bei derselben Psychotherapeutin. Diese war angesichts ihrer Scheidung, der anschließenden zweiten Ehe, einer ernsten Krankheit und des Todes eines Elternteils so einfühlsam, dass meine Freundin sie immer »meine Raketenforscherin«[22] nannte und mir erklärte: »Ich habe nicht vor, je bei ihr aufzuhören, sondern möchte mit ihr arbeiten, bis eine von uns beiden stirbt.«

Wenn sie mit einer neuen emotionalen Verstrickung oder einem Problem in ihrer Mehrgenerationenfamilie zu ihrer »Raketenforscherin« kommt, so weiß sie aus den Erfahrungen der vielen Jahre der gemeinsamen Arbeit, hört diese erst einmal aufmerksam zu, geht dann kurz in sich, um anschließend mit dem immer gleichen Satz die Antwort zu eröffnen. Manchmal kommt meine Freundin ihr dabei allerdings zuvor und sagt:

»Ich weiß, ich weiß – Sie werden mir jetzt wieder sagen, dass dies eine ›phantastische Gelegenheit‹ ist.« Die beiden lachen dann erst einmal herzlich und beginnen anschließend mit der Arbeit.

Es wird Ihnen vielleicht nicht gleich einleuchten, warum

man schmerzliche Ehe- und Eltern-Kind-Konflikte, Auseinandersetzungen mit den Schwiegereltern oder festgefahrene Freundschaften als Gelegenheit sehen sollte. Doch wenn wir trotz unserer Verletzung, Sorge oder dem Ärger einen Schritt zurücktreten, Abstand gewinnen und darauf vertrauen, dass solche schwierigen Beziehungen sich auch ändern können, schaffen wir damit den Rahmen dafür, uns die Sache unvoreingenommen anzuschauen. Dabei geht es uns nicht darum, einen Sieg davonzutragen, sondern den Konflikt zu lösen.

Genau dies zu ermöglichen ist das Versprechen der Achtsamkeit. Achtsamkeit verspricht nicht, dass Sie bei einem Streit mit Ihrer Schwester den Sieg davontragen. Achtsamkeit wird Sie ebenso wenig dazu befähigen, Gefühle des Zorns oder der Verletztheit zu umgehen. Aber Achtsamkeit kann Ihnen helfen, den Konflikt in neuem Licht zu sehen, und so können Sie alte Muster durchbrechen.

Die Barrikaden abbauen

Sam und Lucy haben seit Jahren den immer gleichen Streit. Sie wird auf ihn böse, weil er nicht mehr im Haushalt mithilft. Aus Sams Perspektive wiederum bewertet Lucy seine Art, die Dinge zu tun, so kritisch, dass er jedes Mal, wenn er eine Aufgabe erfüllt, Angst vor ihrem Kommentar hat. Aus diesem Grund meldet sich Sam innerlich ab und bringt vieles von dem, was er angeht, nicht zu Ende. Diese Vermeidungsstrategien nähren natürlich Lucys Ärger und Frustration nur noch weiter. Mit der Unterstützung eines Therapeuten konnten beide sehen, dass ihre Konflikte wiederkehrenden Mustern folgen, und Schritte unternehmen, die eigenen Anliegen auf eine konstruktivere und fürsorglichere Weise anzusprechen. Dennoch kommt es bisweilen noch immer zu hitzigen Pattsituationen.

Wenn sich ein Streit dem Siedepunkt nähert, ist es Zeit für eine Pause, rät Paartherapeut George Taylor. Auch wenn wir uns vielleicht bereits vorgenommen haben, verständnisvoller zu sein und bewusster zu sprechen, überfluten uns schlicht und ergreifend manchmal unsere Gefühle. »Eine solche Überflutung ist für gewöhnlich ein Zeichen, dass eine Geschichte aus der Kindheit ausgelöst wurde«, schreibt er in seinem Buch *A Path for Couples* (Ein Weg für Paare). »Paare brauchen eine klare Methode, die Eskalation zu stoppen und sich zu beruhigen. Es ist schwer, authentisch zu kommunizieren, wenn unsere Biologie durchdreht und uns der Körper die dringliche Nachricht ›fliehe oder kämpfe‹ gibt.«

Taylor merkt an, dass sich viele von uns unbewusst eine Pause nehmen und sich dann wie Sam in sich selbst zurückziehen, wenn ihr System von Wut oder Ängstlichkeit überwältigt wird. Aber, so sagt der Psychologe: »Streit bewusst zu unterbrechen, dient dazu, die Emotionen zu deeskalieren, dies allein führt aber noch zu keiner wirklichen Veränderung, führt zu keiner Lösung und zu keinem Verständnis.« Rückzug könne leidbringende Muster sogar noch verstärken, statt sie zu verändern.

Taylor rät Paaren, Pausen ganz bewusst zu praktizieren, denn dies kann ihnen helfen, ihre Energie anders zu nutzen. Außerhalb des Streits trafen Sam und Lucy (vielleicht mit der Hilfe ihres Therapeuten) die Vereinbarung, immer dann eine Pause einzulegen, wenn bei ihm oder ihr starke Gefühle ausgelöst werden oder einer von beiden eine Verteidigungshaltung einnimmt (Hinweise darauf sind unter Umständen, dass Lucy ihre Stimme erhebt oder sich in die

Angriffsstellung begibt oder dass Sam sich zurückziehen möchte). Auch einigten sie sich auf ein verbales oder nicht-verbales Zeichen, mit dem sie ihren Streit sofort unterbrechen, um in wenigen Worten zu entscheiden, wann sie ihre Diskussion weiterführen wollten. Wie lange diese Pause andauern sollte, hängt von der Intensität des Streits ab. In der Pause praktizieren sie zum Beispiel die RAIN-Methode oder wenden eine andere Technik an, die sie ruhiger werden lässt, so dass sie ihre Gedanken und ihre körperlichen Reaktionen erkunden können. Sobald sie sich innerlich stabilisiert haben und sich beim anderen wieder sicher fühlen, ist es weit wahrscheinlicher, dass sie wieder zu einer gemeinsamen Basis zurückfinden – eine Methode, die bei ihnen beiden gut funktioniert.

Taylor erklärt, dass sowohl seine Frau Debra als auch er – beides »leidenschaftliche, feurige Charaktere, die offen sagen, was sie denken, und ihre eigene Geschichte emotionaler Turbulenzen haben« – es als äußerst hilfreich erleben, Pausen zu machen. »Ich empfinde oft ein gewisses Maß an Scham, wenn mir Debra zum Beispiel mitteilt, was sie will. Ein Teil von mir denkt dann: Eigentlich hätte ich ihre Gedanken lesen und selbst darauf kommen müssen«, schreibt er. »In diesem Augenblick des Selbsturteils kann es vorkommen, dass ich mich in Selbstverteidigung hineinsteigere. Scham ist eines der Gefühle, das mir zu erkennen und zu beschreiben besonders schwerfällt. Sie ist stets von einem inneren Konflikt begleitet: Ich möchte einerseits vermeiden, sie zu spüren, und andererseits doch die Bedürfnisse meiner Frau anerkennen. Dies ist für mich ein schwieriger Widerspruch, und so werde ich nach und nach immer verwirrter. Für mich ist das genau der richtige Moment, eine Pause zu machen, da ich sonst ärgerlich reagiere oder mich zurückziehe.«

Taylor fügt hinzu, dass vielleicht dieses Einlegen von Pausen bei den ersten Malen noch peinlich und künstlich wirken mag – schließlich sind wir Erwachsene und keine Vierjährigen, die sich mehr als den ihnen zustehenden Teil an Keksen erschlichen haben –, und doch hilft uns diese Praxis, wiederkehrende schmerzhafte Reaktionsmuster zu heilen. Nach und nach wird dies schließlich zu unserer zweiten Natur.[23]

Den Blickwinkel erweitern

Doch manchmal ist eine Beziehung so zerrüttet, dass man nichts mehr darauf aufbauen kann. In diesem Falle kann es helfen, unser Leiden mit einem erweiterten Blickwinkel zu betrachten.

In einem privaten Gespräch während eines Liebende-Güte-Retreats erzählte mir Megan, dass sie ununterbrochen über ihren Ex-Mann nachdenken müsse. Die beiden hatten sich im Einvernehmen scheiden lassen, nachdem der Mann eine Affäre mit einer seiner Mitarbeiterinnen begonnen hatte, die er nun in der Woche des Retreats heiraten wollte. Ihre gemeinsame Tochter war das erwählte Blumenmädchen und ihr neunjähriger Sohn der Brautführer. Da all dies sie ungemein aufwühlte, hatte sie sich in der Hoffnung, es werde ihr helfen, die Woche seiner Heirat zu überstehen, für das Retreat angemeldet.

Doch leider hatte weder die Meditation noch die Ruhe den erhofften besänftigenden Effekt. Während Megan auf dem Kissen saß, bombardierte sie ihr Geist mit Bildern. Sie stellte sich vor, wie ihr Ex mit seiner Braut glücklich in Begleitung ihrer Kinder zum Altar schritt, und dies erfüllte sie mit Trauer und Wut. Sie fühlte sich hintergangen. Das

Ganze wurde von ausgiebigen Phantasien der Rivalität begleitet. Sie stellte sich vor, ihre Kinder weinten die ganze Nacht, weil sie lieber bei ihr sein wollten. Sie versuchte sehr wohl, ihrem Mann Liebende Güte zu schenken, doch jedes Mal, wenn sie innerlich den Satz »Möge er glücklich sein« sagte, war ihr nächster Gedanke: »Aber nicht, solange es mir schlechtgeht!«

Bei unserem Treffen erzählte sie mir, wie aufgewühlt sie war. Ich fragte: »Aber willst du nicht, dass deine Kinder glücklich sind?«

»Natürlich möchte ich das«, erwiderte sie. »Was für eine Mutter wäre ich, wenn ich nicht wollte, dass es meinen Kindern gutgeht?«

Als ich Megan ein paar Tage später traf, war ihr Blick weit offener und nicht mehr so finster. Trotz des anfänglichen Widerstands gegen meine Frage war diese zum Fokus ihrer Meditation geworden. Statt ihrem Mann hatte sie nun ihren Kindern Glück gewünscht – und dieser Wunsch kam vollkommen spontan. Ihr war aufgefallen, dass sie diesen Wunsch zuvor an die Bedingung geknüpft hatte, dass ihre Kinder bei ihr seien, und damit hatte ihr Herzenswunsch etwas Bitteres und Einschränkendes.

In der Meditation wurde ihr klar, dass ein Wunsch wahrer Liebe sehr viel weiter gefasst sein und auch beinhalten müsse, dass ihre Kinder mit allen Menschen ihres Lebens glücklich seien, nicht nur mit ihrer Mutter. Sie gönnte ihnen nun, dass sie in einer Welt lebten, in der ihre Beziehungen stabil und nährend und in der die Menschen, die sie treffen, freundlich zu ihnen sind. Sie stellte sich die Frage: »Möchte ich nicht, dass meine Kinder geliebt und akzeptiert werden, wo auch immer sie sind?« Natürlich wollte sie das! Aber das bedeutete gleichzeitig, dass sie auch ihrem ehemaligen Mann gönnte, dass er in seiner neuen Ehe glücklich werde.

233

Allerdings nicht überglücklich, nur so glücklich, dass es gut für die Kinder sein möge. Überglücklich, das wäre zu viel verlangt, und man sollte Konzepte wie Liebende Güte nie als Waffen einsetzen, um unsere Gefühle zu übergehen. Für Megan war es eine echte Herausforderung, ihres Schmerzes gewahr zu sein und gleichzeitig den Wunsch wachzuhalten, dass ihre Kinder so weit wie möglich ein von Brüchen freies Leben führen. Es fiel ihr nicht leicht, ihren Fokus zu erweitern, und es bedurfte ihres festen Willens und der Praxis, der Sache einen neuen Rahmen zu geben. Dank ihres Wunsches, dass das Leben ihrer Kinder mit Liebe gesegnet sein möge, hatte sie erkannt, dass, solange sie mit ihrem früheren Partner kämpfte – ganz real oder nur in ihrem Herzen –, ihr Sohn und ihre Tochter einen hohen Preis zahlen müssten.

Ein Ort der Freude

Als ich um Geschichten für dieses Buch bat, schickte mir eine Freundin die folgende Erzählung über ihre Erfahrungen, wobei sie sich Sorgen machte, dass die Geschichte womöglich *zu* real sein könnte:

»Mein Mann und ich heirateten, als wir Ende dreißig waren, und beeilten uns, schnell ein Baby zu bekommen. Ich war so stolz, schwanger zu sein, dass mich während der neun Monate nichts aus der Fassung bringen konnte. Als unser Sohn jedoch geboren war, schien mein Körper zu spüren, dass seine Arbeit getan war. Nach der Arbeit hatte ich gerade noch Kraft, Essen zu machen und den Kleinen schlafen zu legen. Danach fiel ich selbst todmüde ins Bett. Mein Mann war sanft und geduldig, aber je mehr er auf mich zuging, umso mehr stieß ich ihn zurück. Dies wurde zu einem immer schmerzlicheren Muster. Wenn ich merkte, dass er mit mir schlafen wollte, zog ich mich in mich zurück und versuchte, mich unsichtbar zu machen. Das Gefühl, begehrt zu werden, störte mich. Natürlich wusste ich, dass er sich zurückgewiesen fühlte und traurig und wütend war, aber das machte es für mich nur noch schlimmer. An der Oberfläche kamen wir gut miteinander aus, er ging jedoch oft betrunken zu Bett, und unterschwellig erfüllte Unglück unser Leben.

Ich glaube, es war in einer Zeitschrift, wo ich las, dass sich manche Paare verabreden, miteinander zu schlafen. Ich dachte: Vielleicht wäre das auch etwas für uns. Wenn wir uns auf eine Nacht pro Woche einigten, hätte ich sechs Nächte für mich. Ich müsste nicht erregt sein, sondern nur bereit. Die erste Überraschung war, dass er damit einverstanden war. Die zweite, dass es mir, nachdem wir einmal angefangen hatten, selbst Spaß machte. Unser Verhältnis entspannte sich.

Aber es war immer noch ein weiter Weg, dorthin zu gelangen, wo wir heute sind. Sein Alkoholproblem löste sich nicht einfach so auf, und ebenso wenig überwand ich sofort meine Depression. Aber unsere Körper hatten die Übereinkunft getroffen, zueinander zu kommen. Einmal die Woche erkannten wir unsere gegenseitige Vertrautheit an. Ich kann mir vorstellen, wie erbärmlich das für ein junges, frisch verliebtes Paar klingen mag … Aber wir wurden im Lauf der Jahre besser, haben Krebs und Hüftoperationen überstanden und wurden verspielter, kreativer, feierlicher in der Art, wie wir einander Freude bereiteten. Heute sprießt und gedeiht unserer Ehe aufs Neue, und wir sind beide dankbar dafür.«

Übungen zu Kapitel 16

Auszeit!

Wir lernen nur dann aus Konflikten, wenn wir dazu bereit sind – bereit, uns zu öffnen und zu erkennen, warum gewisse Emotionen aufkommen, und bereit, uns mit den Gefühlen anderer auseinanderzusetzen. Eine Beziehung ist ja vor allem eine Vereinigung zweier psychischer Systeme. Achtsamkeit kann Ihnen helfen, die eigene Rolle in diesen Konflikten besser zu verstehen, aber es wird nicht die Achtsamkeit alleine sein, die diese auflöst.

Die folgende Übung baut auf George Taylors Ideen zur Auszeit auf. Um mit dem Modell der Auszeit arbeiten zu können, müssen natürlich beide Partner in einer Beziehung zustimmen, sich darauf einzulassen.

1. Finden Sie die Anzeichen heraus, die deutlich machen, dass man Ihre Knöpfe gedrückt hat und Sie in einen Zustand von Regression, Selbstverteidigung oder Abneigung und Ärger schlittern. Erheben Sie Ihre Stimme? Provozieren Sie um der Provokation willen? Der erste Schritt liegt im achtsamen Selbstgewahrsein, um Gedanken, Verhaltensmuster und körperliche Empfindungen zu erkennen. Diese Signale kennenzulernen ist der erste Schritt zur Entwicklung eines funktionierenden Auszeit-Systems in Ihrer Beziehung.

2. Finden Sie heraus, was die Reizthemen des anderen sind. Natürlich kennen Sie Ihr Gegenüber ziemlich gut, und die Dynamik eines Konflikts löst bei Ihnen beiden Reaktionen aus. Wenn Sie mit dem ersten Schritt das eigene Verhalten besser kennengelernt haben, können Sie auch besser verstehen, wie

der andere wiederum bei Ihnen etwas auslöst. Sie können, wenn Sie möchten, sich außerhalb eines akuten Konflikts mit dem anderen zusammensetzen und diese Dynamik gemeinsam besprechen.

3. Einigen Sie sich gemeinsam auf ein verbales oder nonverbales Zeichen, das bei einem Konflikt signalisiert, dass einer der beiden eine »Auszeit« wünscht. Im Grunde können Sie dies damit verbinden, anschließend zu meditieren, die Augen zu schließen und zu atmen, wenn Sie angespannt sind. Statt zuzulassen, dass eine Situation außer Kontrolle gerät, machen Sie einen Schritt zurück und lassen sich Raum für Einsicht, Nachdenken, Offenheit und Heilung.

4. Einigen Sie sich darauf, wie lange die Auszeit genau dauern soll. Je nach Intensität des Konflikts kann es nur eine Stunde sein, in anderen Fällen vielleicht einige Stunden – oder ein ganzer Tag. Seien Sie hierbei realistisch und denken Sie daran, dass eine Auszeit kein Rückzug ist, sondern in Wirklichkeit eine Öffnung, die uns erlaubt, zu erkennen, was eigentlich los ist.

Nehmen Sie sich während dieser Pause Zeit zum Nachdenken. Wenn Sie wollen, können Sie RAIN praktizieren (das in Kapitel 3 erklärt wurde), um besser zu verstehen, warum Sie so aufgebracht waren oder warum sich Ihre Gefühle als Reaktion auf den anderen so sehr zugespitzt haben. Nehmen Sie sich Zeit, all dies genauer zu untersuchen (Schritt 3 von RAIN). Dadurch erkennen Sie möglicherweise besser, warum sich die Situation so entwickelt hat, und können anschließend auf die andere Person zugehen und ihr erklären, was Ihnen helfen würde und was Sie zu geben bereit sind, um solche Konflikte künftig zu vermeiden.

Während es bei den vorherigen Übungen darum ging, die jeweiligen Besonderheiten des betreffenden Konflikts eingehend zu untersuchen, dient die folgende Praxis eher dazu, zu verstehen, welche Rolle geistige Gewohnheiten bei unserem Umgang mit Ärger spielen. Statt die Nuancen unserer Gefühle in ihren Facetten und die Art, wie sie sich zeigten, zu analysieren, wenden wir uns nun der Bedeutung zu, die die eigene Einstellung im Konflikt ausmacht – und wie wir uns sogar dann aus dem Griff des Ärgers lösen können, wenn er uns gerade völlig erfasst.

1. Vergegenwärtigen Sie sich den Menschen, auf den Sie ärgerlich sind – inmitten der Hitze des Streits. Kommen Sie wirklich mit Ihren Emotionen in Kontakt, ganz gleich, wie schuldig Sie sich fühlen oder wie Sie die Negativität, die Sie in der Situation verspürten, anwidert.

2. Stellen Sie sich nun vor, dass diese Person Ihnen gegenübersitzt und Sie anschaut. Spüren Sie, wie es sich anfühlt, wenn dieser Mensch Ihre Gefühle des Ärgers, der Verletztheit und Ablehnung erwidert. Schauen Sie sich aus seiner Perspektive und mit seinen Gefühlen an.

3. Vielleicht sind Sie jetzt auf die andere Person noch wütender, weil Sie jetzt, da Sie den Ärger von beiden Seiten gespürt haben, merken, dass auch Ihr Gegenüber auf Sie böse ist. Doch durch diese Übung können wir uns selbst und andere von einer anderen Warte aus sehen.

4. Stellen Sie sich als Nächstes vor, wie die Mutter, der Vater, die Geschwister oder der Lehrer der anderen Person diese sehen. Wenn Sie mögen, können Sie sich auch an eine Zeit erinnern, in der Sie ihr mit großer Freude und Herzenswärme begegneten. Und das war möglicherweise gerade einmal ein paar Stunden vor dem Streit!

Wenn Sie auf diese Art die Perspektive tauschen, kommen Sie eventuell zu dem Schluss, dass Ihre Gefühle der Wut in Verletzlichkeit gehüllt sind – wie etwa die Sorge, zur Zielscheibe des Ärgers zu werden oder den anderen zu enttäuschen.

Sie können während dieser Übung dem anderen Sätze der Liebenden Güte schenken oder danach kurz meditieren und dabei für den anderen leise die Sätze der Liebenden Güte (»Möge er glücklich sein, in Frieden sein, gesund sein …«) wiederholen, um trotz all Ihrer momentanen Gefühle des Getrenntseins und der Entfremdung Ihre Gemeinsamkeiten zu sehen. Wenn Sie allerdings das Gefühl haben, dazu nicht wirklich bereit zu sein, ist das auch in Ordnung.

17 Das Herz ist
ein großzügiger Muskel

So wie man Tausende von Kerzen am Licht
einer einzigen Kerze entzünden kann,
ohne dass ihr Licht schwächer wird, kann man
auch Freude teilen, ohne dass sie abnimmt.
— DER BUDDHA —

Eine Bekannte von mir unternahm eine 900 Kilometer lange Radtour, um Geld für das Gedenken an einen Freund, der an Aids gestorben war, zu sammeln. Das Fundraising selbst hatte sie mehr geschreckt als die körperliche Herausforderung der vielen Kilometer, die sie an sieben Tagen bewältigen wollte. Doch schon bald stellte sich heraus, dass es keine Mühe bereitete, Geld zu sammeln – es ging wie von alleine, denn auch viele andere hatten ihren Freund geschätzt. Sie wurde zu einer der besten Fundraiserinnen des Jahres, und als sie in der glühenden Sonne die Ziellinie durchfuhr, wartete dort ihre ganze Familie nebst einigen der Spender, um ihr Beifall zu zollen. Alle hatten etwas zu feiern: ihre Leistung, die lange Strecke geschafft zu haben, die Monate des Trainings, die ihr vorausgegangen waren, die Großzügigkeit, die sie zusammengeführt hatte, oder die Gelegenheit, den verstorbenen Freund zu ehren und sich an ihn zu erinnern.

Der Buddhismus hat einen Ausdruck für die Freude geprägt, die wir empfinden, wenn jemand Erfolg hat oder glücklich ist: Mitfreude. Wir stehen auf und jubeln, wenn ein Teenager nach einigen Mühen den Schulabschluss schafft. Bei der Hochzeit von Freunden tanzen wir bis spät in die Nacht. In anderen Fällen kann sich Mitfreude in der Erleichterung zeigen, wenn etwa ein kranker Freund nach einer entscheidenden Untersuchung einen Befund erhält, der zeigt, dass es aufwärtsgeht. Auch wenn es dann noch zu Komplikationen kommen könnte, feiern wir erst einmal einen dieser Lichtblicke, die unsere Leben zusammenhalten.

All dies sind Momente, in denen wir uns ganz natürlicherweise mitfreuen. Doch in der Komplexität einer Beziehung, mit all ihren unausgesprochenen Vergleichen und persönlichen Enttäuschungen, kommt es vor, dass das Herz angesichts eines Erfolgs des anderen nicht so leicht einen Satz macht.

Nach meinem Vortrag über Mitfreude bat mich unlängst eine Frau, die ich bereits kannte, um ein persönliches Gespräch. Als wir uns zusammensetzten, beichtete sie mir, dass sie sich entsetzlich schuldig fühlte, da sie wegen der unmittelbar bevorstehenden Heirat ihrer besten Freundin so aufgebracht war, dass sie nachts kaum noch schlafen konnte. »Ich weiß, ich sollte mich für sie freuen«, erklärte sie, »aber ich selbst hatte seit drei Jahren keine Beziehung, und jedes Mal, wenn ich sie sehe, ist es, als streue man mir Salz in meine offenen Wunden. Natürlich bin ich ihr weiter wichtig, aber die Tatsache, dass wir beide keinen Partner hatten, machte einen großen Teil unserer Verbindung aus. Wir waren unsere gegenseitige Samstagabend-Verabredung. Ich weiß, es ist verrückt und irrational, aber irgendwie denke ich, dass ich nie einen Freund finde, weil sie es geschafft hat. Sie hat mich gebeten, ihre Trauzeugin zu sein, aber ich weiß nicht, wie ich es schaffen soll, an ihrem großen Tag hinter ihr zum Altar zu schreiten.«

Häufig reagieren wir auf Grundlage von Gefühlen des Mangels, so als seien Liebe und Erfolg rationiert. Unsere individualistische Gesellschaft stärkt den Glauben, wir seien in dieser Welt auf uns selbst gestellt und müssten uns für jedes Häppchen, das wir ergattern möchten, vordrängeln. Wenn wir der Ansicht sind, dass es nicht genug für alle gibt, halten wir uns umso mehr an dem fest, was uns gehört, und reagieren mit Missgunst, wenn wir erfahren, dass jemand etwas bekommt, das auch wir gerne hätten. Dabei können wir durchaus, wie die Frau, deren Freundin heiratete, erkennen, dass solche Gefühle irrational sind. Vielleicht ist es uns sogar möglich, ihre Ursache bis in unsere Kindheit zurückzuverfolgen. Doch deswegen machen wir angesichts des Glücks der Freundin oder des Freundes nicht unbedingt Freudensprünge.

Die Blockaden ausmachen

Vor Jahren pflegte ich, dem harten Winter der Ostküste zu entfliehen und die kalte Jahreszeit in Kalifornien zu verbringen. An einem Tag im März, als ich gerade drauf und dran war, zurückzukehren, wurde New York von einem gewaltigen Schneesturm heimgesucht, und daher beschloss ich, meine Heimreise zu verschieben. Da ich bei meinem Hausarzt bereits einen Termin ausgemacht hatte, rief ich in seiner Praxis an, um diesen abzusagen. Die Arzthelferin konnte mich kaum verstehen und fragte, ob die Verbindung schlechter werde.

»Nein«, antwortete ich. »Das liegt daran, dass ich gerade am Strand von Malibu entlangspaziere und die Wellen meine Stimme übertönen.« – »Sie sind am Strand in Malibu?« erwiderte sie. »Ich hasse Sie!«

Natürlich sagte sie das im Spaß, aber es war einer jener Scherze, die eher wie eine kalte Dusche wirken. Wir teilten beide den Wunsch, dem kalten Winter in New York zu entfliehen, aber jetzt war es wie ein Nullsummenspiel: Weil ich das Vorhaben umgesetzt hatte, fühlte sie sich deprimiert. Wenn wir uns auf den Wunsch fixieren, etwas zu bekommen, das andere haben und wir nicht, sind Neid und Eifersucht vorprogrammiert.

Für den umgekehrten Fall gibt es im Deutschen sogar ein eigenes Wort, das wir ins Englische übernommen haben: Schadenfreude. Es ist das Pendant davon, angesichts des Erfolgs von anderen zu denken: »Ach, wenn bei ihnen etwas weniger gut klappen würde, ginge es mir schon viel besser.«

Eine Freundin erzählte mir unlängst, dass sie dazu neige, immer nur die besten Seiten der anderen mit sich zu vergleichen. Wenn sie an Amanda dachte, dachte sie nicht daran, wie schrecklich sie kochte, sondern daran, wie perfekt sie die Asanas im Yoga hielt. Dachte sie an Susan, kam ihr nicht ihr chaotischer Haushalt in den Sinn, sondern deren gehobene Position bei der Arbeit. Wenn wir uns unvollständig fühlen, wenn wir uns nicht darauf konzentrieren, was wir haben, sondern darauf, was uns fehlt, und besonders, wenn wir uns nicht wirklich geliebt fühlen, sollten wir hinsichtlich unserer Tendenzen von Neid und Eifersucht besonders achtsam sein.

Einst leitete ich gemeinsam mit meinem Freund Krishna Das, der Menschen im Chanten hinduistischer Lieder der Hingabe anleitet, und einem Yoga-Lehrer ein Retreat. Wir Lehrer kamen wunderbar miteinander aus, aber es gab eine kleine Gruppe von Teilnehmern, die nicht gerne meditierten und deswegen auch mich nicht mochten. Die Yoga-Praxis löse lang gehaltene Spannungen im Körper, erklärte mir einer von ihnen. Das Singen erhebe ihn in einen Glückszustand. Die Meditation hingegen konfrontierte ihn mit seiner Ungeduld, seiner Selbstverurteilung und seinem wandernden Geist. Statt die Meditation als Gelegenheit zu sehen, angesichts all dieser Dinge eine liebevollere Einstellung sich selbst gegenüber zu entwickeln, war er verärgert und kam mit seinen Freunden, um sich zu beschweren.

An einem der Tage – ich war von dieser Ablehnung einfach geschwächt und hatte mich kurz hingelegt – wurde ich von lautem Klopfen geweckt. Ich öffnete die Tür, um eine junge Mitarbeiterin des Teams vorzufinden, die mir einen wunderschönen Blumenstrauß entgegenstreckte. Ich dachte mir: »Schließlich mag mich doch jemand!« Sie sagte: »Sie sind Krishna Das, oder?« Seufzend gab ich ihr den Strauß zurück und erwiderte: »Nein, der ist im Zimmer nebenan.«

Dies war natürlich ein fruchtbarer Boden für Eifersucht, aber glücklicherweise sind Krishna Das und ich alte und sehr gute Freunde. Lachend erzählte ich ihm anschließend die Geschichte und sagte zu ihm, dass ich hoffe, er habe sich über die Blumen gefreut. Und am nächsten Ort, an den ich reiste, fand ich in meinem Zimmer ein Dutzend Rosen von ihm vor.

Warum verschließt sich Ihr Herz?

Wo sind wir am verletzlichsten? Bei der Arbeit? In Beziehungen? Bezüglich unserer Finanzen? Machen wir dicht, wenn unser Partner befördert wird und anschließend mehr Geld nach Hause bringt als wir? Oder wenn unsere beste Freundin nach jahrelangen Versuchen endlich schwanger wird? Welche Gedanken, Emotionen und Körperwahrnehmungen begleiten dabei unsere Widerstände, uns am Glück der anderen zu freuen?

Ich kenne einige Schriftsteller und Künstler, die zugeben, mit schwierigen Gefühlen zu ringen zu haben, wenn ein Freund eine begehrte Auszeichnung erhält, einen Vertrag mit einem renommierten Verlag bekommt oder die *New York Times* einen begeisterten Artikel über ihn veröffentlicht. »Ich weiß, ich sollte mich mitfreuen«, pflegen sie dann zu sagen, »aber ihr Erfolg verunsichert mich – so als sei ich ihm nicht gewachsen.« Es kommt auch vor, dass sie gestehen, insgeheim erleichtert zu sein, wenn umgekehrt ein Freund eine schlechte Kritik bekommt oder von der Galerie seiner Träume verschmäht wird.

Aber, meine Güte, wie sehr können wir es ihnen übelnehmen, wenn wir sie glücklich sehen! Sie scheinen in besseren Restaurants als wir zu essen, haben ein Fitnessstudio-Abonnement, das sie auch wirklich nutzen, und ihre Kinder sind sicherlich die fotogensten des ganzen Planeten. Der vergleichende Geist kann sich im Übermaß in solche Phantasien hineinsteigern. *Wie kommt es, dass sie so glücklich ist und so viel Bewunderung erntet, während ich hier immer noch alleine mit meiner Katze lebe?* Ohne Zweifel übertreffen die mit Bedacht ausgewählten und geposteten Bilder der anderen unser ganz unsortiertes Leben, das wir offline führen.

Natürlich können wir auch schlechtgelaunt online gehen und alles, was dieser »Freund« dort feiert, schlechtmachen. Genau genommen ist es unter unserem Niveau oder eigentlich sogar lächerlich … Wenn wir Bilder eines Paares von der Reise nach Alaska anlässlich ihres fünfundzwanzigsten Hochzeitstages sehen, würdigen wir nicht ihre langjährige Verbindung zueinander und auch nicht ihren

Sinn für Abenteuer oder die Tatsache, dass sie die Mittel – Geld und Zeit – fanden, ihren Traum zu realisieren. *Ach, denken wir stattdessen, mir würde es gar keinen Spaß machen, mich auf einem Kreuzfahrtschiff zu langweilen. Ich würde verrückt werden.*

Wenn wir von unserem Leiden vollkommen absorbiert werden, ist es wirklich nicht einfach, Mitfreude zu empfinden. Dabei ist es eigentlich eine Praxis, die, auch wenn Sie durch schwierige Zeiten gehen, einiges bewirken kann. Als Erstes müssen Sie bezüglich dessen, was Sie tun können, realistisch sein. Lassen Sie all die »ich sollte« los, alle unrealistischen Ideale, die Sie sich aufzwingen, wie etwa: »Es sollte mir gutgehen beim Anblicke ihres Glücks.« Wir beginnen daher mit Mitgefühl uns selbst gegenüber und sind hinsichtlich unserer derzeitigen inneren Erfahrung sehr gütig und geduldig.

Selbst wenn wir hierbei in uns Ablehnung, Groll, Bitterkeit oder Eifersucht wahrnehmen, können wir unseren Wunsch, glücklich zu sein und uns frei zu fühlen, wertschätzen. Wenn eine Freundin von mir sich dabei ertappt, wie ihr Handeln von einer restriktiven und negativen Einstellung bestimmt wird, befreit sie sich davon oft, indem sie die Ablehnung oder den Neid offen ausspricht. Anschließend erklärt sie: »Ich umarme die Engherzigkeit in mir!« Die eigene Kleinlichkeit anzulachen ist weit wirkungsvoller, als sich deswegen zu maßregeln.

Je klarer wir die Situationen, in denen wir nicht in der Lage sind, wirklich an der Freude von jemand anderem teilzuhaben, sehen und akzeptieren und je mehr wir uns selbst fragen, ob diese Unfähigkeit unsere eigene Freude beeinträchtigt, umso mehr ebnen wir der Mitfreude den Weg.

Mit Mitfreude experimentieren

Wenn Radfahrer zusammen Rennen fahren, bilden sie eine Formation, die ungefähr wie ein V aussieht. Diese Formation anzuführen ist äußerst anstrengend, da alle anderen, die blind hinter dem Anführer oder der Anführerin herstrampeln, im Windschatten von seiner oder ihrer Kraft profitieren. Demgemäß wechseln sie sich bei der Spitzenposition untereinander ab, zumal der etwas größere Ruhm, den diese mit sich bringt, nicht der Mühe lohnt. Und so ist es auch mit der Mitfreude: Wenn wir unsere Herzen der Freude anderer öffnen, nehmen wir Teil an ihrem Glücklichsein und bekommen etwas davon ab. Wir wissen, dass es der normale Lauf der Dinge ist, irgendwann an der Spitze zu sein, und bis dahin können wir uns als Teil der »Formation« entspannen und unser Leben von dem beständigen Unterton der Schwingung der Freude der anderen nähren lassen.

Oft genug erzählt man uns, wir müssten uns mit Zynismus und Ironie wappnen, auf Distanz bleiben und Zeichen der Güte und Großzügigkeit misstrauen, da diese oft verlogen und durch Eigeninteresse motiviert seien. Es kostet einige Überwindung, sich auf das Experiment einzulassen, die Dinge auf andere Weise zu sehen.

Dies ist auch der Grund, warum Mitfreude eine Praxis ist; denn es braucht Zeit und Anstrengung, uns von der Geschichte des Mangels zu befreien, von der Idee, Glück sei das Resultat eines Wettkampfs, und der Angst, jemand anderes könnte alle verfügbare Freude an sich reißen, wenn wir nicht aufpassen. Wenn wir mit Mitfreude experimentieren, brechen wir aus der begrenzten Welt des individuellen Kampfes aus und sehen, dass es viel mehr Möglichkeiten gibt, Freude zu erleben, als wir es uns je hätten vorstellen können.

Freude zu Hause teilen

Die meisten von uns tun, was sie können, um einen Freund oder eine Freundin zu unterstützen, der oder die einen Schicksalsschlag erlitten hat, auch wenn unsere Anstrengungen manchmal fehlschlagen. Doch es gibt interessante Forschungsergebnisse, die besagen, dass es sogar noch wichtiger ist, wie wir auf gute Nachrichten reagieren.

Shelly Gable, Psychologieprofessorin an der University of California in Santa Barbara, studierte die Beziehungsmuster von Hunderten von Paaren, um herauszufinden, was eine Beziehung befruchtet. In einer Studie aus dem Jahr 2006 beschreiben sie und ihre Kollegen, dass es für Paare ein äußerst wichtiger Augenblick ist, wenn einer der beiden versucht, seine Begeisterung über gute Neuigkeiten zu teilen, wie etwa eine Beförderung, die Aufnahme an der medizinischen Fakultät oder die Verleihung einer Auszeichnung.[24]

Betrachten wir einen Fall, den meine Schriftstellerfreunde schätzen werden. Stellen Sie sich vor, Sie kommen nach Hause und erzählen Ihrem Partner: »Ich habe heute ein Angebot von einem Verlag bekommen, der mein Buch veröffentlichen will.« Wie würden Sie sich fühlen, wenn Sie als Antwort »Schön. Es wurde aber auch Zeit. Wie viel zahlen Sie dir?« zu hören bekämen? Oder: »Ich habe auch gute Neuigkeiten«, womit der andere dem für Sie so wichtigen Ereignis umgehend den Rücken kehren würde. Oder ein lockeres: »Das ist klasse, Liebling!«, bei dem sich die Augen Ihres Geliebten kaum vom Handy abwenden. Gable und ihre Kollegen haben solche Antworten gesammelt, um aufzuzeigen, wie viele Arten es gibt, Freude zu ersticken – und schlussendlich die Beziehung selbst zu untergraben.

Die großzügigere Antwort wäre selbstverständlich, Ihrem Partner oder Ihrer Partnerin die komplette Aufmerksamkeit zu schenken und für Sie beide die Freude zu verstärken: »Mensch, das ist großartig! Wirklich, du hast so hart dafür gearbeitet! Wann haben sie dich angerufen? Was haben sie gesagt? War es die Person, mit der du letzte Woche gesprochen hast?« Gable nennt das eine »aktiv konstruktive« Antwort, wobei der Partner in die Freude über die gute Nachricht einstimmt – und damit in den Prozess, der die Beziehung stärkt.

Gable untersuchte, wie sich die Beziehungen der an der Studie Beteiligten über die Jahre entwickelten. Sie stellte fest, dass die Reaktionen der Partner bezüglich guter Nachrichten noch bessere Indikatoren dafür waren, ob das Paar lange zusammenbleiben würde, als ihre Reaktionen auf schlechte Neuigkeiten. Vertrauen, Nähe, Zufriedenheit – alles baut auf der tagtäglichen Güte und Großzügigkeit der Mitfreude auf.

Der Kritiker bekommt Urlaub

Georgia kennt Dan, seit er im Gymnasium Saxophon zu spielen begann. Sie erinnert sich noch an die ersten klagenden Töne, die er dem Instrument entlockte, als er versuchte, seine Lippen um das Blättchen zu schließen, und auch daran, wie er sich später, als sich die jungen Frauen von seinen Instrumentalkünsten nicht so sehr beeindruckt zeigten, von seinen Rock-and-Roll-Träumen verabschiedete. Dan war schon über dreißig, als er nach der Trennung von seiner langjährigen Beziehung das Saxophon wieder in die Hand nahm. Er schaffte es, in eine Band aufgenommen zu werden. Georgia ist selbst seit Jahren Jazzfan, und sein

Spiel überzeugte ihr geschultes Ohr zwar nicht sonderlich, manchmal fand sie es sogar regelrecht schlecht, aber das hinderte sie nicht daran, trotzdem zu seinen Auftritten zu gehen. Sie sah, wie glücklich er war, wenn er auf der Bühne stand, besonders wenn Leute im Publikum tanzten, und sie mochte die fast kindliche Freude, die er nach dem Auftritt ausstrahlte.

»Ich wollte dabei sein und Zeugin sein, wie Dan sich einen Traum erfüllte«, erzählte mir Georgia mit einem Schmunzeln. »Und wenn wir einmal älter sind, kann ich ihn daran erinnern, wie er die Leute zum Tanzen brachte, und so all dies noch einmal teilen.« Auch wenn das vielleicht nur wie eine kleine Geste wirken mag, füllte Georgia damit aber doch den Raum zwischen ihnen mit Liebe und Großzügigkeit. Hätte sie sich stattdessen über Dans Traum lustig gemacht, sein Spiel kritisiert oder die Band mit einer verglichen, die ihr besser gefiel, wäre dieser gütige Raum ihren Wertungen und ihrem Perfektionismus zum Opfer gefallen. Stattdessen stellte Georgia ihre eigene Sachkenntnis hintan, denn sie kannte Dan gut genug, um zu wissen, dass er eine Freundin und keinen Coach brauchte.

Um das Leben eines anderen zu feiern, müssen wir Wege finden, ihm direkt und auf Augenhöhe zu begegnen, statt voller Urteile auf ihn herab- oder voller Neid zu ihm hinaufzuschauen. Wenn wir unglücklich sind, liegt das nicht daran, dass ein anderer glücklich ist, sondern daran, dass wir uns durch unsere eigene Negativität isolieren. Wenn wir mit uns selbst zufrieden sind, zeigt sich uns die Ganzheit im Leben anderer im Licht der Mitfreude, und so können wir ihre Triumphe am besten mit einem ehrlichen und kräftigen Beifall begrüßen.

Übungen zu Kapitel 17

Die Wurzeln der Mitfreude

Die Praxis der Mitfreude wurzelt in der eigenen inneren Entwicklung. Es geht dabei nicht darum, Techniken zu erlernen, um beliebt und einflussreich zu werden. Stattdessen schaffen wir die Grundlagen für unsere eigene Freude. Wenn wir selbst genug haben, fällt es uns leichter, mit anderen zu teilen.

Bevor wir mit der eigentlichen Praxis beginnen, möchte ich Ihnen einige Punkte nennen, bei denen sie uns weiterhilft:

1. Wir nähren unser Gefühl, mit einem größeren Ganzen verbunden zu sein, und bemerken, dass das Ganze nur so gesund ist wie sein kleinster Teil. Ich wurde beispielsweise einmal Zeugin eines Gespräches, das eine Frau aus meiner Nachbarschaft mit einer Obdachlosen, die häufig in unserer Ecke vorbeikam, führte: »Mein Winter war schrecklich«, sagte sie. »Ich hatte eine langwierige Lungenentzündung. Doch jetzt, da der Frühling kommt, geht es mir sehr viel besser, und ich möchte diese Freude mit Ihnen teilen.« Dabei drückte sie der anderen Frau einige Banknoten in die Hand.

2. Wir werden uns unseres Reichtums gewahr. Das ist die Basis von Großzügigkeit. Als ich in Burma studierte, sah ich, dass selbst die ärmsten Menschen freigiebig den Meditierenden kleine Essensgaben darbrachten, und so schenkten sie auch uns etwas und zeigten offen ihre Freude, uns essen zu sehen. Geben machte sie größer. Doch wir haben nicht nur materielle Dinge zu geben, sondern können auch unsere Aufmerksamkeit, unsere Energie und unsere Wertschätzung schenken.

3. Wir lernen, die Momente zu entdecken, die uns – und andere – glücklich machen können. Der große Lehrer Munindra, bei dem ich in Burma studierte, wurde ab und an gefragt, warum er Achtsamkeit praktiziere. Seine Antwort an diesem Tag (denn er pflegte unterschiedlich darauf zu antworten) war: »Damit ich, wenn ich die Straße entlanggehe, nicht die kleinen violetten Blumen am Wegesrand übersehe.«

Auch wenn sich die Praxis der Mitfreude hervorragend eignet, um sie in unserem täglichen Leben anzuwenden, kann man sie ebenfalls in einer formelleren Meditation praktizieren. Die Meditation der Mitfreude ähnelt in ihrer Struktur der Liebende-Güte-Meditation, auch wenn sich die Sätze unterscheiden. Sie können Formulierungen ausprobieren wie: »Mögen deine Freude und dein Glück stärker werden.« Wir beginnen damit, diesen Wunsch erst einmal einer Person zu schenken, der es in einem Bereich ihres Lebens gutgeht, und dies kann ein Bereich sein, in dem wir selbst möglicherweise gerne erfolgreicher wären. Wir überspringen in dieser Meditation die guten Wünsche für uns selbst, denn hier geht es schließlich darum, uns mit dem Glück der anderen mitzufreuen. Anschließend können wir die Übung mit anderen Menschen aus unserem Leben, die Freude und Glück erfahren, wiederholen oder aber einfach bei der ersten Person bleiben.

Je länger und tiefer wir Mitfreude praktizieren, desto deutlicher erkennen wir, dass das Glück der anderen, an dem wir uns erfreuen, von unserem eigenen untrennbar ist.

18 Vergebung und Aussöhnung

Das ist die Welt, in der ich leben möchte:
die Welt des Teilens.[25]
— Naomi Shihab Nye —

Ein Mann namens Carlos erzählte mir: »Nach zwei Scheidungen und mehreren schmerzhaften Trennungen fand ich endlich meine Traumfrau. Sie vereint in sich alles, was ich mir wünsche. Doch ich war inzwischen Beziehungen gegenüber zynisch geworden und trug viel Ablehnung, Ärger und Anschuldigungen gegen meine früheren Partnerinnen in mir. Dies hinderte mich anfangs daran, mich voll auf die neue Beziehung einzulassen, obwohl ich mich wirklich darauf einlassen wollte.

Ich beschloss, in meiner Meditation das Verzeihen zu üben. Meine Sitzungen drehten sich darum, meine alten Beziehungen klarer zu sehen. Zuerst bemerkte ich keine besondere Veränderung, bis es eines Tages während einer längeren Reise im Flugzeug zu einem Durchbruch kam. Auf den leeren Seiten am Ende eines Buches, das ich gerade las, schrieb ich eine Chronologie meines Lebens nieder. Auf der einen Seite notierte ich all die leidvollen Beziehungen und daneben all die Lebensereignisse, die ich als Erfolg ansah.

Mir wurde klar, dass, wollte ich mich vom alten Ballast befreien, ich ehrlicher über das Ende einiger dieser Beziehungen trauern musste. Bei einer der ehemaligen Partnerinnen konnte ich beobachten, wie sich mein Groll, einmal vollkommen anerkannt, in ein Gefühl der Dankbarkeit für ihren Beitrag zu meinem Leben verwandelte. Bei einer anderen kam mein größtes Bedauern – und meine Entschlossenheit loszulassen – daher, dass ich sah, wie viel Raum diese Frau (obwohl sie schon lange aus meinem Leben verschwunden war) noch immer – und völlig mietfrei – in meinem Geist in Beschlag nahm. Ich staunte!

Als ich die Beziehungen und die erfolgreichen Lebensereignisse so nebeneinander sah, verstand ich, wie eng sie möglicherweise miteinander zusammenhingen. Jede Beziehung und jede Partnerin hatten mir offenbar geholfen, mich im jeweiligen Lebensabschnitt weiterzuentwickeln. In diesem Augenblick öffneten das Verzeihen und die Dankbarkeit für mein Leben in seiner Gesamtheit mein Herz, und so konnte ich meine neue Partnerin gänzlich annehmen. Ich heiratete sie bald darauf und liebe sie nach wie vor zutiefst.«

Wenn wir jemandem vergeben, heißt das nicht, dass wir uns weismachen, der oder die Betreffende habe uns nicht geschadet oder uns keine Schmerzen zugefügt. Wir sehen deutlich, was war, doch wir sehen auch, dass es nur Ärger und Trauer bringt, wenn wir uns auf diese schlechten Erinnerungen fixieren, schließlich halten sie uns davon ab, die Liebe und die Freude, die jetzt verfügbar sind, voll zu genießen. Verzeihen ist der Weg, auf dem wir uns aus dem Würgegriff, mit dem langgehegter Groll unsere Herzen verschließt, befreien können.

In nahen Beziehungen wirklich zu verzeihen ist jedoch nie einfach. Man kann es nicht forcieren oder künstlich herbeiführen. Der Stachel der Verteidigung, den wir oft genug ausfahren, sobald uns jemand rät »zu vergeben und zu vergessen«, zeigt nur allzu deutlich, wie tief das Leiden in uns vergraben liegt. Und auch wenn die Menschen, die uns solche Dinge raten, sicher gute Absichten hegen, ist es unmöglich, auf Kommando zu verzeihen. Denn auf Befehl unsere Gefühle zu leugnen, kann nicht heilend sein. Wenn man uns sagt, wir sollten unsere echten Gefühle der Verletztheit und des Ärgers einfach loslassen, führt dies unter Umständen nur dazu, dass wir uns nur noch mehr auf unseren Schmerz versteifen und auf unser Recht, ihn weiterhin zu spüren.

Vergeben ist ein Prozess

Für diejenigen, die ganz akut und aktuell eine Verletzung spüren, ist der Schmerz kein Ding der Vergangenheit. Die Wunde ist noch frisch. Die Erinnerung an die betreffende Erfahrung ergreift regelrecht den gesamten Körper und unterwandert unsere Gedanken. Um nicht mehr länger vom Ärger und von den Verletzungen, die wir erfahren haben, bestimmt zu werden, müssen wir als Erstes die schmerzhaften Dinge, die uns widerfahren sind, anerkennen. Wir können die Vergangenheit nicht ändern, aber wir können um das Verlorene trauern.

Um zu verzeihen, ist es hilfreich, offen genug zu sein, den Kontext und die Umstände, in denen die Ereignisse geschahen, zu erkunden und für alle Beteiligten Mitgefühl zu entwickeln, angefangen mit uns selbst. Trauer hilft uns, die Illusion zu überwinden, die Vergangenheit hätte anders verlaufen können. Die Entscheidung, ob wir verzeihen oder nicht, liegt ausschließlich in unserer Hand, und der gesamte damit verbundene Prozess braucht Zeit, Geduld und die entsprechende Absicht.

Michelle, eine meiner Schülerinnen, brauchte Jahre, um sich durch eine Konstellation schwieriger Gefühle hindurchzuarbeiten, bis sie schließlich in der Lage war, ihrem Ex-Mann zu verzeihen. »Mein jetziger Ex-Mann und ich hatten eine unerträglich schmerzhafte und chaotische Trennung«, erinnert sie sich. »Die Not, die Verzweiflung, der Ärger und die Gefühle des Verlusts gingen uns durch Mark und Bein und waren ausgesprochen kräftezehrend. Die ersten sechs Monate nach der Trennung sprachen wir nur miteinander, wenn es die Übergabe der drei Kinder zu regeln galt. In diesem Klima des Ärgers und des Vermeidens schien es keinen Weg zu geben, miteinander Frieden zu finden.«

In der Hoffnung, sich von dieser »vergiftenden« Energie, die sie noch immer vereinnahmte, zu befreien, nahm Michelle einige Jahre nach der Trennung an einem Meditationsretreat teil. »Als Erstes musste ich verzeihen und die Vergangenheit loslassen sowie Mitgefühl für mich, für ihn und schließlich für uns beide kultivieren«, sagt sie. »Ich schrie und weinte viel. Danach war ich erschöpft, fühlte mich aber kaum besser.«

Erst auf dem Weg nach Hause kam die große Überraschung: Als sie bei ihrem Ex-Mann haltmachte, um die Kinder abzuholen, nahm dieser sie ruhig beiseite und sagte: »Ich habe mir überlegt, dass ich über unsere Beziehung hinwegkommen muss. Ich möchte nicht zu einem dieser verbitterten, ärgerlichen Menschen werden, die mit achtzig Jahren noch immer über Dinge klagen, die in der Vergangenheit passiert sind. Wir haben drei Kinder zusammen. Die Dinge, die wir aneinander mochten und liebten, sind immer noch da, vielleicht können wir darauf ja aufbauen.«

»Wenn man bedenkt, dass wir damals kaum miteinander sprachen«, so Michelle heute, »kann man sich vorstellen, dass es mir schwerfällt zu beschreiben, welch tiefe Erfahrung dies für mich war. Ich erlebte das erste Mal in meinem Leben, dass man Bewusstsein auch ohne direkte Kommunikation teilt – ein vages Gefühl, dass mein innerer Prozess irgendwie auch Teil seines Bewusstseins war. Wie auch immer, es war ein Anfang, und wir machten nach und nach kleine Schritte.«

Heute, so berichtet Michelle, sind die beiden gute Freunde. Unlängst beschlossen sie, es wäre besser, wenn die Kinder die ganze Zeit im selben Haus bleiben könnten, und so mieteten sie gemeinsam ein anderes Haus, in dem sie nun beide abwechselnd wohnen. »Das läuft vollkommen reibungslos«, sagt sie und fügt hinzu: »Wir genießen unsere Freundschaft und unsere gemeinsame Elternschaft. Wir lachen zusammen, wir beklagen uns gemeinsam, wir unterstützen uns in unseren jeweiligen Zielen und Erfahrungen – und die umfassen auch unsere jeweiligen romantischen Abenteuer.

Wir beide blickten durch die Schichten der Vergangenheit und der Schmerzen. Was wir fanden, war etwas Größeres, das wir beide teilen, und das kultivierten wir«, schließt sie. »Das ist Liebe.«

Vergeben bedeutet *nicht* vergessen

Wir alle kennen den Ausdruck »vergeben und vergessen«. Leider vermittelt er den Eindruck, es sei eine leichte Sache, das Leid, das uns von anderen zugefügt wurde, zu verarbeiten. Wenn uns jemand hierzu auffordert, beinhaltet das den unausgesprochenen Imperativ, der Verzeihen zu einer Verpflichtung macht. Dies impliziert, dass wir, um zu heilen, das Geschehene verleugnen müssten und es vermeiden sollten, uns das Leiden anzuschauen, das wir erfahren haben.

Aber selbstverständlich ist Verzeihen ein Prozess und obendrein ein zugegebenermaßen schwieriger, der sich anfühlen kann wie eine drastische spirituelle Praxis. Wir können uns nicht zwingen, von einem Moment auf den anderen zu vergessen – und beim Verzeihen folgt jeder seinem eigenen Rhythmus, der obendrein von den jeweiligen Umständen abhängt. Was wir hingegen tun können, ist für uns selbst Raum für das Verzeihen zu schaffen – und uns paradoxerweise am Anfang auch zu erlauben, mit unseren Gefühlen der Wut und des Leids zu ringen. Wenn wir erst einmal mit unseren Gefühlen ehrlich sind, können wir mit schmerzvollen Situationen anders umgehen und verstehen, dass es durchaus ein Akt des Mitgefühl uns selbst gegenüber sein kann, unser Festhalten an Ärger und Ablehnung loszulassen.

Um verzeihen zu können, ist es oft wichtig, zu erzählen und zu akzeptieren, was geschehen ist und wie wir uns dabei fühlten. Tun wir dies nicht, leben wir in einer manchmal aus Täuschung gewobenen künstlichen Welt, in der unsere Entwicklung mit der Zeit erstarrt.

Ich habe eine Freundin, die der Überzeugung ist, ihre Scheidung sei hauptsächlich der Tatsache geschuldet, dass sie nach dem Tod der Eltern ihres Mannes die harte Wahrheit über seine Kindheit ansprach, die er selbst als perfekt und idyllisch verklärte. »Aber du musstest deine Eltern doch jeden Abend ins Bett bringen, weil sie betrunken waren«, widersprach sie ihm, »und bist wegen der Schwierigkeiten mit ihnen vom College abgegangen.« Ihre Worte untergruben die Version seiner Geschichte, die seinem Bedürfnis nach einer rosigeren Vergangenheit entsprach – einem Bedürfnis, das stärker war als ihre Liebe füreinander und das ihn daran hinderte, seine Liebe zu leben, ohne den Stachel seiner zerbrochenen Träume zu verleugnen. Da er sich gegen jegliche Aufarbeitung sträubte, konnte er überdies seinen Eltern nicht verzeihen.

Manchmal stellt die Konfrontation mit der Realität die größte Herausforderung für eine liebevolle Beziehung dar. Wenn unsere alten Geschichten und Träume zu zerbrechen drohen, reagieren wir unter Umständen erst einmal mit Widerstand, leugnen alles oder halten an unserer Version dessen, was uns widerfahren ist, fest. Doch wenn wir uns aus dem Griff der Täuschung lösen, beginnt oft eine zarte Vergebung den Raum einzunehmen, und mit ihr wächst das Potenzial, eine neue und andere Art der Liebe zu leben.

Helen Whitney, Regisseurin des Films *Forgiveness* (Vergebung) sagte einmal: »Wir sprechen über das Verzeihen so, als sei es eine Sache. Doch eigentlich ist es stimmiger, wenn wir von Vergebungen sprechen. Es gibt so viele Arten zu verzeihen, wie es Menschen gibt, denen man vergeben sollte.« Mit anderen Worten: Es gibt unzählige Situationen, in denen wir verzeihen können. Hingegen zu glauben, Verzeihen bestünde in einer einzigen Entscheidung – die noch dazu ausschließlich vom Imperativ, die Sache hinter sich zu lassen und zu vergessen, motiviert ist –, kann sogar noch mehr zerstören als der ursprüngliche Ärger. Verzeihen als facettenreichen und kontinuierlichen Prozess zu verstehen, der von den jeweiligen Umständen abhängig ist, öffnet uns für das Verständnis, dass wir bei der Lösung eines Konflikts auf unsere Bedürfnisse Rücksicht nehmen müssen. Wir können nicht einfach nur »vergessen und vergeben«, und das sollten wir auch nicht.[26]

Nur wenn wir verstehen, dass es viele Arten des Verzeihens gibt, können wir diese auch erkunden und sehen, was wir vergeben sollten. Wenn wir unserem Schmerz und unserem Leid – genauso wie dem Schmerz und Leid aller anderen Beteiligten – Liebe, Verständnis und Akzeptanz entgegenbringen, können wir im Lauf der Zeit unseren Ärger loslassen, selbst wenn unsere Verletzung bis ins Mark geht. Doch das bedeutet nicht, dass wir vergessen, was geschehen ist.

Eine meiner Schülerinnen wurde vor ihrem achten Lebensjahr von ihrem Vater missbraucht. Er wurde anschließend verhaftet und inhaftiert. Die ganzen Jahre hatte sie keinen Kontakt mit ihm. Doch kürzlich begann die heute Erwachsene sich ernsthaft zu überlegen, ob sie ihn nicht besuchen sollte. Bei einem persönlichen Gespräch mit mir fragte sie mich, ob ich der Meinung sei, dass ein solches Treffen für ihren Heilungsprozess nötig sei. Bereits die bloße Vorstellung schreckte sie, doch gleichzeitig dachte sie, es sei ein unverzichtbarer und notwendiger Schritt auf ihrem Weg der Heilung. Ich sagte ihr, meiner Meinung nach solle sie sich dazu nicht verpflichtet oder gezwungen fühlen.

Konfrontation mag für manche richtig sein, für andere ist sie es nicht. Allein die Person, die verletzt wurde, weiß, was für sie angemessen ist – und es kann sehr lange dauern, diesbezüglich Klarheit zu erlangen. Im Fall meiner Schülerin gab es einige Gründe dafür, zu denken, es sei nötig, sich direkt mit ihrem Vater zu konfrontieren. Vielleicht wollte sie spüren, dass sie heute die Situation im Griff hat, oder aus erster Hand erfahren, dass das kleine Kind in ihr nicht für das Geschehene verantwortlich war: Da ihr Vater eingesperrt worden war, hatte sie eventuell in einem gewissen Maß auch Schuldgefühle wegen seines Leids.

Alles in allem sollte sich allerdings niemand dazu gedrängt fühlen, denjenigen zu treffen, von dem der Missbrauch ausging. Es gibt viele Wege zur Heilung, und es gibt kein Rezept, das bei allen wirkt. Manche schicken dem Menschen, von dem sie missbraucht wurden, Briefe, während andere Briefe schreiben, sie dann aber verbrennen. Wieder andere gehen die Situation einer Konfrontation lieber gemeinsam mit einem Therapeuten oder einem guten Freund in einem Rollenspiel durch.

Verzeihen ist ein persönlicher Prozess, bei dem es keines direkten Kontakts mit den Menschen, die uns verletzt haben, bedarf. Wir müssen sie nicht auf einen Kaffee treffen oder sie zum Abendessen einladen. Es ist nicht nötig, mit ihnen etwas zu tun zu haben.

Dies zu verstehen, war für Marjorie eine große Erleichterung. Nach einem meiner Vorträge beschrieb sie mir, wie ihr die Praxis der Liebenden Güte geholfen hatte, einer ehemals engen Freundin zu verzeihen, die ihr einen erbarmungslosen und vernichtenden Brief geschrieben hatte. Gleichzeitig war es für Marjorie ebenso wichtig, dass sie dank der Praxis des Selbstmitgefühls in der Lage war, die Freundin *nicht* wieder in ihr heutiges Leben hineinzulassen.

Einige Jahre zuvor hatte ihre Tochter, damals noch ein Teenager, einen Selbstmordversuch unternommen und war anschließend in eine psychiatrische Klinik gekommen. Marjories Freundin, über viele Jahre ihre engste Vertraute, war auch ein wichtiger Mensch im Leben ihrer Kinder. Schon bald nach dem Selbstmordversuch schrieb ihr die Freundin den Brief, in dem sie Marjorie für die Probleme der Tochter verantwortlich machte. Sie bemängelte ihren Erziehungsstil, ihre Leistungen bei der Arbeit – und sogar die Art, wie sie andere umarmte. Zu einer Zeit, als Marjorie am meisten Güte und Mitgefühl benötigt hätte, verursachte die Freundin ihr sogar noch zusätzliches Leid! Nach einem kurzen, aber intensiven Gespräch brachen die beiden den Kontakt miteinander ab.

Sechs Jahre später, Marjories Tochter, inzwischen eine erfolgreiche College-Studentin, ging es wieder gut, schrieb ihr die ehemalige Freundin eine E-Mail. Schon allein den Namen in ihrem Posteingang zu sehen, ließ Marjories Blutdruck schlagartig in die Höhe schnellen. Sich vor Ärger sträubend öffnete sie die Nachricht, in der sie weitere verletzende Bemerkungen erwartete. Zu ihrem Erstaunen las sie jedoch, wie sehr ihre Freundin sie vermisse und wie leid ihr die damaligen Äußerungen täten. Statt sie versöhnlich zu stimmen, machten die Zeilen Marjorie im Gegenteil nur noch wütender: Wie konnte diese Person die Dreistigkeit besitzen, sie nach all dem Leid, das sie ihr zugefügt hatte, um Vergebung zu bitten?

In den darauffolgenden Wochen kamen Marjorie allerdings Erinnerungen daran, wie nah die Freundin ihrer Tochter gewesen war und welch besondere Zeit sie miteinander geteilt hatten. Sie berücksichtigte nun, dass ihre Freundin, die selbst keine Kinder hatte, die Krise ihrer Tochter fast genauso intensiv erlebt hatte wie Marjorie selbst. Nach und nach ließ sie es zu, dass sich die Ereignisse in ihrer ganzen Komplexität zeigten. Ihr Groll flaute ab. Sie rückte ihre alte Freundin ins Zentrum ihrer Liebende-Güte-Meditation. Marjorie wünschte ihr alles Gute und viel Erfolg.

Gleichzeitig war sie noch nicht bereit, die Frau wieder in ihr Leben zu lassen. Sie wusste, dass sie nicht mehr genug Vertrauen in sie hatte, um wie früher ihre persönlichen Geheimnisse mit ihr zu teilen. Einen Monat später antwortete ihr Marjorie, bedankte sich für die E-Mail und fügte hinzu: »Wisse, dass ich Dir gänzlich verzeihe und Dir gegenüber keine schlechten Gefühle mehr hege. Ich wünsche Dir alles

Gute. Verzeihen gibt uns beiden die Freiheit, weiterzugehen.«

Letzten Endes vergeben wir anderen, um uns selbst von
der Last der Erinnerungen zu befreien. Das, was wir im
Herzen tragen, ist unser Bereich innerer Freiheit. Solange
wir alte Wunden und Ärger im Herzen hegen, leiden wir
weiter. Verzeihen hingegen erlaubt es uns, weiterzugehen.

Wie Marjorie können wir jemandem, der uns verletzt
hat, einerseits vergeben, uns andererseits jedoch dazu entscheiden, mit ihm keine neue Beziehung einzugehen. Es ist
nicht nötig, zu sagen: »Gut, ich bin darüber hinweggekom-
men, jetzt kannst du wieder mein bester Freund sein.« Wir
können einen Weg finden, zu vergeben, unser Herz zu befreien und schließlich zu erkennen: Das Leben ist größer,
wir sind größer und stärker als die Verletzung, die wir erlitten haben.

Bisweilen kann Verzeihen bittersüß sein. Es besteht aus
der Süße, sich von einer alten Geschichte, die uns Leiden
zufügt, zu befreien; es erinnert uns möglicherweise aber
gleichzeitig daran, dass sich im Lauf des Lebens selbst die
besten Beziehungen verändern. Ganz gleich, ob wir uns
entscheiden, den betreffenden Menschen wieder in unser
tägliches Leben einzuladen oder nicht, ist Verzeihen letzten Endes ein Weg, Frieden zu finden, und ein grundlegender Bestandteil der Liebe uns selbst und anderen gegenüber.

Alle in der Familie

Wir alle sind oder waren Söhne und Töchter. Im Idealfall
haben oder hatten wir herzliche und liebevolle Beziehungen zu unseren Eltern bzw. zu denen, die uns großgezogen

haben, fühlen uns gesehen und von ihnen bedingungslos geliebt. Wenn wir älter werden, respektieren sie unsere Entscheidungen, respektieren uns als diejenigen, die wir geworden sind.

Vielen von uns bot die Familie, aus der wir stammen, jedoch nicht den sicheren Hafen, den wir uns gewünscht hätten und den wir selber unseren Kindern bieten möchten. Wie häufig tragen wir die Narben aus frühen Erfahrungen ins Erwachsenenalter! Vom amerikanischen Theologen Frederick Buechner stammen die Worte: »Man kann seine Familie und Freunde hinter sich lassen und Kilometer Abstand zu ihnen halten, so oder so trägt man sie in seinem Herzen, seinem Geist oder seinem Bauch, denn man lebt nicht nur in der Welt, die Welt lebt auch in uns.«[27]

In meinem Fall bedurfte es vieler Jahre der Meditationspraxis, bis ich verstand, welch zentrale Rolle das Verzeihen dabei einnehmen würde, mit meiner Kindheit ins Reine zu kommen – mit dem plötzlichen Tod meiner Mutter, als ich neun Jahre alt war, dem Verschwinden meines Vaters, als ich vier war, und seinem Wiederauftauchen, gezeichnet von den Jahren seiner geistigen Erkrankung, als ich elf war. Auch wenn mich meine Eltern nie absichtlich im Stich gelassen haben, wurde ich von ihnen im Endeffekt verlassen, und dies empfand ich als grausame Zurückweisung.

Mir half vor allem ein Erlebnis, bei dem ich mich mit etwas Größerem verbunden fühlte, um mich für das Verzeihen zu öffnen. Ich praktizierte bereits seit Jahren, als in einem Retreat die Verzweiflung meiner Einsamkeit und die Angst, die ich als Kind erlebt hatte, aufstiegen und mich vollkommen erfüllten. Doch als ich so dasaß und versuchte, diese Empfindungen zu akzeptieren, verstand ich plötzlich gleichzeitig, dass egal, durch was ich bereits gegangen war, und ganz gleich, durch was ich noch gehen würde, ich zu einer Liebe fähig war, die groß genug war, alle Sorgen, alle Brüche und alle Zerrissenheit, die sich zeigen würden, zu halten.

Rilke schrieb: »Da dürfen Sie (…) nicht erschrecken, wenn eine Traurigkeit vor Ihnen sich aufhebt, so groß, wie Sie noch keine gesehen haben; wenn eine Unruhe, wie Licht und Wolkenschatten, über Ihre Hände geht und über all Ihr Tun. Sie müssen denken (…), dass das Leben Sie nicht vergessen hat.«[28]

Dieses Gefühl, vom Leben nicht vergessen worden zu sein, rüttelte mich auf. Dank dieser Einsicht verstand ich zutiefst, dass meine Eltern alles in ihrer Macht Stehende getan hätten, mich zu beschützen, dazu aber nicht in der Lage waren. Manchmal sind Eltern und Bezugspersonen aus Unwissenheit nicht fähig, zu schützen, manchmal aufgrund der Umstände, einer Krankheit, Abhängigkeit, der eigenen Geschichte von Missbrauch und Misshandlung oder manchmal auch einfach aufgrund von wirklich großem Pech. Aber ich erkannte, dass es Liebe in dieser Welt *gibt,* nicht eine, die ich geschaffen hätte oder die meinen Plänen entsprach, auch nicht die Liebe meiner Eltern, sondern eine ursprüngliche, natürliche, allgegenwärtige – wie auch immer man sie nennen mochte.

Dies war es, was mir die Kraft gab, mich nicht mehr so ärmlich und bedürftig zu fühlen und meine Mutter und meinen Vater nicht durch die Brille meiner Verlassenheit, sondern mit weit tieferem Mitgefühl und Verzeihen zu sehen.

Sich im Lauf der Zeit
für den Wandel öffnen

Ich kenne viele Erwachsene, die eine lange Geschichte von krampfhaften und konfliktreichen Beziehungen zu ihrer Mutter, ihrem Vater oder beiden haben. In manchen Fällen bleibt der Kontakt zwischen der jüngeren Generation und ihren Eltern über Jahrzehnte sporadisch und angespannt, wobei beide Seiten Bitterkeit und Groll empfinden. Mutter-Tochter-Beziehungen können besonders belastet und kompliziert sein. Solange sie sich erinnern kann, hatte meine Freundin Ellen zum Beispiel Schwierigkeiten mit ihrer Mutter Charlotte, die sie als ärgerlich, narzisstisch und ausgesprochen wertend empfand.

»Die meiste Zeit meines Lebens verhielt sie sich mir gegenüber so abwertend, dass ich über lange Zeiträume den Kontakt mit ihr abbrach«, berichtet Ellen. »Ich war ein Kind der wilden sechziger Jahre, und sie hat mich einfach nie verstanden. Selbst nachdem ich begonnen hatte, Liebende-Güte-Meditation zu praktizieren, konnte ich mein Herz ihr gegenüber nicht öffnen. Ich hielt mich, so gut ich konnte, von ihr fern.«

Schließlich griff allerdings das Leben ein. Kurz nach dem Tod ihres Mannes, Ellens Vater, stürzte Charlotte, die alleine in Florida lebte, und brach sich ihre Hüfte. Ellen hatte außer einem Bruder keine weiteren Geschwister, und dieser weigerte sich, sich zu engagieren. »Zuerst schien es mir wie ein Witz, dass ich mich um meine Mutter kümmern sollte, wie eine dieser verrückten karmischen Verwicklungen, die ich erheiternd gefunden hätte, wenn sie nicht mir selbst widerfahren wären«, erinnert sie sich. »Jede einzelne Zelle meines Körpers schrie ›nein!‹. Aber da war sie nun, neunzig Jahre alt, vollkommen alleine, mit einem Körper, der sie im Stich ließ. Ich kam nicht umhin, mich zu fragen: ›Auch wenn du für diese Frau keine Liebe empfindest, was für ein Mensch wärst du, wenn du ihr in einer solchen Situation einfach den Rücken zukehrtest?‹ Auch wenn sie mir eine lausige Mutter gewesen war, hatte sie mir doch das Leben geschenkt, und dafür war ich ihr dankbar.« Ellen organisierte, dass Charlotte in ein Altenheim, das ein paar Kilometer von ihrem Haus in Boston entfernt lag, umziehen konnte.

»Ich habe Freundinnen, die sich ihren Müttern, die ebenfalls schwierig waren, wieder angenähert hatten, doch ich hätte mir nie erträumt, dass es zwischen Charlotte und mir zu einer solchen Öffnung kommen könnte«, sagt Ellen heute. »Ich wollte nicht einmal, dass es dazu kommt. Ich wollte ihr nicht verzeihen, denn das hätte bedeutet, sie wieder in mein Leben zu lassen, und das schien zu gefährlich.«

Sie hätte sich in dieser Hinsicht keine Sorgen machen müssen, zumindest nicht am Anfang, denn Charlotte war wütend auf sie. Sie schrie Ellen an und nannte sie eine Tyrannin. Sie beschuldigte sie, sie ihrer Freiheit zu berauben und als Invalidin abzustempeln. Ein weiteres Mal wurde Ellen Zielscheibe von Charlottes Zorn. Und auch wenn sie tat, was zu tun war, sie zu den Ärzten begleitete, dafür sorgte, dass man sich gut um sie kümmerte, und sie anstandshalber besuchte, tat sie all das, wie sie erzählt, mit einem gebrochenen Herzen.

Die Psychologin Mary Pipher hat einmal gesagt, dass es in der Natur des Menschen liege, alle und alles, um die und das wir uns kümmern, zu lieben. Zu ihrer großen Überraschung erlebte Ellen genau das: Langsam, fast unmerklich, gab sie in den letzten Jahren, die ihrer Mutter blieben, ihre innere Aufseherin auf. In ihr wuchs ehrliche Liebe zu ihrer Mutter.

»Ich weiß nicht, ob es ihre zunehmende Gebrechlichkeit war und das Wissen, dass meine Mutter nicht ewig leben würde, oder meine fortwährende Praxis der Liebenden Güte, aber in uns beiden kam es zu einer entscheidenden Veränderung«, so Ellen. »Zum allersten Mal hatte ich das Gefühl, von meiner Mutter wirklich gesehen zu werden. Einige Wochen bevor sie starb, schrieb sie mir am Muttertag in einer Karte, wie sehr sie mich liebte. Sie bedankte sich dafür, dass ich mich so gut um sie kümmerte. Ich glaube, ich habe, seit ich sehr klein war, nie ihre tiefe Liebe gespürt.«

Als Charlotte im Sterben lag, fiel Ellen auf, dass sie ihre Mutter das ganze Leben lang nur in ihrer Beziehung zu sich, nie aber als eigenständigen Menschen gesehen hatte – nie als eine Frau, die ausgesprochen kreativ war und sich unerfüllt fühlte, da sie in einer Zeit aufgewachsen war, in der Frauen so wenig zugetraut wurde. »Als ich bei ihr saß und versuchte, nichts als präsent zu sein, löste sich alles auf, was uns getrennt hatte, und wir verziehen einander alles«, erklärt sie. »Zum Glück überwand ich meine anfänglichen Widerstände, mich um meine Mutter zu kümmern, denn es wäre furchtbar gewesen, wenn wir die Gelegenheit verpasst hätten, zueinanderzufinden. Schlussendlich waren Charlotte und ich – und das Mysterium des Lebens selbst – so viel größer als alle unsere Meinungsverschiedenheiten. Alles, was blieb, war Liebe.«

»Überholt euch nicht selbst!«

Unsere Beziehungen werden ebenfalls stark davon geprägt, wie weit wir dem Leben dafür verzeihen können, dass es ist, wie es ist, nämlich andauernd im Wandel begriffen und sich unserer Kontrolle entziehend. Selbst wenn wir im Bewusstsein leben, dass jeder Tag unser letzter sein kann, wollen wir es nicht wahrhaben: Es liegt in der menschlichen Natur, alles zu versuchen, um das Unvermeidliche abzuwenden. Unsere Widerstände dagegen zu akzeptieren, dass wir selbst und die, die wir lieben, eines Tages sterben werden, sind tief in uns verwurzelt und die Quelle von manchen unserer größten Leiden. Dennoch finden wir da, wo wir uns für die Wahrheit hinsichtlich unserer niederschmetterndsten Verluste öffnen können, Augenblicke unerwarteter Gnade.

Mary, eine New Yorker Schriftstellerin, und ihr Mann Jack, ein Fernsehproduzent, halten sich an den Satz: *Überhol dich nicht selbst!* »Auch wenn dies ziemlich einfach klingt«, überlegt sie, »sagen wir uns das andauernd. Ich weiß nicht, wie wir die sechsundvierzig Jahre ohne die ganz bewusste Entscheidung, nicht vorauszuschauen, zusammen hätten leben können, denn die Zukunft war allzu oft beängstigend.« Jack und Mary hatten sich im Alter von fünfunddreißig bzw. dreiundzwanzig Jahren kennengelernt. Ein Jahr danach und zwei Monate vor ihrer geplanten Hochzeit gingen sie wie so oft am Strand von Long Island surfen. Dabei näherte sich ihnen eine riesige Welle. Mary konnte gerade noch unter ihr durchtauchen, doch Jack wurde davon mitgerissen und mit voller Kraft ans Ufer geschleudert. Er brach sich einen Nackenwirbel, und die Ärzte erklärten, er werde nie wieder gehen können. Glücklicherweise irrten sie sich, und Jack konnte, zuerst mit Krücken und dann mit einem Stock, wieder alleine laufen. Doch noch Jahre später brauchte er eine Gehhilfe. Die Heirat fand schließlich ein Jahr später als ursprünglich geplant statt.

Heute sagt Mary: »Ich musste den alten Jack loslassen.

Ich liebte ihn noch immer, aber er war nicht derselbe Mann wie zuvor. In vieler Hinsicht prägte der Unfall unser Leben, aber gleichzeitig waren wir uns einig, es nicht zuzulassen, dass er uns zu sehr bestimmte.« Jack und Mary waren entschlossen, so weit es ging ein normales Leben zu leben. Sie zogen ihre beiden Töchter auf, machten große Reisen und arbeiteten hart in ihren jeweiligen Berufen. Über die Jahre wurden Jacks physische Beschwerden allerdings schlimmer und bestimmten zunehmend, was er zu tun in der Lage war. »Selbst als unser Leben so mehr eingeschränkt wurde, konnten wir beide uns dennoch stets ein gewisses Maß an Unabhängigkeit bewahren und das Glas als halb voll ansehen«, sagt Mary.

»Unser heutiges Leben gleicht der Meditation: Wir haben keine Erwartungen. Das bedeutet nicht, dass wir nicht manchmal auch deprimiert wären, denn natürlich ist das so. Aber dennoch würden wir nie mit einem Paar tauschen wollen, bei dem beide zwar körperlich unversehrt sind, aber nichts miteinander anfangen können. Wenn Jack und ich keinen so guten Austausch miteinander hätten und uns nicht so tief lieben würden, wäre das eine ganz andere Geschichte.«

Und sie fügt hinzu: »Drei Dinge haben bei alldem dazu beigetragen, dass ich relativ gesund geblieben bin: meine tägliche Meditationspraxis, Yoga und Therapie. Auch wenn Meditation nichts an der Tatsache ändert, dass die Situation nervig ist, hat sie mir doch die Fähigkeit gegeben, damit umzugehen und so gut es geht in der Gegenwart zu bleiben. Jack und ich wissen beide, dass wir nicht wissen, was vor uns liegt. Wir haben es nicht in der Hand. Wir müssen uns nur daran erinnern, uns daran zu erinnern.«

Übungen zu Kapitel 18

Meditation für Verzeihung

Die Meditation über das Verzeihen unterscheidet sich nicht sehr von den Praktiken der Liebenden Güte oder der Mitfreude, denn sie alle laden uns ein, unsere emotionalen Zuständen anzunehmen, ohne sie zu bewerten, und die Meditation als Anker für unsere Aufmerksamkeit zu nutzen: Diese Praxis erfordert Mut, weil wir uns dazu entschließen, unser Leiden oder die verletzenden Handlungen, denen wir ausgesetzt waren, nicht zu verleugnen.

Verzeihen ist keineswegs passiv, sondern eine aktive Geste, um Gefühle wie Ärger, Schuld und Ablehnung loszulassen, Gefühle, die uns schwächen, wenn wir uns darin verlieren. Verzeihen erfordert Gegenwärtigkeit, erfordert, uns in Erinnerung zu rufen, dass wir nicht unsere Gefühle sind, die wir in einer bestimmten Situation haben, genauso wenig wie der andere, dem wir geschadet haben bzw. der uns Übles antat, mit seinen Handlungen und Gefühlen identisch ist.

Üblicherweise gliedert man diese Meditation in drei Teile: Als Erstes bitten Sie diejenigen um Verzeihung, denen Sie geschadet haben, dann weiten Sie das Verzeihen auf jene aus, die Ihnen Leid zugefügt haben, und der letzte Schritt besteht im Selbstverzeihen, das wir immer dann anwenden, wenn wir uns mit den urteilenden Mustern unseres Geistes selbst schädigen.

1. Setzen Sie sich bequem hin und atmen Sie ganz natürlich. Beginnen Sie damit, leise (oder hörbar) für jene, denen Sie geschadet haben, Sätze des Verzeihens zu sprechen, wie

beispielsweise: »Wenn ich jemanden wissentlich oder aus Versehen verletzt oder geschadet habe, bitte ich ihn oder sie, mir zu verzeihen.«

2. Beachten Sie, was sich zeigt, wenn Sie einer Person Verzeihen schenken. Vielleicht stellen Sie fest, dass dies Erinnerungen an eine andere schwierige Situation oder Person auslöst. Unterdrücken Sie diese Gefühle oder Gedanken nicht – aber konzentrieren Sie sich weiterhin auf die Praxis und verlieren Sie sich nicht in Schuldgefühlen oder Selbstbeschuldigungen, weil Sie abgelenkt waren. Sollten solche Gedanken auftauchen, schicken Sie auch dorthin das Verzeihen.

3. Als Nächstes (nachdem Sie so viel Zeit, wie Sie wollen, mit dem ersten Teil der Kontemplation verbracht haben) können Sie damit beginnen, jenen Verzeihen zu schenken, die Ihnen geschadet haben: »Wenn irgendjemand mir weh getan oder mir geschadet hat, wissentlich oder aus Versehen, vergebe ich ihm oder ihr.«

4. Noch einmal: Über vergangene schmerzhafte Erfahrungen nachzudenken kann Emotionen heraufbeschwören. Wenn diese Gefühle, Bilder und Erinnerungen an die Oberfläche steigen, können Sie einfach sagen: »Ich vergebe euch.«

5. Zum Abschluss richten wir unsere Aufmerksamkeit auf das Verzeihen uns selbst gegenüber. Die meisten von uns kennen Selbstanschuldigungen – bei der Arbeit, in Beziehungen oder weil wir uns einfach gewohnheitsmäßig von Mustern des Perfektionismus bestimmen lassen. »Für all die Male, bei denen ich mich selbst verletzt oder mir geschadet habe, wissend oder aus Versehen, schenke ich mir Verzeihen.«

Raum schaffen

Eine meiner Schülerinnen erzählte mir, dass sie sich, wenn sie mit engen Freunden, Familienmitgliedern oder anderen Menschen, die ihr wichtig sind, streitet, häufig fragt: »Öffne ich mich, oder verschließe ich mich gerade?«

Für sie bedeutet »öffnen« in diesen Situationen, dass sie einen Dialog zulässt, die Perspektive des anderen verstehen möchte und auf eine Lösung zugeht, während »verschließen« im Gegenteil bedeutet, sich zurückzuziehen. Bei Rückzug muss ich immer daran denken, wie die New Yorker im Winter regelrecht ihren Körper zusammenziehen – die Schultern krümmen sich nach vorne und die Arme verkrampfen sich im Bestreben, warm zu bleiben. Es liegt in unserer Natur, uns zu »verschließen«, wenn wir uns schützen wollen.

Doch wie wir an Marjories Erzählung gesehen haben, kann es fruchtbar sein, um Schmerzen mehr Raum zu schaffen. Wenn wir uns angesichts des Schmerzes weit machen, können wir mehr spüren – beispielsweise wo genau der Schmerz in unserem Körper sitzt. Wir können uns sogar fragen, welche Rolle wir dabei hatten oder was im anderen Menschen vorging. Es ist eine Übung der Selbsterkundung. Gehen Sie die folgenden Fragen durch, die helfen können, während oder nach einem Konflikt mehr inneren Raum zu schaffen.

~ Wo spüre ich in meinem Körper Ärger? Trauer? Ablehnung? Schuld?

~ Wie wirkt es sich auf meine Emotionen aus, wenn ich versuche, meinen Körper zu entspannen?

~ Was weiß ich über die Erfahrungen der anderen Personen, die möglicherweise zu dem Konflikt beigetragen haben? Könnte etwas davon aus Verletzungen aus der Kindheit oder früheren Beziehungen herrühren?

- An welche meiner früheren Erfahrungen erinnert mich das? Was lernte ich beim letzten Mal?
- Wie würde ich anstelle der anderen Person bei diesem Gespräch reagieren? Wie würde sich meine Stimme anhören? Wie wäre meine Körpersprache?
- Was wäre geschehen, wenn ich mich anders ausgedrückt hätte? (Hier können Sie verschiedene andere Szenarien in Gedanken ausprobieren.)

Seien Sie sich bewusst, dass diese Fragen nicht dazu da sind, Sie in tiefes Grübeln und Bedauern über die Vergangenheit zu stürzen. Sehen Sie sie eher als eine Übung, mit der Sie Neugierde und Kreativität entwickeln können, als eine Möglichkeit, Raum zu schaffen und mehr Durchblick zu bekommen.

TEIL 3

EINFÜHRUNG:

Der umfassende Blick des Mitgefühls

In diesem letzten Teil geht es darum, zu lernen, sich bewusst zu werden, in wie vielen Situationen Liebe darauf wartet, zum Leben erweckt zu werden – die Liebe zwischen uns und all den anderen nah und fern, sei es bei der Begegnung mit einer Verkäuferin, die wir nur oberflächlich kennen, beim Zusammentreffen mit Fremden und sogar mit jenen, deren Verhalten uns zuwiderläuft. Wie wäre es, wenn wir diesen entfernteren und vielleicht scheinbar unbedeutenden Beziehungen mehr Aufmerksamkeit schenken würden?

Wenn wir gleichzeitig Liebe für uns selbst entwickeln, bewahrt uns dies davor, dass dieses Bestreben von seichtem Idealismus oder sogar Märtyrertum geprägt ist. Die Liebe, die wir füreinander empfinden, ist ein Übungsfeld des Gebens und Empfangens, eine andere Stärke, die wir in die Liebe für alle mit einschließen. Die Liebe, die wir allem Leben gegenüber entwickeln, hilft uns obendrein, eine Praxis für die Liebe zum Leben selbst zu entwickeln.

Ich habe eine gute Freundin, die mich immer, wenn ich darüber spreche, dass wir alle lieben sollten, anschaut, als sei ich verrückt. »Machst du Scherze?«, fragt sie dann. »Alle lieben? Mir fällt es schon schwer genug, meine Liebsten zu lieben! Und jetzt soll ich noch die lieben, die mir egal sind, ganz zu schweigen von jenen, die furchtbare Dinge tun?«

277

Ich verstehe ihren Einwand. Wir leben in einer Welt, die von Greueltaten geprägt ist, in der ganze Gruppen wegen ihrer Herkunft, Klasse, Religion, Nationalität, sexuellen Vorliebe und Geschlechtsidentität marginalisiert werden. Wie kann man sich da vorstellen, alle Menschen zu lieben? Und wie steht es um die wirklich schwierigen Leute in unserem täglichen Leben – der Kollege, der sich eine gute Idee von uns selbst auf seine Fahnen schreibt, der verschwenderische Verwandte, der uns immer bittet, ihm Geld zu leihen, oder der Nachbar, der unseren Baum gefällt hat?

Mich inspiriert die Perspektive, die mein Freund und Autorenkollege Jason Garner anbietet: »Manchmal mag es oberflächlich, naiv oder vielleicht sogar dumm erscheinen, über Liebe zu allen Wesen zu sprechen. Wenn wir uns in unserer Welt umschauen, mit all den Kriegen, Terroranschlägen, all den Menschen, die sich gegenseitig nur wegen ihrer Hautfarbe, ihrer Religion, ihres Geschlechts oder ihrer sexuellen Ausrichtung umbringen – all den Ereignissen, bei denen Lebewesen sich gegenseitig Leid zufügen –, wie können wir dann einen Raum der Liebe für alle bewahren? Aber genau das müssen wir tun ... Wir sind aufgefordert, eine Liebe zu praktizieren, die mutiger ist als all der Terror, den wir in unserer Welt sehen, denn sind wir nicht kühn genug in unserer Liebe, wird all der Hass siegen. Und es gibt nichts Dümmeres als das. Deswegen lieben wir einander und versuchen, selbst wenn es schier unmöglich erscheint, trotz ihrer hasserfüllten Handlungen die Menschlichkeit der Täter zu sehen. Wir finden unser Leid in den Leiden der Welt und wir treten all dem mit einer Liebe gegenüber, die ebenso intensiv ist wie die Zeiten, die wir gerade durchleben.«[1]

Das Bild vergrößern

Jacqueline Novogratz erzählt in ihrem Bestseller *The Blue Sweater – Bridging the Gap Between Rich and Poor in an Interconnected World* (Das blaue Sweatshirt – Die Unterschiede zwischen Arm und Reich in einer vernetzten Welt überbrücken) die Geschichte, wie ihr geliebtes blaues Sweatshirt, das sie als Mädchen von ihrem Onkel geschenkt bekam, sie dazu inspirierte, Acumen, einen nicht profitorientierten sozialen Wagniskapitalfonds zu gründen, um die weltweite Armut zu bekämpfen. Eines Tages, als Novogratz in Ruanda zum Joggen unterwegs war, sah sie einen kleinen Jungen, der ein blaues Sweatshirt trug – das noch immer ihr Namensschildchen zierte und das sie ein Jahrzehnt zuvor in die Kleiderspende einer lokalen –, 7500 Kilometer entfernt ansässigen Wohltätigkeitsorganisation gegeben hatte. »Ich nahm die Geschichte als Metapher dafür, wie sehr wir alle miteinander verbunden sind, wie sowohl unsere Handlungen als auch unsere Tatenlosigkeit Menschen beeinflussen können, die wir nicht kennen und wohl auch nie treffen werden, und das jeden Tag, überall auf der Welt«, sagt sie.[2]

Ich streite nicht ab, dass es einer gewissen Anstrengung und der klaren Absicht bedarf, sich vorzunehmen, unsere grundlegende gegenseitige Verbindung mit allen anderen zu sehen – und diese Anstrengung sollten wir auch in Zeiten, in denen wir nicht ganz unsere Überzeugungen umzusetzen vermögen, unternehmen. Natürlich können wir im Leben den Weg des geringsten Widerstandes wählen, also den Weg des reinen Überlebens, auf dem wir uns damit zufriedengeben, einfach über die Runden zu kommen und zu tun, was nötig ist, um etwas auf dem Teller zu haben und in Sicherheit zu sein.

Wenn wir aber unseren Geist weiten und öffnen, um uns der Menschlichkeit bewusst zu werden, die wir mit allen anderen teilen, können wir Gemeinschaft und Großzügigkeit auch dort finden, wo wir sie gar nicht erwarten. Auch wenn dieser Weg ein wenig schwieriger zu sein scheint, lohnt es sich, ihn zu gehen, denn er hilft uns, die Widerstände, auf die wir konditioniert sind, loszulassen.

Gleichzeitig würden wir die Vielfalt unserer unterschiedlichen Lebensbedingungen, Erfahrungen, Hoffnungen und Ängste übergehen und in eine Art Gleichmacherei verfallen, wenn wir behaupteten, wir seien im Grunde alle gleich und sollten daher alle gut miteinander auskommen. Unsere Unterschiedlichkeit zu leugnen ist keine wahre Liebe, das wissen langjährige Paare und Freunde genauso wie Menschen, die in Gemeinschaften leben oder in derselben Firma arbeiten.

Versetzen Sie sich in Gedanken in eine Situation – in einer Gruppe, bei einem Ereignis, einer Fortbildung oder einer anderen Gelegenheit –, in der Sie das Gefühl haben: »hier gehöre ich hin«, und vergleichen Sie es mit der Vorstellung, irgendwo zu sein, wo Sie sich nicht dazugehörig fühlen – mit all dem damit verbundenen Unwohlsein, der Unsicherheit hinsichtlich der zwischenmenschlichen Anspielungen und der Furcht vor einer möglichen Blamage. Wie würden Sie sich in einem Umfeld fühlen, in dem man Ihnen noch dazu ganz offen sagt, dass Sie nicht hierhergehören? In diesem Fall würde es bei unserer Ängstlichkeit wohl nicht so sehr um das Angriff-oder-Flucht-Syndrom gehen, das bereits lange zuvor den Weg in unsere Biologie fand, sondern es würde sich schrecklich aktuell anfühlen (und wäre es in der Tat ja auch).

Entsprechend stellt sich uns die Frage, ob wir in einer solchen Situation sowohl unser Einssein als auch die Bedingtheit der Erfahrung wahrnehmen und ihr Raum geben können. Wenn wir unsere Unterschiede genauso wie unsere Gemeinsamkeiten sehen, verstehen wir, dass alles gegenseitig bedingt ist.

Angesichts der Gefahren für unseren Planeten und der Zerwürfnisse zwischen den Menschen haben wir heute nicht länger die Wahl; wir müssen uns unserer gegenseitigen Bezogenheit bewusst sein. Es ist äußerst wichtig, dass wir unsere Aufmerksamkeit ausweiten und nicht nur Menschen mit einbeziehen, für die wir ohnehin schon sorgen, sondern auch jene, denen wir in unserem Alltag begegnen, einschließlich des Mitarbeiters in unserer chemischen Reinigung und der Fremden, die neben uns in der U-Bahn sitzen. Dann laden wir noch einen größeren Kreis an Mitmenschen ein und beziehen auch die, mit denen wir Meinungsverschiedenheiten haben, mit ein, solche, mit deren Handlungen wir nicht einverstanden sind, und sogar solche, die uns geschadet haben. Uns muss nicht unbedingt gefallen, was sie getan haben, und vielleicht treffen wir gute Vorbereitungen, um zu vermeiden, dass sie es je wieder tun. Doch in dem Maße, wie unser Verständnis der Universalität des Leidens wächst, wächst auch unser Bewusstsein dafür, dass wir alle miteinander verbunden sind. Wir wünschen den anderen, sie könnten auf neue Art frei sein – trotz ihrer Handlungen und ungeachtet ihres Glaubens, ihrer Meinungen oder ihrer Stellung in der Welt.

Beim Mitgefühl ankommen

Aktuelle Forschungsergebnisse der Neurowissenschaft belegen: Wir sind auf Empathie gepolt. Unser Gehirn verfügt über neuronale Schaltkreise, die dazu dienen, mit anderen zu fühlen. »Es ist ein genetischer Imperativ, uns um andere zu kümmern«, sagt James Doty, Professor für Neurochirurgie an der Universität Stanford. Empathie ist für das Überleben und das Gedeihen unserer Gattung von entscheidender Bedeutung.

Doch die hierfür zuständigen neuronalen Netze sind, besonders wenn wir ängstlich oder angespannt sind, nicht aktiv. In anderen Situationen wiederum kann es vorkommen, dass wir für das Leid eines anderen so viel Empathie empfinden, dass es uns aus dem Gleichgewicht bringt.

Im Jahr 2004 publizierte die Neurowissenschaftlerin Tania Singer gemeinsam mit ihren Kolleginnen und Kollegen eine wichtige Studie, die zeigt, dass schmerzsensitive Bereiche des eigenen Gehirns aktiviert werden, wenn wir mit dem Leid anderer mitfühlen. Anders ausgedrückt bedeutet das, dass es im wahrsten Sinne des Wortes stimmt, wenn wir sagen: »Ich spüre deinen Schmerz!« Allerdings ist dies nicht immer eine gute Sache.

Singer, Direktorin der Abteilung für Soziale Neurowissenschaft am Max-Planck-Institut für Kognitions- und Neurowissenschaften in Leipzig bezeichnet Empathie als »Wegbereiter des Mitgefühls«, merkt aber gleichzeitig an, dass es negative Konsequenzen haben kann, wenn wir zu viel Empathie empfinden. Singer erklärt dazu in einem Interview mit der *Cognitive Neuroscience Society:* »Wenn ich mich in das Leiden anderer hineinversetze, spüre ich den Schmerz der anderen und leide selbst. Dies kann so intensiv werden, dass es in mir eine empathische Überflutung hervorruft, was auf lange Sicht zu Burn-out führen kann und dazu, dass ich mich zurückziehe. Wenn wir hingegen dem Leiden anderer mit Mitgefühl begegnen, spüren wir nicht notgedrungen ihren Schmerz, sondern eine Betroffenheit – ein Gefühl der Liebe und Herzenswärme –, und wir entwickeln gleichzeitig eine starke Motivation, dem oder der anderen zu helfen.«[3]

Auch, so Singer, führen die unterschiedlichen neuronalen Netze von Empathie und Mitgefühl zu unterschiedlichen emotionalen Reaktionen, die im ersten Fall eher mit schmerzlichen Empfindungen und im letzteren vornehmlich mit positiven Gefühlen einhergehen.

Dies hat viele Konsequenzen in Hinsicht auf Burn-out, einer ausgeprägten Form der Erschöpfung, die oft von einem Motivationsverlust sowie von Stress, Ärger, Depression und Unzufriedenheit begleitet wird. Als Meditationslehrerin leite ich oft Retreats für Menschen, die sich um andere kümmern – sowohl Mütter, Väter, Söhne, Töchter, Partner, Krankenpfleger und Ärzte als auch Mitarbeiter von Hospizen, Therapeuten, Geistliche und viele andere. Menschen, die sich privat oder beruflich um andere kümmern, sind für einen Burn-out besonders anfällig, da sie dazu neigen, sich in andere einzufühlen und für sie zu sorgen, und dabei oft versäumen, sich um sich selbst zu kümmern und so neue Kraft zu schöpfen.

Ellen arbeitet an einer Schule, deren Schülerinnen und Schülern eine psychische Erkrankung diagnostiziert wurde – von leichten Angstzuständen bis hin zu ernster Schizophrenie. Sie ist bei ihrer Arbeit anfällig für ein Burn-out. »Im Klassenraum zeigen sich oft alle möglichen starken Emotionen, darunter Ärger, Ängstlichkeit, Mutismus. Manche Kinder schreien, werfen Stühle, lenken sich mit ihrem iPod ab, und immer und immer wieder fließen Tränen«, erzählt sie mir. Ellen liebt ihre Arbeit und engagiert sich sehr für ihre Schützlinge, sagt aber auch, dass sie wie auch der übrige Lehrkörper gelegentlich vom Widerstand der Kinder gegen die Durchsetzung der Regeln überwältigt wird.

Es ist nicht überraschend, dass Ellen davon berichtet, bei ihrer Arbeit nicht nur Frustration und Müdigkeit zu verspüren, sondern oft auch ein Gefühl der Hoffnungslosigkeit. Als ich sie fragte, ob sie sich täglich auf den Sinn ihrer Arbeit besinnt und sich regelmäßig um sich selbst kümmert, um ihre Batterien wieder aufzuladen, erzählt sie mir, dass es ihr Kraft gibt, die emotionale Offenheit zwischen ihren Schülern und ihr selbst zu empfinden. »Ich habe nur dann wirklich Hoffnung, wenn diese Kinder spüren, dass man sich ehrlich um sie kümmert, und wenn sie darauf vertrauen, dass es ihnen bessergehen wird, und sie ein gewisses Potenzial in sich sehen.«

Ellen gibt ihren Schülerinnen und Schülern nicht nur Ermutigung und Unterstützung, sondern zeigt ihnen außerdem, dass sie selbst ebenfalls emotional verletzlich ist: »Wir sagen ihnen dann Dinge wie: ›Ich fühle mich manchmal auch so‹, oder: ›Es fällt mir an manchen Tagen wirklich schwer, zur Arbeit zu gehen‹. Unseren Schülern ehrlich zu sagen, wie es uns geht, und ihnen zu zeigen, dass wir manchmal die gleichen Gefühle teilen, macht für sie einen großen Unterschied. Es lässt mich hoffen, dass ich ihnen Hoffnung geben kann.«

Die Ehrlichkeit, die Ellen in der Beziehung zu ihren Schülerinnen und Schülern teilte – und die diese ihr im Gegenzug entgegenbrachten –, nährte sie trotz all der Erschöpfung und Frustration, die sie spürte. Ihre Meditationspraxis förderte ihre emotionale Offenheit, half ihr, nicht vom Schmerz ihrer Schüler mitgerissen zu werden, und lehrte sie, wie sie in Zeiten, in denen sie drohte, überwältigt zu werden, wieder ihre innere Mitte finden konnte. Auch wir können, so wie Ellen, sowohl mitfühlend und stark als auch verständnisvoll und klug sein.

In Teil 2 haben wir gesehen, wie wichtig es ist, in engen

Beziehungen gesunde Grenzen zu wahren. Im Folgenden wenden wir uns Herausforderungen in Beziehungen oder in Gruppen von Menschen zu, die wir unter Umständen nicht besonders gut kennen. Wir werden betrachten, wie wir diesen mit Mitgefühl und Empathie geschickter begegnen können, und sehen, dass Mitgefühl nicht nur ein Gefühl ist, sondern eine Fähigkeit, die wir in unserem Leben auf erstaunlich vielfältige Weise anwenden können. Auch wenn wir vielleicht normalerweise denken, dies käme nur anderen zugute, kann man es auch als Einstellung gegenüber dem Leben an sich verstehen, und dies stärkt wiederum die Fürsorge für uns selbst. Wie ich bereits angemerkt habe, gibt es einen sehr starken Zusammenhang zwischen Mitgefühl einerseits und unserer körperlichen und geistigen Gesundheit andererseits. Wenn wir mitfühlend handeln, erhöht sich der Vagotonus, also die neuronale Verbindung zwischen Gehirn, Herz und anderen Organen. Dies wiederum führt zu einer erhöhten Ausschüttung von Oxytocin, dem Neuropeptid (Botenstoff) der guten Laune, welches das sympathische Nervensystem beruhigt, die angstbesetzte Flucht-oder-Angriff-Reaktion – also Angst – inbegriffen. Dadurch verlangsamt sich unser Puls, unser Blutdruck sinkt, Entzündungen klingen ab, unser Immunsystem wird gestärkt, wir sind weniger anfällig für Stress, und das kann sogar unser Leben verlängern. Wissenschaftler haben bewiesen, dass starke soziale Beziehungen mit fünfzigprozentiger Wahrscheinlichkeit zu einer höheren Lebenserwartung führen. Interessanterweise, so die Studien, bringt es nicht den größten Nutzen, Liebe zu empfangen, sondern sie anderen zu schenken.[4]

Solange wir unserem Leid nicht mit Liebender Güte und Akzeptanz begegnen, werden wir wahrscheinlich auch die Schmerzen anderer nicht an uns heranlassen können. Dies führt zu einer Art Selbstverteidigungshaltung: Wir verschließen uns der Not anderer und sind von einem selbstschützenden Impuls motiviert, der uns für jegliches Leid gefühllos macht.

Eine andere mögliche Reaktion ist, zwar durchaus bereit zu sein, uns um die Schmerzen anderer zu kümmern, dies aber nur zu tun, weil wir ein Bedürfnis nach Bestätigung, Lob oder Liebe haben, da wir unser eigenes Leid kompensieren wollen. Wenn wir uns unserem Leiden nicht voller Mitgefühl zuwenden, sondern uns selbst für dieses beschuldigen, dann projizieren wir dies unter Umständen auch auf andere und werfen ihnen unbewusst vor, sie hätten ihr Leid selbst zu verantworten. Lassen wir unseren Schmerz hingegen wirklich zu, erscheint er uns paradoxerweise im Lauf der Zeit weniger persönlich zu sein. Wir beginnen zu verstehen, dass *unser* Schmerz auf einer tieferen Ebene *das* Leid ist, das aller menschlichen Existenz innewohnt. Tatsächlich verbindet uns das Bewusstsein, dass wir sowohl unsere Schmerzen als auch unsere Suche nach Glück mit allen anderen Menschen teilen, und das hilft uns, uns ihnen voller Mitgefühl zuzuwenden.

Kevin Berrill arbeitet als Sozialarbeiter im Krankenhaus. Er unterstützt dort krebskranke Menschen sowie deren Angehörigen bei der Trauerbewältigung und unterrichtet sie in Achtsamkeit. Er berichtet, bei seiner Arbeit den Unterschied zwischen Empathie und Mitgefühl[5] deutlich spüren zu können: »Mir ist klar, dass ich am besten helfen kann, wenn ich mitfühlend bin«, sagt er. Gleichzeitig präzisiert er, dass er früher das Leid der anderen spürte, diese Tendenz, sich im Lauf seines Berufslebens aber dahin verlagert habe, dafür einfach nur präsent zu sein. »Wenn ich in dieser Präsenz bin, arbeite ich am liebsten. Ich versuche nicht, voreilige Lösungen anzubieten. Ich bin ruhig und vollkommen bei der Sache. Ich kann den Schmerz des anderen aushalten, ohne mich davon überwältigen zu lassen«, erklärt er und fügt hinzu, dass er selbst in einer herzzerreißenden Sitzung vollkommen wach und lebendig bleiben kann. Berrill schreibt diese Verlagerung von Empathie hin zu Mitgefühl seiner eigenen Achtsamkeitspraxis zu. Er erklärt: »Wenn ich in Mitgefühl verwurzelt bin, spüre ich eine tiefe Güte und Zuneigung zu den Menschen, mit denen ich arbeite. Ich stelle fest, dass ich sie liebe.«[6]

Wenn wir über Liebende Güte und Liebe zu anderen sprechen, kommen wir allerdings nicht umhin, auch über Liebe zu uns selbst zu reden. Und das nicht nur, weil es sich gut anfühlt (was zweifelsohne der Fall ist), sondern auch, weil wir uns das Verhältnis zwischen der Liebe zu anderen und zu uns selbst genauer anschauen sollten. Solange wir uns nicht um die eigenen Bedürfnisse kümmern und weiterhin über unsere Grenzen gehen, kann das dazu führen, dass wir uns vollkommen verausgaben und uns dann zutiefst erschöpft und ausgebrannt fühlen. In der Folge gerät unser psychisches und körperliches Wohlbefinden gänzlich aus dem Gleichgewicht.

Leider wird diese Lektion oft übergangen. Vor nicht langer Zeit meldete sich Eileen nach einem Vortrag über Mitgefühl zu Wort. Eileen ist Grundschullehrerin und alleinerziehende Mutter, die sich obendrein mehr als die anderen Angehörigen um ihre kränkelnde Mutter kümmert. Sie beschrieb mit einem besorgten Gesicht ihre fortwährenden Schuldgefühle: »Es gibt so viel Leiden auf der Welt, ich habe andauernd das Gefühl, ich müsse noch mehr tun«, begann sie. »Aber wenn ich mich um meine Mutter und meine Kinder kümmere und den ganzen Tag unterrichte, habe ich dazu einfach nicht mehr die Kraft.«

Ich war Eileen dankbar, dass sie ihre Sorgen mit uns teilte. Allzu oft denken meine Schülerinnen und Schüler, die Lehren über Mitgefühl verlangten von ihnen, tagtäglich rund um die Uhr anderen zu helfen, ohne darauf zu achten, welchen Preis dies von ihnen fordert. Aber die meisten von uns – und zu denen gehöre auch ich – sind *keine* Heiligen und sollten dies auch nicht von uns erwarten. Wir haben alle unsere Grenzen. Um ein Burn-out zu vermeiden und wahres Mitgefühl zu praktizieren, ist es wichtig, sich daran zu erinnern, dass wir nur tun können, was in unserer Macht steht. Ignorieren wir unsere Grenzen, riskieren wir, dass wir zunehmend gereizt reagieren oder wir krank werden. Darüber hinaus haben nicht alle die gleichen Kapazitäten: Wie viel wir anderen geben können, hängt von vielen Faktoren ab, unter anderem davon, wie verfügbar wir sind und wie viel Energie und welche Mittel wir haben. Letztendlich hat Mitgefühl eher etwas mit der inneren Einstellung zu tun, mit der wir den Menschen begegnen, als damit, wie viel wir konkret messbar geben.

Wir gegen sie

Auch wenn eine globale Gemeinschaft, die auf Liebender Güte und Mitgefühl beruht, selbstverständlich ein erstrebenswertes Ziel ist, ist es im Allgemeinen doch eher unsere Tendenz, andere Menschen als von uns getrennt und grundlegend von uns verschieden wahrzunehmen. Aus Angst begegnen wir häufig genug bestimmten Personen bzw. ganzen Gruppen mit Ablehnung, Vorurteilen oder schlicht mit Desinteresse.

In der Tat zeigt eine ganze Reihe neuerer Forschungsergebnisse, dass wohlhabendere Menschen mit höherem sozialem Status jenen mit geringerem Einfluss weniger

Aufmerksamkeit schenken als Ihresgleichen oder Höhergestellten. Die *Betuchteren* haben oft wenig Mitgefühl für die Not, die *Besitzlose* ertragen müssen. Der Psychologe Daniel Goleman schrieb in der *New York Times:* »Der soziale Abstand leistet der Tendenz sogar noch Vorschub, sich auf etwaige kleine Unterschiede zwischen den Gruppen zu konzentrieren, andere negativ darzustellen und sich selbst in ein positives Licht zu rücken.« Allerdings, so fügt er hinzu, wirkt »intensiver Kontakt, also wenn sich Angehörige dieser sich feindlich gesinnten Gruppen als Individuen begegnen, diesen Vorurteilen entgegen, und manchmal entsteht daraus sogar Freundschaft.« Ein solch vertrautes Miteinander findet sich besonders häufig bei Menschen, die in unmittelbarer Nachbarschaft leben und aufeinander angewiesen sind.[7]

Es gibt ein ganzes Bündel soziokultureller Faktoren, die uns darin bestärken, gemäß dieser Mentalität zu handeln. Zum einen leben wir in einer Gesellschaft des Wettbewerbs, in der man es im Allgemeinen als Erfolg ansieht, über andere zu triumphieren. Zum anderen denken viele, dass wir auf dem Weg zum Glück Anteile von uns, die kulturell nicht erwünscht sind – wie etwa Gefühle des Ärgers und der Ängstlichkeit –, unterdrücken müssten. Statt den Schritt aus der Konditionierung, die der Psychologe Jonathan Haidt »moralische Matrix« nennt, zu tun und zu sehen, dass wir grundlegend mit allen anderen Menschen verbunden sind, meinen wir, keine andere Wahl zu haben, als dem Ärger mit Ärger zu begegnen und uns von anderen abzugrenzen, um uns frei zu fühlen.

Natürlich hat das oft nur den gegenteiligen Effekt: Menschen als »die anderen« von uns fernzuhalten führt uns in eine Sackgasse. Wenn wir sie auf eine solch statische Art wahrnehmen, hindert uns das daran, eine lebendige Perspektive einzunehmen und eine neue Art zu entdecken, wie wir mit unseren Erfahrungen, uns selbst und den anderen umgehen können. Wenn wir die Unterschiede respektieren und gleichzeitig unser grundlegendes Verbundensein verstehen, können wir uns von der rigiden »Matrix« befreien, die Welt nur aus dem begrenzten Blickwinkel unserer Vorurteile zu betrachten und mit stereotypen Etiketten zu versehen.

Die Absicht, uns zu öffnen

Der erste Schritt auf dem Weg, Mitgefühl für andere zu empfinden, liegt im Entschluss, es *ausprobieren* zu wollen. Ganz unabhängig davon, ob zunächst gewisse Ängste oder etwas Widerwillen auftauchen, werden wir die Erfahrung genießen, unseren Geist und unser Herz zu trainieren. Unsere Biologie mag uns darauf gepolt haben, uns auf die Unterschiede zwischen uns und anderen zu fixieren. Doch wir haben die Wahl: Vielleicht erscheint es uns sinnvoller, mit neuen Gewohnheiten zu experimentieren und uns anzuspornen, dazuzulernen und unseren Horizont zu erweitern, um etwas weiser zu werden.

Diese neuen Wege können wir sowohl in der Begegnung mit Gruppen, denen gegenüber wir eine gewisse Abneigung hegen, als auch im Kontakt mit einzelnen Menschen ausprobieren. Wir brauchen dafür allerdings Geduld: Der Prozess, unsere verschlossenen Herzen zu öffnen, folgt seinem eigenen Rhythmus. Mag sein, dass wir, wenn wir uns darin üben, anfangs keine schnellen oder bemerkbaren Fortschritte machen. Sind wir jedoch fest dazu entschlossen und wünschen uns dies von Herzen, werden wir früher oder später die Freude und Freiheit erfahren, die aus der Erkenntnis ent-

steht, dass wir mit allen anderen das gemeinsame Menschsein teilen und dass wahre Liebe niemanden ausschließt.

Es ist nicht nötig, diesen Prozess wiederum mit Urteilen
oder einer strengen Disziplin zu beginnen. Einige meiner
Schülerinnen und Schüler berichteten mir, sie fühlten sich
schlecht oder der Aufgabe nicht gewachsen, da sie sehen
mussten, dass die Liebe zu anderen aus ihrem Herzen nicht
sofort wie aus einer rauschenden Gebirgsquelle sprudelte.
Diese grenzenlose Liebe zu finden ist nicht das Ergebnis
einer gezielten Suche, sondern eine Praxis an sich. Wir probieren aus, wie es sich anfühlt, uns selbst Güte entgegenzubringen, ganz gleich, ob wir »Erfolg haben« oder »scheitern«. Und im Verlauf des Prozesses öffnen wir uns immer
mehr für die Freude und das Leid anderer – sowohl derer,
die wir in der Schlange am Sicherheitscheck des Flugha-
fens sehen, als auch unserer Familienmitglieder. Es ist ein
Aufruf an uns selbst, zu sehen, dass Güte nichts anderes als
das Herzstück dessen ist, lebendig zu sein.

Nichts von alledem ist einfach. Wie ich bereits sagte, hat
die Liebende-Güte-Meditation mein emotionales Strick-
muster anfangs wirklich weit mehr herausgefordert, als
ich erwartet hätte. Wenn ich damals mir selbst, dann Menschen, die uns unterstützten, anderen Bekanntschaften,
schwierigen Personen und schließlich allen Lebewesen
Sätze der Liebenden Güte schickte, bemerkte ich erst,
wie konditioniert ich darauf war, mich selbst in Urteilen,
Annahmen, Ängsten und Geschichten zu verlieren. Sich
dessen bewusst zu werden ist bereits Teil der wahren Liebe.
Wir erkennen, dass wir uns vornehmen können, diese
gewohnten Muster zu überwinden – und hierzu zählen
die inneren Tendenzen genauso wie jene, die wir als Folge
familiärer oder gesellschaftlicher Prägungen sowie aufgrund von anderen Umständen angenommen haben.

Dies tun wir nicht etwa, um etwas vorzutäuschen; es ist keine Heuchelei, um besser dazustehen. Wir tun es, weil wir als Menschen die Fähigkeit zu wahrer Liebe haben. Sie ist Teil unseres angeborenen Potenzials. So lernen wir, uns auf neue Art durchs Leben zu bewegen und zu atmen, bis wir eines Tages erkennen, dass wir viel stärker sind, als wir es uns je hätten vorstellen können.

19 Den Prozess in Gang setzen

Sich selbst zu heilen und die Heilung
anderer hängen zusammen.
— Yoko Ono —

Ein Freund, der im selben kleinen Lebensmittelladen ein-kauft wie ich, erzählte mir vor kurzem, dass ihm unlängst voller Schrecken aufgefallen war, dass er nie auf die Frau geachtet hatte, die Tag für Tag seine Einkäufe abkassiert. »Für mich hätte sie auch eine Registrierkasse mit Armen sein können«, sagte er. Er beschloss, ihr beim nächsten Ein-kauf dort seine volle Beachtung zu schenken.

Einige Tage später berichtete er mir davon: »Als Erstes bemerkte ich, dass sie in ein Lied im Radio einstimmte und eine wundervolle Stimme hat. Als ich ihr das sagte, strahlte sie über das ganze Gesicht.«

Als mein Freund mir dies erzählte, fiel mir auf, dass auch ich die Frau kaum beachtet hatte – sah sie nicht öfters ein wenig traurig aus? Ich fing an, mir den nächsten Be-such in dem Geschäft auszumalen: Ich würde ihr sagen, ich hätte gehört, sie habe eine wunderschöne Stimme, und würde sie damit glücklich machen. Doch als ich an der Kasse ankam, strahlte sie bereits.

Natürlich haben nicht alle, denen wir im täglichen Le-ben begegnen – sei es ein Kunde im Geschäft oder ein Kol-lege bei der Arbeit – eine wunderschöne Stimme, ein herz-liches Lächeln oder eine andere Eigenschaft, aufgrund derer wir sie unverzüglich in unser Herz schließen. Doch liegt durchaus eine immense Kraft darin, auf andere Menschen, auf Erfahrungen und überhaupt auf das, was wir hören und sehen, einzugehen und darauf zu achten – und so wirklich im eigenen Leben anzukommen. Andere zu lieben, wer auch immer sie sein mögen, heißt, zu sehen, dass sie und wir mit allen anderen Menschen die gleiche grundlegende Güte teilen. Allein dies anzuerkennen ist bereits die Grundlage für wahre Liebe.

An jeder Ecke eine Gelegenheit

Wir sind häufig so mit den Geschichten beschäftigt, die sich in unserem Geist abspielen, dass wir die kostbaren Gelegenheiten verpassen, uns mit anderen zu verbinden. Dabei könnten wir damit nicht nur das eigene Leben bereichern, sondern auch das ihre.

Einige von uns denken, Mitgefühl sei ein Geschenk, mit dem manche auf die Welt kommen und andere eben nicht, bzw. dass wir uns diese Qualität hart erarbeiten müssten. Ich hingegen bin der Meinung, dass Mitgefühl natürlicherweise das Ergebnis von Achtsamkeit ist.

Diese Achtsamkeit kommt allerdings nicht von allein. Wir müssen sie wollen und uns für sie einsetzen. Manchmal bemerken wir erst, wenn wir uns auf unser Leben mit größerem Gewahrsein einlassen, wie wenig achtsam wir zuvor waren. Erst dann sehen wir die Dinge deutlicher und entdecken immer bewusster, wie wir mit größerem Mitgefühl voranschreiten können.

Mein Freund Jason erzählte mir einmal, wie der Mann, der ihm im Garten hilft, ihm eine plötzliche Erkenntnis schenkte: »Wir waren für seine Arbeit dankbar, hatten aber sonst eigentlich keinen weiteren Kontakt mit ihm«, erklärt Jason. »Einmal begleitete ich ihn zur Kompostierungsanlage. Unterwegs erzählte er, dass er für einen Monat wegfahren würde. Als ich nachfragte, wohin, erzählte er mir, er reise nach Indien, um sein neues Buch zu promoten. Wie sich herausstellte, schrieb er spirituelle Bücher und hatte als junger Mann in Ashrams in Indien und den USA studiert. Wir hatten sogar einige gemeinsame Freunde. Mir war es peinlich, ihn zuvor nicht als Person wahrgenommen zu haben. Obwohl ich jemand bin, der über Spiritualität und Liebe schreibt, und meine Gedanken zu diesen Themen auch sonst öffentlich teile – hatte ich es versäumt, einen Menschen direkt vor mir zu sehen, der obendrein meine Interessen teilte. Es war eine großartige Mahnung, die Menschen nicht in Schubladen zu stecken und keine vorgefassten Meinungen über sie zu haben.« Sowohl Jasons Texte als auch seine spirituelle Arbeit gründen sich auf seinen tiefen Wunsch, mehr über Liebe, Mitgefühl und Achtsamkeit zu lernen, sie sowohl besser zu verstehen als auch sie zu praktizieren. Sein mangelndes Gewahrsein dem Gärtner der Familie gegenüber war keinesfalls ein Fehlschlag. Die Tatsache, dass er es wahrnahm, war bereits Frucht des Prozesses der Achtsamkeit. Indem wir erkennen, dass wir alle miteinander verbunden sind, sehen wir gleichzeitig, dass wir alle zählen und es verdienen, glücklich zu sein. Dies allein ist schon eine Praxis, die jede und jeder Einzelne von uns immer wieder von neuem tun muss.

Wir alle fallen bisweilen dem Vergessen anheim – und versäumen es, die Besonderheiten der anderen wahrzunehmen, ihre Tugenden, Interessen und anderen Qualitäten. Allerdings liegt dies meist nicht an einem absichtlichen Zurückhalten von Mitgefühl. Wir sind konditioniert, uns um uns selbst zu drehen und »Fremde« nur dann zu sehen, wenn sie uns entweder nutzen, uns bedrohen oder sich uns widersetzen. Vielen von uns fällt es leichter, sich auf problematische Situationen und schwierige Beziehungen zu konzentrieren – und so reimen wir uns anhand unseres Scheuklappenblicks ein Bild der Welt zusammen. Wir bevorzugen diese Scheuklappen sogar und sehen sie als die bessere Wahl, schließlich wollen wir nicht von Dingen, die gutlaufen, abgelenkt werden. Es mag uns vielleicht albern vorkommen, uns daran zu erinnern, dass sich die meisten unserer Freunde und Verwandten guter Gesundheit erfreuen, ein Zuhause und genügend zu essen haben und darüber hinaus auch tun, was sie können, um ihre Lebensumstände zu verbessern. Wenn wir niedergeschlagen sind, fällt es uns besonders schwer, den problemzentrierten Tunnelblick zu überwinden und Frieden zu finden. In solchen Zeiten bedarf es sowohl eines festen Entschlusses als auch der Kreativität, auf die positiven Seiten der Menschen und des Lebens zu achten – und es bedarf unseres Wunsches, die Dinge auf neue Weise zu sehen.

Wenn es leichtfällt, sich anzustrengen

Güte zu praktizieren bedeutet nicht, unserer tagtäglichen To-do-Liste noch weitere Dinge hinzuzufügen: Es geht vielmehr darum, zu lernen, in jedem Moment dort, wo wir gerade sind, mit einem offenen Herzen zu sein. Wenn wir wirklich gegenwärtig sind, zeigen sich die Gelegenheiten, Fürsorge und Mitgefühl auszudrücken, ganz spontan. Statt unserem Leben noch weitere Lasten aufzubürden, erleichtert und beruhigt uns dies sogar – und alle um uns herum mit.

Achtsamkeit half meinem irischen Freund Bart, Heiterkeit in eine Situation zu bringen, die leicht zu einem Alptraum hätte werden können. »Ich war mit drei Freunden auf der Rückreise von der amerikanischen Westküste nach Irland«, erinnert er sich. »Doch unser Flugzeug hatte in Chicago länger Aufenthalt als geplant, und als wir gegen Mitternacht in New York ankamen, hatten wir unseren Anschlussflug verpasst. Unser Gepäck war nirgends zu finden, und wir waren vollkommen erschöpft. Aber so schlimm wir auch aussahen – und wir sahen wirklich nicht gut aus –, der Frau hinter dem Schalter der Fluggesellschaft schien es noch schlechter zu gehen.

Ich hatte ein Banjo dabei, und es war sicherlich schon eine ganze Weile her, dass man ihr ein Ständchen gespielt hatte«, erzählt er. »Da ich auf ihrem Namensschild gesehen hatte, dass sie Irene hieß, stimmte ich das Lied *Goodnight, Irene* an. Meine Kumpels und einige ihrer Kollegen stimmten mit ein. Als das Lied vorbei war, strahlte Irene. Sie sagte: ›Was das Auffinden von Gepäck angeht, bin ich die Beste in der ganzen Fluggesellschaft. Nur keine Sorge, ich werde Ihres finden!‹ Meine Freunde und ich zogen vergnügt von dannen, um uns etwas auszuruhen.«

Statt ärgerlich zu werden und der Mitarbeiterin der Fluggesellschaft eine Standpauke zu halten, wie die meisten empörten und erschöpften Reisenden es wohl getan hätten, spielte Bart das Banjo. So nahmen Barts Gewahrsein und sein Einfühlungsvermögen für alle Beteiligten die emotionale Ladung aus der Situation, mit dem Ergebnis, dass sich Erleichterung und guter Wille breitmachten – und, abgesehen davon, auch das verlorene Gepäck schnell wieder auftauchte.

Keine Geste ist zu klein

Jeden Tag bieten sich uns zahllose Gelegenheiten, beliebig viele Gesten der Güte zu zeigen, die unser gemeinsames Menschsein ausdrücken – sei es, indem wir jemandem die Tür aufhalten, im Bus einer Mutter mit einem kleinen Kind unseren Sitz überlassen oder mit der Sprechstundenhilfe beim Arzt einen freundlichen Blick wechseln. Wenn wir dem Fahrer neben uns im Stau ein Lächeln schenken, wird der Berufsverkehr weniger aufreibend. Indem wir anhalten, um einem Hilfsbedürftigen zu helfen, die Straße zu überqueren, statt zu unserem nächsten Ziel zu rasen, können wir uns auch selbst eingestehen, dass wir alle manchmal verletzlich sind.

Solche kleinen und scheinbar unbedeutenden Geschenke können unserem Leben eine ganz andere Qualität geben. Wissenschaftliche Studien haben gezeigt, dass solche Gesten der Güte und der Großzügigkeit nicht nur größere Zufriedenheit im Leben und stärkere Beziehungsbande mit sich bringen, sondern auch die körperliche und geistige Gesundheit fördern. »Menschen, die freundliche Dinge tun, werden im Lauf der Zeit glücklicher«, erklärt Sonja Lyubomirsky, Psychologieprofessorin an der University of California in Riverside und Autorin des Buches *Glücklich sein.* »Wenn Sie anderen gegenüber gütig sind, steigert dies auch Ihr Wohlbefinden – Sie handeln ethischer, werden optimistischer und positiver«, sagt sie.

Sie versichert uns außerdem: »Man braucht dazu nicht einmal ein besonderes Talent, keine bestimmte Menge an Zeit oder Geld. Es ist nicht notwendig, etwas Kompliziertes oder Großartiges zu tun. Auch brauchen Sie, wenn Sie nicht genau wissen, *welche* gütige, großzügige oder wohltätige Handlung Sie gerade ausführen sollen, nicht weit danach zu suchen. Schauen Sie sich einfach nur zu Hause, bei Ihrer Arbeit oder in Ihrer Gemeinschaft um, dort werden Sie gleich fündig.«[8]

Meine Schülerin Chloe erzählte mir davon, wie sie einmal, unterwegs in einer überfüllten U-Bahn nach Manhattan, nicht aufhören konnte zu weinen. Sie war zu Besuch in New York und befand sich damals in einem schmerzhaften Trennungsprozess nach einer fünfjährigen Beziehung. Mitten im Berufsverkehr fuhr sie in den Norden der Metropole, um ihre Mutter zu treffen, die sich ebenfalls für ein Wochenende in der Stadt aufhielt. Die Menschen im überfüllten Zug mit seiner stickig-schwülen Luft waren nach ihrem langen Arbeitstag sichtlich übel gelaunt. Chloe war ihr öffentlicher emotionaler Ausbruch peinlich – sie schämte sich sogar dafür. Als sie ausstieg, schenkte ihr eine Frau, die in Türnähe saß, ein Taschentuch und ein freundliches Lächeln. »Dies veränderte meine Stimmung komplett«, erzählte sie mir.

Es scheint, als gingen wir besonders dann auf andere, die wir nicht kennen, voller Güte zu, wenn wir sehen, wie verletzlich sie sind. Auch wenn man uns beigebracht hat, es sei sozial inakzeptabel, unsere Emotionen anderen offen zu zeigen, kommt es dennoch manchmal vor, dass in der U-Bahn oder bei der Arbeit eine Träne die Wange herabkullert. Ich habe schon öfters mitbekommen, wie gerade solche Situationen halfen, das Mitgefühl anderer anzusprechen. Sie können uns an das erinnern, was uns Menschen gemeinsam ist, ganz gleich, wie vereinzelt und selten so etwas passieren mag.

Wahre Liebe heißt Konflikte willkommen

In den meisten Fällen werden wir allerdings mit Menschen konfrontiert, die uns daran erinnern, wie schwierig es ist, universelle Liebe zu empfinden. Selbst wenn jene, die uns Probleme bereiten oder sich uns widersetzen, nicht darauf aus sind, uns zu verletzen oder zu bedrohen, haben wir oft genug das Gefühl, angegriffen und kritisiert zu werden, und so kommen wir in kämpferische Stimmung, statt ruhig zu bleiben. Wir sind nach wie vor darauf konditioniert, Selbstverteidigung für eine Tugend zu halten. Uns erscheint es nicht gerade als eine vernünftige Reaktion, schwierigen Menschen im Alltag mit Güte zu begegnen – sei es bei jemandem, der uns die Vorfahrt nimmt, oder einem Kollegen, der mit uns in Konkurrenz tritt. Und dennoch können gerade konfliktbeladene Situationen die beste Gelegenheit bieten, uns ein universelleres Gefühl von Liebe zu erschließen.

Evelyn, die in einem Drogeriemarkt arbeitet, erzählt die Geschichte eines gewissen Mr. Smith, eines leicht reizbaren Kunden, dessen übergriffige Zornausbrüche sie fürchtete. »Er war manchmal so unangenehm«, erinnert sie sich, »dass ich mich sagen hörte: ›Ich verabscheue ihn.‹ Mich erstaunte selbst, dass er in mir so starke Gefühle auslöste, daher beschloss ich, ihm Liebende Güte zu senden. Über mehrere Monate blieb dies meine Praxis. Wenn er schimpfend in die Drogerie kam, war ich respektvoll und versuchte, Raum zu lassen, um ihm zuhören zu können. Ich erfuhr, dass er Alkoholiker war und in seinem Auto lebte. In meinem Herz wuchs zweifellos ihm gegenüber bereits in diesem Moment Mitgefühl, aber ich möchte gerne erzählen, wie ich die Kraft der Liebenden Güte kennenlernte.

Es war Muttertag, und ich ging schnell in unsere Drogerie, um eine Karte für meine Mutter zu holen. Auf dem Parkplatz draußen sah ich dann Mr. Smith, und was noch schlimmer war: Er sah mich auch. Er sprach mich an und meinte, er habe auf mich gewartet. Was wollte er denn von mir? Das war schließlich mein freier Tag! Ich hatte ihn bereits im Geschäft gesehen und war umhergeschlichen, um zu vermeiden, dass er mich bemerkte. Jetzt hatte er mich doch noch abgepasst, streckte mir eine Packung Russell-Stover-Pralinen als Geschenk entgegen und gratulierte mir zum Muttertag. Ich war wie vom Blitz getroffen. Am liebsten hätte ich gesagt: ›Sie können sich so etwas doch gar nicht leisten. Sie können doch nicht Ihre letzten paar Dollar für mich ausgeben.‹ Aber ich wusste, dass es eine tiefe Kränkung seiner Würde gewesen wäre, wenn ich das Geschenk abgelehnt hätte. Also nahm ich es an und dankte ihm.

Auch heute noch kommen mir die Tränen, wenn ich an diese Begegnung denke. Dadurch verstand ich die wahre Bedeutung von Liebender Güte: Sie öffnet unsere Herzen. Sind unsere Herzen einmal offen, haben alle und alles in ihm Platz. Durch mein Treffen mit Mr. Smith verstand ich, dass es uns allen so ergehen kann wie ihm, dass auch wir vielleicht eines Tages in unserem Auto leben müssen. Ich war nicht länger von ihm getrennt. Ich konnte ihm als einem gleichberechtigten Menschen gegenübertreten und fühlte mich auch mit anderen so stark verbunden wie nie zuvor.«

Evelyn verstand, dass der erste Schritt auf dem Weg, Mitgefühl für andere zu empfinden, darin liegt, es erst einmal zu wollen. Ganz unabhängig von unseren Ängsten und Widerständen können wir daran Freude finden, uns allmählich zu öffnen – nicht indem wir uns unter Druck setzen, sondern ganz sanft, mit Güte und Selbstakzeptanz.

Übungen zu Kapitel 19

Die Rollenbesetzung
unvoreingenommen betrachten

Wie ich bereits in der Einleitung zu diesem Teil des Buches schrieb, kann die Vorstellung, alle anderen zu lieben, für manche beunruhigend wirken. Wenn ich diese Liebende-Güte-Praxis zu allen lebenden Wesen unterrichte, fragen viele der Anwesenden oft wie aus einem Munde: »Wie kann ich etwas verändern? Ich bin zu (wählen Sie etwas aus:) unwichtig, beschäftigt, alt, jung, erschöpft, überarbeitet, sehr im Stress. Ich weiß, ich sollte meditieren und Sport treiben, mich gesund ernähren und genug schlafen, aber ich stehe bei meiner Arbeit unter Strom, da ich meine Fristen einhalten muss. Tut mir leid, ich glaube, ich habe nicht das Zeug dazu, auch noch alle Menschen zu lieben!«

Es stimmt, dass die Worte »jede und jeden« oder »alle anderen« erst einmal überwältigend wirken können. Daher lade ich Sie ein, in der folgenden Übung genauer darüber nachzudenken, wer zu diesen allgegenwärtigen anderen gehört. Denken Sie an die vielen Einzelnen, die wir in unserem täglichen Leben treffen und von denen wir unter Umständen glauben, sie seien für uns nicht sonderlich wichtig – oder an Menschen, die wir weder als gut noch als schlecht einordnen würden.

1. Teilen Sie ein Blatt Papier mit einer Linie in zwei Spalten.
2. Schreiben Sie in die linke Spalte die Namen von Menschen, die in Ihrem Leben eine neutrale Rolle spielen. Wenn Sie deren Namen nicht kennen, umschreiben Sie die Personen, z. B. mit »der Mitarbeiter der chemischen Reinigung«, »die Person, die

für mein Lieblingsrestaurant die Bestellungen ausfährt«, oder »der Mann, den ich oft auf dem Weg zur Arbeit sehe« o. Ä.

3. Notieren Sie in der rechten Spalte kurz, wie Sie gerne Ihr Verhalten zu der betreffenden Person verändern würden. So können Sie beispielsweise schreiben, dass Sie den Menschen, die mit Ihnen in der U-Bahn sitzen, gerne zulächeln möchten, statt wegzuschauen oder auf Ihr Smartphone zu starren. Während der Übung kommt es sicher auch einmal vor, dass Sie im Geist von der eigentlichen Aufgabe abschweifen und Sie etwas zerstreut sind. Sie sollten sich das auf keinen Fall übelnehmen, sondern kehren Sie einfach wieder von neuem zur Praxis zurück. Denken Sie daran: Es ist erwiesen, dass es Ihre eigene Lebensqualität erhöht, wenn Sie – selbst mit kleinen Gesten – mit anderen in Austausch treten.

Straßenmeditation

Viele verstehen unter Meditation eine formelle Praxis – Räucherstäbchen anzünden und sich bei Kerzenlicht im Lotossitz in vollkommener Stille hinsetzen. Ich hingegen mache meine Lieblingsmeditation unterwegs – wenn ich hinten im Taxi sitze oder wenn ich im Supermarkt an der Kasse in der Schlange stehe.

Einer meiner Lehrer sagte einmal, der Atem sei das beweglichste Werkzeug, das wir haben – und das ist wahr. Überall und in jedem Augenblick können wir die Praxis der Achtsamkeit mit etwas mehr Konzentration und Entschlossenheit praktizieren – Achtsamkeit auf den Atem, für andere, uns selbst gegenüber oder auf unsere Empfindungen.

Die Praxis der Liebenden Güte ist eine der Methoden, die ich am liebsten im täglichen Leben anwende, denn sie hilft uns, unsere Aufmerksamkeit anderen gegenüber zu schulen. Und so lernen wir nach und nach, uns selbst, denen, die wir lieben, und schließlich auch schwierigen Menschen Liebende Güte entgegenzubringen. Während traditionellerweise Liebende-Güte-Meditation damit beginnt, erst sich selbst Liebende Güte entgegenzubringen, und sich dann allmählich zu anderen bewegt – erst jemandem, der einem Gutes getan hat, dann einem Freund, einer neutralen Person und schließlich allen Wesen –, können Sie, wenn Sie die Praxis auf der Straße machen, mit neutralen Personen beginnen.

1. Wiederholen Sie unterwegs – z. B. wenn Sie im Einkaufszentrum oder im Lebensmittelladen an der Ecke in der Schlange stehen, für die Menschen, die Ihnen begegnen, im Stillen die Sätze der Liebenden Güte. Dies können Menschen sein, mit denen Sie sich kurz unterhalten, wie etwa die Frau an der Kasse, oder Menschen, die an Ihnen vorbeilaufen und Sie unter Umständen nicht einmal bemerken.

2. Sie sollten wissen, dass es nicht nötig ist, sich für mehrere Minuten auf eine Person zu konzentrieren. Sie können einfach einem bestimmten Menschen in Ihrer Nähe einen, zwei oder drei Sätze der Liebenden Güte schenken und sich anschließend einem anderen zuwenden, dem Sie als Nächstes begegnen.

3. Während Sie bewusst atmen und dort, wo Sie gerade sind, Ihrer gewohnten Aktivität nachgehen, können Sie von Zeit zu Zeit innehalten und darauf achten, wie Sie sich gerade fühlen. Erweitert diese Straßenpraxis Ihren Blickwinkel? Fühlen Sie sich leichter und glücklicher? Sie können sich dies auch später am Tag in Ruhe etwas ausführlicher anschauen.
Hier einige Sätze, die Sie sagen können:
~ Mögen Sie gesund sein.
~ Mögen Sie stark sein.
~ Mögen Sie sorglos leben.
~ Mögen Sie einen freudvollen Geist haben.
~ Mögen Sie frei von Mühen sein.

20 Unsere Annahmen in Frage stellen

Man sieht nur mit dem Herzen gut.
Das Wesentliche ist für die Augen unsichtbar.[9]
— Antoine de Saint-Exupéry —

Einem Freund, der auch Autor ist, wurde vor nicht langer Zeit aufgrund eines Erlebnisses voller Schrecken bewusst, wie schnell und unbewusst er andere Menschen einordnet. Er aß gerade nach seinem Vortrag an einer Universität im Mittleren Westen der USA in einem Restaurant in Universitätsnähe mit seinen Freunden vom Fachbereich Anglistik zu Abend, als eine Frau an ihren Tisch kam.

»Sie sah nicht gerade elegant aus«, erinnert sich mein Freund. »Ich nahm sofort an, dass sie auf einem Bauernhof irgendwo auf dem Land wohnte. Ich schätzte sie obendrein als jemanden ein, der keine besonders gute Bildung genossen hatte.

Zur Begrüßung überraschte sie mich mit dem Kompliment, wie gut ihr mein Vortrag gefallen habe, besonders der Teil zu Proust. Ich bedankte mich bei ihr und wollte mich gerade wieder meinen Freunden zuwenden, als sie mit einem Schlag all meine Vorurteile vom Tisch räumte. Diese einfach aussehende Frau, über die ich so vorschnell geurteilt hatte, erklärte, dass, auch wenn es ein paar ganz passable Übersetzungen gäbe, sie es bevorzuge *Auf der Suche nach der verlorenen Zeit* im französischen Original zu lesen.«

Solche Dinge passieren uns allen. An jedem einzelnen Tag unseres Lebens urteilen wir vorschnell und sind uns dessen nicht einmal bewusst. Manchmal braucht es ein Zusammentreffen wie jenes, das mein Freund mit der Proust-Kennerin hatte, um uns vor Augen zu führen, wie reflexartig wir andere einordnen und sie in unsere selbsterdachten Kategorien hineinpressen. Auch wenn wir wenig oder gar nichts über sie wissen, machen wir uns sofort ein Bild von ihnen. Dies ist die Art und Weise, wie die Gattung Mensch versucht, mit der Welt um sie herum fertig zu werden. Sobald wir wissen, dass jemand einer von *uns* ist, im Gegensatz zu einem von *den anderen,* schlafen wir nachts besser.

Wir sind wirklich voreingenommen

Statt uns selbst dafür zu verurteilen, andere eingeordnet zu haben (oder abzuleugnen, es zu tun), sollten wir versuchen, unsere Voreingenommenheit besser zu verstehen, denn nur so können wir mit ihr arbeiten. Sie ist ein grundlegend menschlicher Zug, eine Konditionierung, die auf das Überleben zielt. Sie hatte in früheren Zeiten den Zweck, rasch einschätzen zu können, ob Fremde eine Bedrohung darstellten oder ob man sie gefahrlos in die Höhle lassen konnte. Jene, die die richtige Wahl trafen, überlebten, pflanzten sich fort und gaben den Charakterzug an ihre Kinder weiter. Diese vorschnellen Urteile sind also weiterhin Teil des menschlichen Erbes: Wir sind sehr stark konditioniert, andere in stereotype Kategorien einzuordnen.

Manchmal helfen schnelle Urteile, uns vor Gefahren zu schützen. So werden wir, wenn wir nachts die Straße entlanglaufen und das Gefühl haben, dass uns jemand folgt, vielleicht einen sichereren Weg nach Hause nehmen. Wenn wir zu einer Gruppe gehören, die sich aufgrund ihrer ethnischen Zugehörigkeit, sexuellen Vorliebe oder ihrem Aussehen von der Mehrheit unterscheidet, ist es nur allzu vernünftig, in manchen Situationen vorsichtig zu sein. Ich habe zum Beispiel keinen einzigen afroamerikanischen Freund, der – ganz unabhängig, zu welcher sozioökonomischen Schicht er gehört – seinen Söhnen nicht ins Gewissen geredet hätte, sie müssten äußerst vorsichtig sein, wenn sie von der Polizei angehalten werden – und dies gilt zunehmend auch für ihre Töchter.

Dennoch sollten wir uns darüber klarwerden, dass die Gewohnheit, automatisch und andauernd vor Fremden Angst zu haben, destruktiv sein kann und Schmerz verursacht. Doch ein ausgeprägter Gerechtigkeitssinn und starke persönliche ethische Werte können uns helfen, die ungerechtfertigte Angst vor denen zu überwinden, die wir fast reflexhaft als irgendwie »anders« wahrnehmen, und uns davor schützen, überzureagieren. Und statt die Wirklichkeit schönzureden, indem wir denken, wir würden vielleicht irgendwann gänzlich unvoreingenommen sein, können wir Wege suchen, geschickter mit unserer biologischen Vorprogrammierung und der kulturellen Konditionierung umzugehen.

Aber manchmal reißen die Muster unserer primitiven Angstreaktionen das Ruder an sich: Wir reagieren unverhältnismäßig und sind uns dessen möglicherweise nicht einmal bewusst. Diese Schemen mögen uns das vage Gefühl geben, in dieser chaotischen Welt wenigstens ein wenig Kontrolle zu haben, aber sie beschneiden auch unsere Identität und den Erfahrungsreichtum unseres Lebens. Wir beginnen, eine Welt der geistigen Projektionen zu schaffen, voller Schatten und Geister, die nichts als Ausgeburten unserer Fantasie sind. Mit anderen Worten: Unsere Kurzschlussreaktionen sind die reinste Gehirnwäsche.

Wie wir andere beurteilen

Studien haben gezeigt, dass die meisten von uns Menschen bereits anhand ihrer äußeren Erscheinung innerhalb von Sekundenbruchteilen einordnen. Die seuchenartige Zunahme tragischer Tötungen unbewaffneter Schwarzer durch die amerikanische Polizei unterstreicht diesen Punkt in drastischer Weise.

Dies ist allerdings nicht ausschließlich ein Problem von »Weißen gegen Schwarze«, wie Rhonda Magee, Rechtsprofessorin an der Universität San Francisco, aus eigener Erfahrung zu berichten weiß: »Als ich eine volle Stelle als Professorin bekam, beglückwünschte mich der Dekan meiner juristischen Fakultät, indem er mir einen Strauß Blumen in mein Haus in Pacific Heights schickte, einem äußerst teuren Wohnviertel in San Francisco, wo fast keine Schwarzen wohnen. Ich öffnete dem hochgewachsenen afroamerikanischen Blumenkurier die Tür, der erklärte: ›Eine Sendung für Professor Magee‹. Ich, eine zierliche schwarze Frau, angezogen für einen Samstag zu Hause, griff nach den Blumen und sagte: ›Das bin ich.‹

Der Kurier schaute nochmal auf den Lieferschein und wieder zu mir.« Magee erklärt, dass sie zwar nicht genau wusste, was genau den Boten dazu brachte, zu denken, sie sei nicht die Empfängerin des Geschenks, ihr es jedoch klar war, dass es etwas mit ihrem Äußeren zu tun haben musste. »Es scheint unausweichlich, dass seine Verwirrung etwas mit Merkmalen meiner sozialen Identität zu tun hatte«, führt sie aus. Magee hatte den Eindruck, dass in den Augen des Mannes ihre soziale Identität als Schwarze mit der Identität einer »Professorin« und »Bewohnerin eines gehobenen Viertels« nicht zusammenzupassen schien.[10]

In der Mehrzahl der Fälle hören wir von den rassistischen Vorurteilen in den USA im Kontext des Rassismus gegen Schwarze, der Brutalität der Polizei und des Zusammenhangs zwischen Ethnien und Massenverhaftungen. Aber es gibt auch ganz alltägliche heimtückische Situationen, in denen Konzepte wie »Rasse« unser Urteilsvermögen trüben sowie unsere Entscheidungen als auch unsere Reaktionen bestimmen. Natürlich beschränkt sich diese Voreingenommenheit nicht nur auf Weiße. »Wie mein Zusammentreffen mit dem schwarzen Blumenkurier zeigt«, schließt Magee, »ist keiner oder keine von uns dagegen immun: Schwarze können genauso wie alle anderen von diesen Stereotypen und unbewussten Erwartungen konditioniert sein.«

Unsere Reaktionen neu einstellen

In unserer immer differenzierteren Welt hängen wir alle in zunehmendem Maße voneinander ab. Uns von den anderen zu isolieren ist demgemäß keine Lösung. »Wir sind soziale Wesen und müssen mit anderen in Beziehung treten«, erklärt John A. Powell, ein Jura-Professor, der an der University of California in Berkeley über ethnische Probleme forscht, gegenüber dem Magazin *Mindful* (Achtsam). »Dennoch finden wir stets Wege, diese gegenseitige Verbundenheit zu leugnen und uns gegenseitig zu marginalisieren. Allzu oft tun wir Dinge, deren wir uns nicht einmal bewusst sind. Dies verursacht überall um uns Leiden.« Er fügt hinzu: »Und die vielleicht schlimmste Folge davon ist, dass die Betroffenen bisweilen die Vorurteile internalisieren und so manchmal in einer Weise empfinden und handeln, die die Vorurteile gegen sie zu bestätigen scheinen.«[11]

Auch wenn sich unsere Vorurteile besonders deutlich zeigen, wenn es um Menschen anderer Herkunft geht, gibt es diese doch in allen Bereichen unseres Lebens, von der Ungleichheit zwischen Mann und Frau in der Arbeitswelt über die Diskriminierung von Lesben, Schwulen, Bisexuellen und Transgender (LSBT) bis hin zu notorischer Altersdiskriminierung. Für all dies gibt es gut dokumentierte Beispiele. Aber wir urteilen möglicherweise auch auf Grundlage von anderen Faktoren, die sich unserer Kenntnis entziehen.

Dies zu erkennen war für eine Teilnehmerin eines Liebende-Güte-Retreats, das ich vor ein paar Jahren in Oakland gab, eine wichtige Entdeckung. Sie hatte beschlossen, Gehmeditation zu praktizieren, und ging achtsam zu einem nahe gelegenen Bahnhof, wo sie für die ankommenden Fahrgäste Liebende Güte praktizieren wollte. Dort kam ein Mann direkt auf sie zu. Aus welchen Gründen auch immer überkam sie eine spontane Abneigung gegen ihn. Doch noch bevor sie ihm aus dem Weg gehen konnte, war er schon bei ihr und sprach sie an:

»In meinem ganzen Leben habe ich noch nie etwas in dieser Art gemacht«, sagte der Mann, »aber Sie sehen so gütig aus, und ich habe im Moment so viele Schwierigkeiten, dass ich Sie bitten wollte, für mich zu beten.«

Meine Schülerin war erstaunt über die Diskrepanz zwischen ihren negativen Projektionen und dem tatsächlichen Menschen aus Fleisch und Blut, der nun vor ihr stand. Natürlich war sie gerne bereit, für ihn zu beten – und erachtet ihn noch heute als einen ihrer wertvollsten Lehrer.

Manchmal erwächst unsere Angst, bedroht zu werden,

aus dem Gefühl, in unserem Leben unzulänglich zu sein. Carolyn kämpfte sich als alleinerziehende Mutter von zwei kleinen Kindern ab, als sie sich dabei wiederfand, wie sie auf eine neue Schülerin im Yoga-Kurs, den sie besuchte, wütend wurde. Alles begann damit, dass die Frau vor Carolyn zum Unterricht kam und ihr den gewohnten Platz in der ersten Reihe »wegnahm«. In der Woche darauf geschah das Gleiche, und als die Neue es in der dritten Woche wieder tat, schäumte Carolyn innerlich vor Wut auf die rund zehn Jahre jünger wirkende Frau, die wohl gut zehn Kilo weniger als sie wog. Den großen Diamantring, der an ihrem Finger blitzte, nahm sie als Indiz, dass sie wohl ein regelrechter Krösus sein müsse.

»Ich konnte sie nicht ausstehen«, erinnert sich Carolyn. »Ich wusste, dass ich ihr Unrecht tat, aber ich verabscheute sie. Nicht nur, dass ich glaubte, sie lebe ein perfektes Leben, noch dazu war ihr Körper vollkommen, und sie konnte die schwierigen Stellungen länger halten als ich. Und auch wenn ich eigentlich Liebende Güte praktizierte, beschloss ich, dass dies ein Mensch ist, den ich *nicht* lieben müsse.«

Nach sechs Wochen kam die Frau nicht mehr, und Carolyn vergaß sie mehr oder weniger, bis sie einige Monate später wieder auftauchte. An diesem Morgen saß Carolyn wieder auf ihrem alten Platz in der ersten Reihe, und die Frau plazierte ihre Yoga-Matte direkt zu ihrer Rechten.

»Ich konnte sie nicht einmal anschauen«, erinnert sich Carolyn. »Ich verkrampfte mich und musste die ganze Stunde daran denken, wie unfair es war, dass ihr Leben so einfach war, während ich zwei Jobs hatte, um meine Kinder zu ernähren. Doch gegen Ende der Yoga-Stunde, als wir zur Entspannung in der ›Totenstellung‹ lagen, hörte ich sie plötzlich weinen. Ich schaute zu ihr hinüber und sah, dass ihr ganzer Körper zitterte. Anschließend kam sie zu mir und entschuldigte sich: ›Es tut mir sehr leid, dass ich Sie abgelenkt habe‹, sagte sie. ›Ich hatte eine ziemlich schwierige Zeit.‹

Ihr Gesicht war ungepflegt, sie war dünn und sah so niedergeschlagen aus, dass ich sie fragte, warum es ihr schlechtginge. Schluchzend erzählte sie mir, dass ihre vierjährige Tochter vor drei Wochen an Leukämie gestorben sei.

Ich war fassungslos. Ich hatte mir ein Bild von ihr und ihrem perfekten, aber hohlen Leben gemacht, während die Wirklichkeit so unglaublich traurig war. Alle leiden. Es gibt keine Ausnahme. Solange wir uns nicht in die Lage der anderen versetzen, ist es unmöglich, zu ermessen, wie ihr Leben wirklich aussieht. Im Nachhinein war mir klar, dass es verrückt war, dass ich auf eine Person so wütend gewesen war, über die ich ja eigentlich gar nichts wusste.«

Ein starkes Muster besteht darin, andere nicht zu mögen, weil es einem selbst an etwas fehlt und sie sich etwas herausnehmen, das man selbst nie wagen würde. Theresa berichtet: »Ich erinnere mich, dass ich einfach so aus dem Bauch heraus einen Mann nicht mochte, der für gewöhnlich mit seiner Therapiegruppe auf den anderen Therapeuten wartete, der mit dem meinen dieselbe Praxis teilte. Er ›erfreute‹ immer den Rest der Gruppe mit seinen Problemen, seiner Unterzuckerung oder was auch immer. Auch wenn ich noch nie ein Wort mit ihm gewechselt hatte, brauchte ich ihn nur zu sehen, und schon war ich voller Urteile über ihn. Es dauerte eine ganze Weile, bis ich feststellte, dass ich auf ihn eifersüchtig war, weil er es sich erlaubte, derart die Aufmerksamkeit und Fürsorge der anderen auf sich zu ziehen.«

Manchmal stülpen wir unsere stereotypen Kategorien selbst Menschen über, die uns näherstehen. Als sich Muttertag näherte, ließ sich meine Freundin Doris dazu hinreißen, sich eine Feier auszumalen, die ihrem Ideal entsprach: Sie würde mit ihrer Tochter Cora gut gekleidet zu einem Brunch gehen, wo die Tische feierlich mit Blumen geschmückt wären.

Die Wirklichkeit sah anders aus: Cora hatte das College abgebrochen, um Mitglied einer Punkband zu werden, und schlug sich als Barkeeperin durch. Sie hatte ihre Mutter außerdem bereits in ein schäbiges Theater in einem verrufenen Viertel eingeladen, wo ihre Punkfreunde zur Feier des Muttertags einen Film aus den 1980ern namens *Repoman* zeigten. Doch gleich nachdem sie zugesagt hatte, bereute es Doris bereits.

Zu ihrer Überraschung wurde es aber ein wunderschöner Tag. Cora bereitete den beiden in ihrem winzigen Apartment ein üppiges Frühstück, und sie unterhielten sich angeregt, bis es Zeit für den Film war. Das Kino war voller junger Leute mit Tattoos und Piercings – und ihren Müttern, für die es sogar Blumen und Freibier gab. Doris freute sich, ein paar andere Mütter von Punkrockern kennenzulernen. All das machte ihr wirklich Spaß. Da Doris nicht auf ihre eigenen Vorstellungen bestanden hatte, konnte Cora sie in ihre eigene Welt einladen und ihre Liebe auf eine Art ausdrücken, die ehrlich und authentisch war.

Die Mauern niederreißen

Über mehr als ein halbes Jahrhundert hinweg haben Sozialwissenschaftler untersucht, wie man die Barrieren zwischen potenziell feindlichen Gruppen abbauen kann. Dabei stellte sich heraus, dass Kontakt zwischen den Gruppen das stärkste Mittel ist, Vorurteile zu verringern – insbesondere, wenn die Menschen die Gelegenheit haben, sich persönlich und nicht als anonyme Mitglieder einer Gruppe besser kennenzulernen. Thomas E. Pettigrew, Professor für Sozialpsychologie an der University of California in Santa Cruz, leitete im Jahr 2006 eine Untersuchung, in der mehr als fünfhundert Studien zum Thema ethnische Konflikte ausgewertet wurden. Diese Untersuchung zeigt, dass selbst in Gegenden, in denen es solche Konflikte gab und die verschiedenen ethnischen Gruppen jeweils ein negatives Bild voneinander hatten, diejenigen, die enge Freundschaften mit Angehörigen der anderen Gruppe unterhielten, auch dieser Gruppe als ganzer gegenüber wenig oder keine Vorurteile zeigten. Ihnen schien klar zu sein, dass auch die Menschen, die für sie vor dem Kennenlernen *andere* gewesen waren, in vielerlei Hinsicht *einfach wie wir* sind.[12]

Einige dieser Studien dokumentieren, dass solche Freundschaften auch zur »Selbsterweiterung« beitragen. Wann immer wir etwas Neues erleben, erweitert das unseren Horizont im wahrsten Sinne des Wortes, und wir beginnen, einige Denk-, Sicht- und Verhaltensweisen unserer Freunde zu übernehmen. Einschränkend bemerken die Forscher, dass dies nicht für gelegentliche oder oberflächliche Kontakte gilt – wenn wir also zum Beispiel einfach nur einen muslimischen Arbeitskollegen haben oder »eine Transe kennen«. Wachstum findet erst bei dauerhafter Zusammenarbeit und sinnvollem Austausch statt.

Allerdings zeigte eine andere Studie, dass bereits unsere Vorstellung auf kreative Weise helfen kann, unbewusste Vorurteile zu überwinden. So sah eine Gruppe weißer Teilnehmerinnen und Teilnehmer ein fünfminütiges Video, das zeigte, wie ein Weißer und ein Schwarzer genau die gleichen Aufgaben bewältigten, wobei der Schwarze eindeutig Zielscheibe von Diskriminierung war. Diejenigen, die man bat, sich die Perspektive des Letzteren vorzustellen, hatten weniger unreflektierte Vorurteile als jene, die man bat, objektiv zu bleiben. Die Ergebnisse unterstrichen, wie hilfreich es ist, »sich in die Gefühle anderer hineinzuversetzen«, so der Psychologe Andrew Todd, der diese Studie leitete.[13]

Wollen wir sowohl unsere bewussten als auch unbewussten Vorurteile und Ängste in den Griff bekommen, müssen wir uns letzten Endes mit den Geschichten, die wir uns über andere erzählen, genau vertraut machen. Hierbei bietet uns Achtsamkeit »eine hervorragende Methode, die schädlichen Auswirkungen unserer unbewussten Voreingenommenheit zu erkennen und abzuschwächen – und zu lernen, uns mit Ungewissheit anzufreunden«, erklärt Daniel Siegel, Professor für Psychiatrie an der University of California in Los Angeles, dem Magazin *Mindful.* »Das menschliche Gehirn identifiziert Unsicherheit oft als Gefahr. Mit dem Achtsamkeitstraining können wir lernen, mit Unsicherheit zu leben, ohne durchzudrehen.«[14]

Vinny Ferraro unterrichtet in der San Francisco Bay Area Meditation. Er arbeitet mit jungen Menschen sowie den Erwachsenen, die sich um sie kümmern – also Lehrern, Sozialarbeitern, Gefängniswärtern und Eltern. Er selbst entdeckte die Kraft der Achtsamkeit auf die harte Tour. Vinny, dessen Vater im Gefängnis saß und dessen Mutter früh starb, wurde drogenabhängig, bevor er vor allem durch Meditation dem Lauf seines Lebens eine neue Richtung geben konnte. Er hat inzwischen über hunderttausend jungen Menschen beigebracht, wie man meditiert.

»Zu Beginn des Austausches führen wir uns zuerst einmal für mindestens eine Minute vor Augen, dass wir nicht wissen, was in anderen vorgeht. Das hilft, die Überzeugung zu überwinden, unsere Wahrheit sei die einzige und volle Wahrheit, und zu erkennen, dass wir alle anderen durch die Brille unserer eigenen Konditionierung sehen«, sagt er. Wenn Menschen sich wirklich füreinander öffnen, stürzen die Mauern ein. »Wären wir alle authentisch, würden wir uns im Prinzip alle ineinander verlieben«, fügt er hinzu.[15]

Denken Sie an jemanden, den Sie heute schätzen und von dem Sie anfangs eine schlechte Meinung hatten. Wie war der allererste Eindruck? Wie änderte sich allmählich das Bild von ihm oder ihr, als sie ihn oder sie nach und nach besser kennenlernten? Rachel, eine Freundin, beschreibt einen solchen Fall: »Ich war schockiert, als ich meine Freundin Judy das erste Mal auf der Damentoilette meiner Arbeitsstelle traf. Ich fragte mich: ›Warum um alles in der Welt haben sie diese laute, grell gekleidete Frau mit diesem schrillen Lachen eingestellt?‹ Doch bald stellte sich heraus, dass mir genau jemand wie sie guttat, und heute sind wir seit fast vierzig Jahren ›beste Freundinnen für immer‹.«

Von Begebenheiten wie dieser habe ich immer wieder gehört. Wenn wir über den Tellerrand unserer konditionierten Reaktionen schauen und feststellen, dass viele der Unterschiede, die wir wahrzunehmen glauben, auf sozialen Konventionen basieren, die wir verinnerlicht haben, bereiten wir bereits der Liebe den Weg.

Den Ausgang der Geschichte ändern

Am 11. September 2015 postete der Schauspieler, Geschichtenerzähler und Kabarettist Aman Ali auf Facebook, was sich am Nachmittag der Anschläge auf das Pentagon und das World Trade Center in seinem Klassenzimmer an der Highschool zugetragen hatte. Es war bereits klar, dass es sich um Terroranschläge handelte und die Politiker diskutierten, welches Land die USA als Vergeltungsschlag bombardieren sollte. Nachdem der Lehrer den Klassenraum verlassen hatte, stand einer von Alis Klassenkameraden auf und erklärte: »Wir sollten Afghanistan ins Mittelalter zurückbomben, denn das hat es verdient!« Dann wandte er sich Ali zu: »Ich wette, dass dein Vater eines der Flugzeuge gesteuert hat.«

»Und wie in einem Pawlowschen Reflex«, erinnert sich Ali, »schnappte ich ihn am Kragen und war kurz davor, ihm so heftig ins Gesicht zu schlagen, dass ich ihm wahrscheinlich bleibende Schäden zugefügt hätte. Was mich jedoch – Millisekunden davor – stoppte, war der Gesichtsausdruck, mit dem er mich ansah.

Er lächelte breit über das ganze Gesicht, so als wollte er mir sagen: ›Ich hab's doch gewusst!‹«

Ali schreckte davor zurück, die stereotype Einstellung des Mitschülers, der alle Muslime für gewalttätig hielt, zu bestärken, trotzdem verfolgte ihn seine eigene Reaktion noch für Jahre.

»Bis heute habe ich immer wieder Alpträume dazu, die mich an dieses Lächeln erinnern, das mir sagen wollte: ›Ich hab's doch gewusst!‹ Was, wenn ich der einzige Moslem war, den er bis dahin kennengelernt hatte? Was, wenn er dieses Vorurteil Moslems gegenüber den Rest seines Lebens beibehalten würde?«

Erst am 11. September 2015 fand Ali eine Facebook-Nachricht vor, in der sein Erzfeind aus der Schulzeit sich aus tiefstem Herzen für die Äußerungen entschuldigte, die er 2001 gemacht hatte.

Noch am selben Tag telefonierten die beiden zum ersten Mal seit ihrem Abschluss. Es stellte sich heraus, dass Alis früherer Klassenkamerad in den Jahren danach zwei Mal als Soldat der US-Armee in Afghanistan gewesen war. »Die spontane Herzlichkeit, Gastfreundschaft und der gute Wille, den die Menschen ihm dort entgegenbrachten, erinnerten ihn immer wieder an diese Situation, in der er als unwissender Teenager voller Hass dieses Land hätte gnadenlos bombardieren lassen wollen, und die verletzenden Bemerkungen, die er über meinen Vater gemacht hatte«, bloggte Ali.

»Ich hätte es verdient, geschlagen zu werden«, versicherte der Klassenkamerad Ali am Telefon. »Manchmal wünschte ich, du hättest es wirklich getan.«

»Und das war der Moment, in dem mir klarwurde, wie glücklich ich bin, es nicht getan zu haben«, erinnert sich Ali, »denn sonst hätten wir niemals vierzehn Jahre später dieses Gespräch geführt.«[16]

Kontemplation

Ein Großteil der Bilder und Einschätzungen über andere – besonders über jene, die anders als wir sind – ist von in unserem Unterbewusstsein verschlüsselten Mustern bedingt, die unser Verhalten und unsere Gewohnheiten mitbestimmen. Häufig genug hinterfragen wir diese nicht einmal.

Eine Freundin erzählte mir ein Erlebnis während ihrer Schulzeit in Western Massachusetts: »Ich erschaudere noch heute, wenn ich daran denke, wie damals ein farbiges Mädchen in meine Abschlussklasse im Internat kam. Die Direktorin rief uns alle zu sich und belehrte uns, wie wir uns ihr gegenüber ›passend‹ verhalten sollten. Sie bekam ein eigenes Zimmer, und ich kann mich nicht erinnern, dass wir irgendwelche Anstrengungen machten, sie besser kennenzulernen. Vielleicht freundete sie sich mit ein paar Schülern an, aber immer wenn ich an sie denke, kommt mir nur die Mauer der kühlen Höflichkeit, die wir ihr gegenüber an den Tag legten, in Erinnerung.«

Kontemplieren Sie heute Folgendes: Was haben Sie als Heranwachsender bezüglich anderer Gruppen gehört? Was wurde Ihnen in dieser Hinsicht durch das Verhalten Ihrer Familie, durch Lehrer und Mitschüler suggeriert? Glauben Sie, dass Sie diese Konditionierung auch jetzt noch beeinflusst?

Übungen zu Kapitel 20

Intention als tägliche Praxis

Schreiben Sie jeden Morgen ein paar Sätze für den Tag auf, die sich aus dem Wunsch nähren, Ihre Vorurteile auf liebevolle Weise in Frage zu stellen oder zu bemerken, wenn Sie einen anderen Menschen beurteilen und warum Sie das tun. Sie können sich auch vornehmen, jemanden mit einem kleinen Geschenk zu überraschen. Die Möglichkeiten sind grenzenlos. Hier einige Vorschläge:

~ Ich möchte es jedes Mal bemerken, wenn ich jemand anderen bewerte.
~ Ich nehme mir vor, all jenen, die mir heute Schwierigkeiten machen, Liebende Güte zukommen zu lassen.
~ Ich werde auf meine Urteile andern gegenüber achten und über sie nachdenken.
~ Ich möchte jemandem in der U-Bahn / im Lebensmittelgeschäft / auf der Straße zulächeln.

~ Ich werde zu jemandem, der mir bei der Arbeit Schwierigkeiten bereitet, freundlich sein.

~ Ich lege eine Liste mit meinen häufigsten bewertenden oder vorurteilsvollen Gedanken an und werde mir Zeit nehmen, über sie nachzudenken.

In die Fußstapfen von jemand anderem treten

Jeden Tag gibt es zahllose Situationen, in denen wir Menschen treffen, die anders sind als wir: wenn wir in einem Geschäft bezahlen, mit der Bedienung einer Cafeteria oder eines Restaurants zu tun haben, bei der Fahrt in der U-Bahn, im Taxi, oder wenn wir dem Parkplatzwärter am Einkaufszentrum unser Ticket zeigen. Viele von uns lassen sich auf diese Menschen nicht einmal ein, schauen ihnen nicht in die Augen – und dies nicht etwa aus schlechter Absicht, sondern weil wir nicht die Energie aufbringen, uns willentlich auf diese Begegnungen einzustimmen.

Die unten beschriebene Praxis können Sie täglich und den ganzen Tag über machen, so oft oder so selten wie Sie mögen. Die folgenden »Schritte« sind nicht für eine Praxis im Sitzen gedacht, sondern sind die Wegweiser für einen Ausflug in den sprichwörtlichen Fußstapfen des anderen. Sie können sie je nach Situation und Stimmung mehr oder weniger intensiv umsetzen.

1. Beginnen Sie damit, auf die Menschen zu achten, die Ihnen tagtäglich begegnen. Nehmen Sie sich kurz Zeit, sich vorzustellen, was sie bewegt. Stellen Sie sich Fragen zu ihnen. Seien Sie neugierig – bedenken Sie, dass alle Erinnerungen an ihre Kindheit haben, Speisen, die sie besonders mögen oder gar nicht, Lieblingsfarben, die sie bevorzugen, und Tageszeiten, deren Atmosphäre sie besonders schätzen. Es ist eine

kraftvolle Praxis, sich anderen Menschen gegenüber zu öffnen, deren Weg wir sonst nur als unbeachtete anonyme Passanten kreuzen.

2. Während Sie über die Geschichten der anderen nachdenken, können Sie ihnen Sätze der Liebenden Güte schenken: Mögen sie *glücklich, friedvoll, gesund, stark* sein. Sie können die Wünsche, wenn es für Sie stimmiger ist, auch umformulieren.

3. Während Sie so Ihre alltäglichen Situationen betrachten und sich Zeit nehmen, über die Verletzlichkeit zu kontemplieren, die Ihnen und anderen gemeinsam ist, finden Sie es unter Umständen sowohl anregend als auch hilfreich, sich vorzustellen, wie diese Menschen leben. Wenn Sie beispielsweise in der U-Bahn sitzen, können Sie sich vorstellen, was für ein Leben die Person schräg gegenüber führt, anstatt ein Spiel auf Ihrem Smartphone zu spielen. Wir tun dies nicht, um rigide Schlussfolgerungen über sie zu ziehen, sondern um uns daran zu erinnern, dass wir die gleiche Erfahrung des Menschseins teilen.

Liebende-Güte-Meditation für jemanden, den wir schwierig finden

Jemandem Liebende Güte zu senden, der sich schlecht verhalten hat, bedeutet nicht, dass wir sein Verhalten billigen oder so tun, als sei das, was er getan hat, ohne Belang. Auch wenn es uns sehr wohl verletzt haben mag, können wir den Mut, den Willen und die Offenheit aufbringen, uns das Potenzial für Veränderung ins Gedächtnis zu rufen und zu sehen, dass es uns selbst freier macht, wenn wir der oder dem Betreffenden etwas Gutes wünschen.

Für gewöhnlich beginnen wir mit jemandem, der uns nur geringe Schwierigkeiten bereitet und den wir nur etwas lästig finden, der uns ein wenig auf die Nerven geht oder uns nur leicht ängstigt. Wir beginnen nicht gleich mit dem Menschen, der uns in diesem Leben am meisten verletzt hat. Ablehnung und Ärger sind weitverbreitete Gefühle, und wir hegen sie auch Personen gegenüber, die nicht sonderlich schwierig sind. Wir machen diese Praxis mit einem gewissen Entdeckergeist. Wie wäre es, wenn wir, anstatt uns immer und immer wieder in der gleichen alten Klage zu verlieren, nun dem Menschen mit einer neuen Qualität der Aufmerksamkeit entgegenträten und ihm wünschen würden, frei zu sein, befreit von einem Teil seines Leides, und dass er selbst vom Geist der Liebenden Güte und des Mitgefühls durchdrungen sei?

Sie können sich die schwierige Person, die Ihnen einfällt, vorstellen, ihren Namen sagen und beobachten, was geschieht, wenn Sie ihr Sätze der Liebenden Güte schenken, Sätze wie: »Mögen Sie sicher sein, mögen Sie glücklich sein, mögen Sie gesund sein, und mögen Sie sorglos leben.« Denken Sie daran, dass es nicht darum geht, künstlich eine Emotion oder ein Gefühl zu fabrizieren. Sollten Sie sich überfordert oder angespannt fühlen, dann schenken Sie sich erst einmal selbst Liebende Güte. Denken Sie daran, dass auch Sie Liebende Güte und Fürsorge verdienen. Versuchen Sie aber etwas später dem schwierigen Menschen wieder Zeit zu schenken. Unter Umständen müssen Sie die Sätze etwas abändern, da sie für Sie zu holprig klingen und Sie sich mit Sätzen wie den folgenden besser fühlen: »Mögen Sie mit Liebender Güte erfüllt sein. Mögen Sie Klarheit und Wohlbefinden finden« (schließlich wären sie keine so schwierigen Zeitgenossen, wenn sie glücklicher wären!).

Die letzten Minuten dieser Sitzung können Sie sich spontan davon überraschen lassen, wer Ihnen in den Sinn kommt, ein Fremder oder eine Fremde, jemand, den oder die Sie gerade getroffen haben. Erlauben Sie ihnen – einer nach dem anderen –, sich in Ihrem Gewahrsein zu zeigen, und machen Sie ihm oder ihr das Geschenk

Liebender Güte – einem Menschen, einem Tier, wer oder was auch immer es sein mag.

Achten Sie nach der Sitzung im Lauf des Tages darauf, ob die Meditation Auswirkungen hat, und wenn ja, welche.

21 Alle lieben

Je mehr du verstehst, umso mehr liebst du.
Je mehr du liebst, umso mehr verstehst du.
Dies sind zwei Seiten der gleichen Realität. Der liebende
und der verstehende Geist sind ein und derselbe.[17]
— THICH NHAT HANH —

Vor einigen Jahren traf ich Myles Horton, den Gründer der Highlander Folk School[18], eines Bildungszentrums der US-Bürgerrechtsbewegung, zu deren Studenten die Aktivistin Rosa Parks[19] gehörte. Myles wollte wissen, was ich so tue, und ich erzählte ihm, dass ich Liebende-Güte-Meditation unterrichtete. Er entgegnete: »Oh, Marty [damit meinte er Martin Luther King jr.] pflegte mir immer zu sagen: ›Du musst alle lieben‹, worauf ich normalerweise antwortete: ›Nein, muss ich nicht. Ich liebe nur den, der es verdient, geliebt zu werden.‹ Doch Marty bestand darauf: ›Nein, nein, nein, du musst wirklich alle lieben!‹«

Manchmal erwidern Menschen, denen ich diese Geschichte erzähle: »Und was ist dann passiert? Er wurde ermordet.« Als ob das eine Frage von Ursache und Wirkung sei, so als wäre er nicht ermordet worden, wenn er nicht versucht hätte, alle zu lieben. Doch wie kommen sie darauf? Hätte es Martin Luther King geschützt, hasserfüllt, bösartig und engstirnig zu sein? Machen uns diese Eigenschaften sicherer? Wie weit wäre seine Bewegung gekommen, wenn er nicht darauf bestanden hätte, dem Hass mit Liebe zu begegnen?

Weder Myles Horton noch meine Freunde, die die Stirn runzeln, wenn ich von Liebe zu allen anderen spreche, sind mit ihrer Skepsis alleine. Eine Schülerin von mir erzählte mir einmal, dass sie die Liebende-Güte-Praxis verabscheue, da sie ihr unecht vorkäme: »Das erinnert mich an einen verkrampften Valentinstag, an dem wir eigentlich ärgerlich und voller Sorgen waren, unsere Gefühle aber hinter einem gespielten Lächeln verstecken mussten.« Ich erklärte ihr, echtes Mitgefühl erfordere Ehrlichkeit und Einsicht. Dabei geht es nicht darum, jemanden zu bemitleiden oder unsere Emotionen zu verleugnen.

Viele Menschen halten umfassende Liebe und Güte für Zeichen der Schwäche. Sie denken: Wenn ich ohne Unterschied alle liebe, verliere ich meine Leidenschaft und meine Kraft. Die anderen nutzen mich dann nur aus und halten mich für einen Schwächling. Schlimmer noch: Ich *werde* zu einem Schwächling.

Sollten wir jene lieben, die sich uns widersetzen, unsere Meinung nicht teilen und uns im Wege stehen? Hat man uns nicht immer wieder eingetrichtert, dass wir für uns einstehen sollen, was auch immer andere von uns denken mögen?

Die Antwort ist ganz klar: Wir sollten auch diese Menschen lieben – denn all diese Einwände sind nur Glaubenssätze, mit denen wir konditioniert wurden. In keiner populären Fernsehshow, in kaum einem Film oder Buch werden Helden gezeigt, die Bösewichten gewaltfrei antworten.

Sie suggerieren uns, wir sollten ethische Urteile über gut oder schlecht und richtig oder falsch mit Stärke, Macht und oft sogar mit Gewalt durchsetzen. Es gibt im Kulturbereich nicht viele zeitgenössische Vorbilder von Menschen, die friedliche Formen und Modelle des Widerstands sowie weltanschaulich geprägte Ansätze des Protests aufzeigen, die sich aus anderen Quellen als jener der Gewalt speisen.

Alle zu lieben ist Teil der Liebende-Güte-Praxis. Und natürlich ist es sinnvoll, sich zu überlegen, ob wir die Praxis nicht auch anwenden sollten, wenn wir in unserem täglichen Leben mit schwierigen Menschen zu tun haben – einem launischen Chef, einem anstrengenden Freund oder einer unfreundlichen Bedienung in einem Restaurant. In diesem Kapitel möchte ich hingegen herausragende Beispiele der Liebe zu allen aufzeigen, in denen Menschen selbst angesichts bedrängender und realer Situationen der Gewalt und der Bedrohung ein neues Vokabular, neue Ansätze und neue Verhaltensmodelle gefunden haben. Glücklicherweise habe ich in den vierzig Jahren, die ich nun Liebende Güte praktiziere und lehre, sehen können, dass uns diese Praxis keinesfalls zu Schwächlingen degradiert, sondern uns ganz im Gegenteil stärker macht und uns hilft, mehr im Einklang mit unseren tiefsten inneren Werten zu leben. Um alle zu lieben, müssen wir unsere Herzen öffnen und auch jene, die wir nicht gut (oder überhaupt nicht) kennen, in die Menschlichkeit, die wir mit ihnen allen teilen, mit einschließen. Es bedeutet allerdings *nicht,* dass wir mit allen, die wir treffen, eine persönliche Beziehung eingehen. Wir müssen ebenfalls *nicht* mit ihren Handlungen oder Überzeugungen einverstanden sein – oder vollkommen Fremden auf der Straße eine Liebeserklärung machen. Es heißt *nie,* unsere Prinzipien zu opfern und nicht mehr für das aufzustehen, woran wir glauben. Die Hauptarbeit findet in unserem Inneren statt und liegt darin, Liebe und Mitgefühl in unseren Herzen zu kultivieren.

Aber ich bin auch die Erste, die zugibt, dass diese Arbeit nie getan ist. Nach der Veröffentlichung meines Buches

Metta Meditation sagten viele zu mir: »Es muss unglaublich sein, allen Menschen fortdauernd Liebe zu schenken!« Ich musste ihnen erwidern, dass, obzwar ich glaube, dass universelle Liebe möglich ist, ich nicht jeden Tag vor Liebe überströme. Ich erinnere mich daran, wie ich mich bei einem Freund über einen gemeinsamen Bekannten beklagte und er antwortete: »Hast du dein Buch nicht gelesen?« Auch die Erkenntnis, dass das eigene Handeln in einer bestimmten Situation nicht mit den eigenen Zielen übereinstimmt, kann Ausdruck der Liebe sein.

Man sollte nie große Vorbilder nehmen, um sich selbst schlechtzumachen, auch wenn wir durchaus dazu tendieren können, da wir dazu konditioniert sind. Wir müssen sehr achtsam sein, dies nicht zu tun. Denn Inspiration ist ein Fingerzeig auf eine Welt, die größer ist als jene, die wir bislang bewohnten, eine Welt, in der wir plötzlich feststellen können, dass selbst Menschen, die viel durchzustehen haben, noch immer freundlich sein können. Wir können schöpferisch sein, für andere Sorge tragen oder auf eine Art handeln, die unsere gewöhnlichen begrenzten und eingeschränkten Vorstellungen Lügen straft. Wir können verstehen, dass Liebe eine Kraft ist, und darauf hinarbeiten, frei zu sein. Uns kann sich ein Weg auftun, und wir sagen dann vielleicht: »Wenn es einen Weg gibt, dann kann ich ihn auch gehen.«

Liebe statt Hass wählen

Malala Yousafzai ist die jüngste Friedensnobelpreisträgerin aller Zeiten. Ihr Vater ist ein engagierter Vorkämpfer für die Verbesserung der Bildungschancen in Pakistan und führt seine eigene Schule im Swat-Tal. Bereits als Zwölfjährige machte sich Malala für die Bildung für Mädchen stark und bloggte zu diesem Thema. 2012, sie war gerade einmal fünfzehn Jahre alt, kam ein Taliban-Schütze in ihren Schulbus, fragte nach ihr und schoss ihr in den Kopf. Die Taliban erklärten, dass sie eigentlich ihren Vater bekämpften, aber der Mordversuch gehörte auch zu dem übergeordneten Plan der Taliban, ihre Macht im Swat-Tal abzusichern, indem sie Vorkämpferinnen und -kämpfer der Bildung und des Friedens verunsicherten, zu denen auch die Mitglieder der Yousafzai-Familie zählen. Glücklicherweise erholte sich Malala in England gänzlich von dem Attentat und wurde seither zu einer inspirierenden Fürsprecherin der Rechte von Frauen.

2013 erzählte Malala in Jon Stewarts *The Daily Show* von ihren Erlebnissen. Steward bat sie, ihre erste Reaktion zu beschreiben, als der Taliban-Kämpfer sie ermorden wollte. Sie erwiderte: »Ich habe schon zuvor oft gedacht, dass ein Talib kommen und mich umbringen werde. Ich fragte mich: ›Was würdest du in diesem Fall tun, Malala?‹, und ich sagte mir: ›Ich würde einen Schuh nehmen und ihn schlagen.‹ Aber dann dachte ich: ›Wenn du einen Talib mit einem Schuh schlägst, gibt es zwischen dir und ihm keinen Unterschied mehr.‹«

In diesem jungen Alter wusste Malalas weises Herz bereits, dass, würde sie den Angriff »Auge um Auge« vergelten, es sie nur noch mehr verletzte. Wenn wir achtsam denken, sprechen und handeln, wird uns deutlich, dass es viele Möglichkeiten gibt, auf Angriffe und Anschuldigungen zu reagieren. Malalas intuitive Reaktion auf die Gefahr bedeutete nicht notwendigerweise, dass sie die Angreifer liebte und akzeptierte, aber ihr Horizont war weit genug, um zu erkennen, dass den Talib mit ihrem Schuh zu schlagen bedeuten würde, den Teufelskreis der Gewalt und Angst fortzusetzen und nach den gleichen Regeln zu spielen wie jene, die sie angriffen und in Gefahr brachten.

Ihre Erkenntnis, dass Vergeltung sowohl den Kreislauf der Gewalt anheizen als auch ihr die Bürde des Schmerzes, der Wut und der Angst auferlegen würde, gab Malala Freiheit und Mut. Sie erfand die Regeln, nach denen die Taliban mit ihr »spielen« wollten, neu. Sobald wir es uns zugestehen, die Konsequenzen unserer Handlungen aus einer umfassenderen Perspektive zu betrachten, erkennen wir gleichzeitig, wie eng die Art, wie wir uns mit anderen in Beziehung setzen, und unsere eigene Ausgeglichenheit und unser Wohlbefinden verbunden sind.[20]

Paradoxerweise stellte es sich heraus, dass Malalas gewaltfreies Eintreten für Dialog und Bildung entwaffnender war als jede gewaltsame Vergeltung. Sie beabsichtigte nicht, jene zu töten oder zu verletzen, die ihr Leben bedrohten. Sie stand für ihre Sache, setzte sich weiterhin dafür ein, ganz unabhängig davon, welche Konsequenzen das für ihre Sicherheit hatte. Ihr friedlicher Protest zeigte den Taliban – und dem Rest der Welt –, dass ihr Aktivismus nicht aus einem Eigeninteresse heraus motiviert war, sondern es ihr einzig und alleine darum ging, jenen zu helfen, denen Malalas Opfer nützten. Mit Beispielen wie dem ihren haben wir lebende Beweise, wie ausgesprochen kraftvoll solch liebevolle Handlungen sein können.

Andere mit einbeziehen – das Gesicht der Liebe

Manche Akte der Gewalt gegen Einzelne oder Gruppen von Menschen sind so grausam, dass die Vorstellung, die Täter in den Kreis derer aufzunehmen, denen wir wünschen, sie mögen frei sein, nicht nur unmöglich erscheint, sondern auch jeglichen Gerechtigkeitssinn auf skandalöse Weise zu verhöhnen scheint. Dennoch finden sich Menschen, die uns zeigen, dass sich in einem mutigen und entschlossenen menschlichen Herzen Wut und Mitgefühl nicht gegenseitig ausschließen müssen. In der Entschiedenheit dieser Menschen zeigt sich, dass es nicht etwa unsere grundlegende Loyalität zu Gerechtigkeit schwächt, wenn wir uns nicht von anderen vorschreiben lassen, auf welche Art wir auf die Gewalt reagieren, sondern diese sogar stärkt.

Die südafrikanische *Truth and Reconciliation Commission* (Wahrheits- und Aussöhnungskommission) ist ein kraftvolles Beispiel, bei dem diese Einstellung in die Geschichte einging. Aufgabe der 1995 während Nelson Mandelas Amtszeit eingerichteten Kommission war es, sowohl die Menschenrechtsverletzungen des Apartheidregimes zu untersuchen als auch den Opfern und ihren Familien Unterstützung zukommen zu lassen. Ihr Vorsitzender war Erzbischof Desmond Tutu. Radikale Ehrlichkeit bildete das Herzstück der Arbeit der Kommission: Die Opfer erzählten in Gegenwart ihrer Schinder, was man ihnen oder ihren Liebsten angetan hatte, und jene mussten wiederum ihre Taten im Beisein der Betroffenen eingestehen. Die meisten Südafrikaner sehen es als Verdienst der Kommission an, dass ein landesweites Blutbad der Rache verhindert werden konnte.

Tutu erklärt auf seiner Website namens *The Forgiveness Project* (Das Projekt Vergebung), wie diese Art des Loslassens – oder des Verzeihens – den Opfern nutzt: »Zu vergeben bedeutet nicht einfach nur, altruistisch zu sein. Es ist sogar die höchste Form des Eigeninteresses. Es ist nicht einmal ein Prozess, der Hass und Wut ausschließt, denn diese Emotionen gehören zum Menschsein dazu ...« Tutu verdeutlicht, dass es uns selbst nützen kann, wenn wir vergeben: »Wenn wir in uns Vergebung finden können, nimmt uns das, was man uns angetan hat, nicht mehr gefangen. Wir können voranschreiten und dem Täter sogar helfen, ein besserer Mensch zu werden.«[21]

Uns zu erlauben, mit »dem Feind« in Verbindung zu treten, ist ein radikaler Akt der Liebe, der uns auch selbst Frieden und Selbstliebe bringt. Mich hat letzthin ein Beitrag der israelischen Mutter Robi Damelin in der Tageszeitung *Haaretz* sehr bewegt, in dem sie ihre Gedanken zum Mord an ihrem Sohn durch einen palästinensischen Scharfschützen teilte. Damelin schrieb ihren Artikel als Antwort auf eine Welle der Bestürzung in Israel, den eine nationale Radiosendung ausgelöst hatte, in der es um die Trauer israelischer und palästinensischer Mütter angesichts der Tötung ihrer Kinder durch die jeweils andere Seite ging. Damelin ist ein wichtiges Mitglied der Graswurzelorganisation *The Parents Circle-Families Forum* (Das Elternkreis-Familienforum), die palästinensische und israelische Familien zusammenbringt, die in dem Konflikt einen geliebten Menschen verloren haben. In ihrem Artikel stellt sie einige grundlegende Fragen: »Wie kommen Sie dazu, zu glauben, dass die Tränen auf dem Kissen einer palästinensischen Mutter eine andere Substanz oder Farbe hätten als die einer trauernden israelischen Mutter?« Ihre Antwort: »Trauer kennt keine Grenzen.« Organisationen wie diese geben uns einen Vorgeschmack darauf, was es für uns bedeutete, wenn wir die Kraft der Versöhnung verstünden, statt auf Rache zu bauen – und dies selbst inmitten eines ganz realen akuten Konflikts.[22] Selbstverständlich dürfen solche mutigen Schritte der Versöhnung nicht als Ersatz für sozialen Wandel oder als Trostpflaster dienen, um den Status quo aufrechtzuerhalten. Auch sollten wir Menschen, die zu einem solchen Engagement fähig sind, weder übermäßig idealisieren und verklären noch jenen Vorwürfe machen, die nicht so vorbildlich handeln können. Die genannten Beispiele zeigen, dass der Einsatz für Gerechtigkeit harte Arbeit ist, die weit mehr ist als eine etwas höflichere Art, Rache zu nehmen – und sie zeigen die Rolle der Liebe, also der harten Arbeit, diese Gerechtigkeit fortwährend zu nähren. Es ist unsere eigene Arbeit.

Übungen zu Kapitel 21

Überprüfen Sie Ihre Vorbilder

In dieser Übung geht es darum, einige der Vorbilder zu überprüfen, die Sie im Lauf Ihres Lebens hatten – und Ihrer Sammlung ein paar neue hinzuzufügen.

Gibt es jemanden in Ihrem Leben, der Sie inspirierte, entweder auf sanfte Weise oder auch ganz plötzlich, der Ihren Geist für Neues öffnete und dem Sie die Einsicht zu verdanken haben, dass Ihnen auch andere Wege und Möglichkeiten offenstehen? Versuchen Sie, sich diese Person vorzustellen. Denken Sie daran, dass Sie nicht in allen Punkten das Weltbild des betreffenden Menschen, der für Sie ein Vorbild darstellt, teilen müssen: Auch wenn wir für jene, die uns inspiriert haben, große Dankbarkeit empfinden, wäre es eine emotionale Falle, zu denken, wir müssten in jeder Hinsicht ihrem Beispiel folgen. Forderten wir dies von uns, würden wir uns nur wieder unzureichend fühlen – und das widerspräche der Selbstliebe und dem Selbstrespekt, die wir zuvor kultiviert haben.

Sie können bei dieser Übung die Augen schließen und sich Ihre Vorbilder sanft vergegenwärtigen und spüren, welchen Einfluss sie auf Sie hatten. Sie können auch ihre Namen niederschreiben und über einige der Eigenschaften nachdenken, die Sie an ihnen bewundern und die Sie mit ihnen verbinden.

Diese Übung ist weit mehr als nur eine abstrakte Reflexion. Indem Sie sich die Zeit nehmen, über die Menschen nachzudenken, die Sie inspirieren, liebevoller und mit größerem Mitgefühl zu handeln, machen Sie Schritte hin zu größerer Achtsamkeit bei Ihren eigenen Handlungen, Gedanken und Worten.

Sich Gemeinsamkeit vor Augen führen

Robert Thurman, Professor an der Universität Columbia, illustriert mit einem kraftvollen (wenn auch zugegebenermaßen humorvollen) Szenario, wie wir uns alle darin üben können, mit mehr Mitgefühl zu leben. »Stellen Sie sich vor, Sie fahren in der New Yorker U-Bahn. Plötzlich kommen Außerirdische und entführen den ganzen U-Bahn-Waggon: Sie müssen mit Ihren Mitreisenden für den Rest Ihres Lebens zusammenbleiben.«[23] In solch einer Situation wäre es für jeden und jede von uns selbstverständlich, den anderen zu helfen und dafür zu sorgen, dass alle im Abteil etwas zu essen bekommen. Wenn jemand in Panik gerät, tun wir unser Bestes, ihn zu beruhigen. Wir sitzen sprichwörtlich alle im »selben Boot« – und daher ist es für alle angenehmer, auf friedliche Weise zusammenzuleben und zu verstehen, dass wir alle dieses gemeinsame Menschsein teilen.

Während Sie über dieses Szenario kontemplieren, können Sie die Augen schließen oder Ihren Blick sanft und leicht gesenkt nach unten richten. Vielleicht wollen Sie auch besonders schwierige Menschen in Ihre U-Bahn-Gemeinschaft aufnehmen und so erforschen, welche Schwierigkeiten es Ihnen bereitet, sich immer wieder daran zu erinnern, dass Sie alle gleich sind und alle Liebe und Mitgefühl verdienen. Wenn Ihr Geist zu wandern beginnt, können Sie im Stillen für sich, für alle anderen und eventuell auch bestimmte schwierige Personen Sätze der Liebenden Güte wiederholen und gleichzeitig in Ihrer Vorstellung die Situation betrachten.

Meditation:
Liebende Güte für alle Lebewesen

Wenn wir allen Lebewesen, wo auch immer sie sein mögen, Liebende Güte schenken, dann tun wir das auch deswegen, weil wir die unendliche Vielfalt des Lebens berühren möchten. Dieser Wunsch ist Ausdruck unserer Fähigkeit, uns mit allem Lebendigen zu verbinden und für es zu sorgen. Wir tun dies mit Sätzen wie: »Mögen alle Wesen sicher sein, glücklich sein, gesund sein und mit Leichtigkeit leben.«

Sie können diese Sätze sprechen oder andere, die Ihnen sinnvoll erscheinen. Was würden Sie allen Wesen, wo sie auch sein mögen, wünschen? Denken Sie daran, dass der Gefühlston dabei einer des Gebens und Schenkens ist.

Wir schenken allen Lebewesen, wo immer sie sein mögen, Liebende Güte. Wie auch immer wir unsere Wünsche ausdrücken, es öffnet uns für die grenzenlose Weite des Lebens.

Wenn Sie sich danach fühlen, können Sie die Übung beenden. Achten Sie darauf, ob Sie ein Gefühl der inneren Weite und Ausdehnung spüren und wie es Sie während des Tages beeinflusst.

22 Eine Gemeinschaft gründen

In dem Moment, in dem wir uns entscheiden, zu lieben,
beginnen wir unseren Weg in die Freiheit, beginnen wir, auf
eine Art zu handeln, die für uns und andere befreiend ist.
— BELL HOOKS —

Vor einigen Jahren durchlebte David, ein Freund von mir, eine Phase, in der er äußerst deprimiert war. Wie viele Menschen, die mit Depressionen zu kämpfen haben, fühlte er sich allein und von der Welt getrennt. Ich schlug ihm vor, seine Einsamkeit dadurch zu überwinden, dass er sich für eine Sache ehrenamtlich engagierte, die ihm sinnvoll erschien. Er freundete sich schnell mit der Idee an, kontaktierte eine Organisation, die kranken Menschen, die ans Haus gebunden sind, Essen bringt, und bot an, in der Küche zu helfen. Doch als ihm der Verantwortliche ein scharfes Messer gab, um Sandwiches zu schneiden, gab es ein Problem: Er hatte als Nebenwirkung der Medikamente, die er nahm, zittrige Hände, und so fiel ihm selbst diese einfache Aufgabe schwer. Dem Mann, der die Arbeit einteilte, war dies nicht entgangen, und schon bald ließ er ihn stattdessen die Sandwiches belegen, ein Job, den David leicht erledigen konnte. Es berührte ihn sehr, dass man ihn gesehen, sich um ihn gekümmert und ihm eine Aufgabe gegeben hatte, die er mit Würde erledigen konnte. Er war daher motiviert, wiederzukommen. »Es fühlte sich an, als sei ich aus dem dunklen Tunnel meines geistigen Gefängnisses heraus und in eine liebevolle Gemeinschaft gekommen«, sagt David heute. »Mit dieser wunderbaren Gruppe von Menschen zu arbeiten, die anderen half, war ein entscheidender Wendepunkt in meinem Heilungsprozess.«

Wie David sehnen wir uns alle nach Verbindung. Wenn wir leiden, neigen wir jedoch dazu, uns zurückzuziehen. Oft haben wir dann das Gefühl, wir hätten nicht genügend Energie, um mit anderen Menschen zu sein, oder wollen ihnen unsere Leiden ersparen. Doch wenn wir uns zurückziehen, isolieren wir uns nur noch mehr. Auch wenn es unter Umständen einer enormen Willenskraft bedarf, die Initiative zu ergreifen und nach außen zu gehen, wenn wir eigentlich eher den Impuls haben, die Lichter zu löschen, uns unter der Bettdecke zu verkriechen und zu verstecken, kann genau dies ein Schritt zu großem Selbstmitgefühl sein. Oft genug bessert sich unsere Stimmung erst dann, wenn wir uns mit anderen verbinden; und dann kommen wir auch wieder bei uns selbst an.

Barbara Fredrickson nennt diese Momente, in denen wir täglich mit anderen in Austausch treten, »kleine Motoren, die die Aufwärtsspirale in der Dynamik aus positiver Einstellung und Gesundheit antreiben.«[24]

Und dennoch breitet sich in unserem Land Einsamkeit wie eine wahre Landplage aus. Das Buch *Bowling Alone* (Alleine kegeln gehen), das der Politikwissenschaftler Robert Putnam im Jahr 2000 veröffentlichte, dokumentiert die immer geringere Teilnahme an gesellschaftlichen Gruppen, von der einst so populären *Parent Teacher Association* (Eltern-Lehrer-Verein) über Organisationen der Zivilgesellschaft und der Kirche bis eben hin zum Kegelclub, also all dem, was wir einst als Grundlage der demokratischen Gesellschaft ansahen.[25] In dem Maße, wie sich die Kanäle des Kabelfernsehens vermehren, wir immer häufiger umziehen, unsere Wege zur Arbeit länger und die Bindungen in der Nachbarschaft schwächer werden, hat die soziale Entfremdung zugenommen. In einer neueren soziologischen Studie, die die Existenz von (oder besser gesagt: den Mangel an) Gemeinschaft in den USA untersuchte, berichtete ein Viertel der Menschen, niemanden zu haben, mit dem sie wirklich reden können.[26]

Do-it-yourself-Gemeinschaften

Auch wenn sich unsere soziale Landschaft verändert, legt meine eigene Erfahrung nahe, dass es nicht weniger Vereine und Gruppen gibt, sondern sich deren Themen eher verschieben – hin zu religiösen Gemeinschaften, Meditations- und anderen spirituellen Zentren und zu Selbsthilfegruppen, die zum Beispiel mit den in den USA sehr populären Zwölf-Stufen-Programmen[27] arbeiten. Sie leisten weiterhin einen entscheidenden Beitrag dazu, dass Menschen sich zugehörig fühlen und so neue Wege finden, sich auf Arten zusammenzuschließen, die eher ihren Bedürfnissen entsprechen.

Und manchmal sind es genau diese gemeinsam geteilten Bedürfnisse oder die Tatsache, dass man ähnliche Verletzungen erlebt hat, die eine Gruppe zusammenbringen. »Vor vielen Jahren – ich lebte als alleinerziehende Mutter mit meiner neunjährigen Tochter und erholte mich langsam von meinem Alkoholismus – hatten wir in unserer Wohnung eine Gasexplosion«, schreibt meine Schülerin Matty. »Es war eine Woche vor Weihnachten. Glücklicherweise waren wir gerade nicht zu Hause. Als wir heimkamen, mussten wir feststellen, dass unser Apartment als ›für

Menschen nicht bewohnbar‹ deklariert worden war. Da ich es mir nicht leisten konnte, bei meinem Mindestlohnjob zu fehlen, mietete ich schnell eine Wohnung im Ort und nahm das mit, was noch zu retten war. Das bisschen Geld, das ich für Weihnachten beiseitegelegt hatte, musste ich für die Kaution und die Kosten des Umzugs ausgeben. Dieses Jahr würde es also keinen Feiertags-Truthahn geben …

An Heiligabend, während ich gerade das Abendessen bereitete, klopfte es laut an unsere Tür. Es war ein Polizeibeamter. Mich erfasste die Panik: Ich fürchtete, meine Vergangenheit würde mich wieder einholen. Meine Tochter, die sich freute, dass ich kaum noch trank, schaute mich an, als wollte sie sagen: ›Oh Mama, was hast du jetzt wieder angestellt?‹ Als ich öffnete, wies mich der Polizist sehr barsch an, meine Jacke anzuziehen und mit ihm zu kommen. Meine Tochter und ich folgten ihm schweigend die vielen Stufen nach unten. Als wir zum Polizeiauto kamen, sagte er: ›Mich hat der Weihnachtsmann gebeten, eine Sonderzustellung zu machen.‹

Der ganze Wagen war voller Geschenke! Als ich ihn fragte, wem ich das zu verdanken hätte, wiederholte er nur: ›dem Weihnachtsmann‹. Ich sagte ihm, dass ich wünschte, dass dieser Segen um ein Vielfaches vermehrt auf ihn zurückfalle. Meine Tochter war überglücklich. Alle Geschenke entsprachen genau ihrem Geschmack, und die Kleider passten tadellos.

Ich wusste, dass die Geschenke von meiner Anonymen-Alkoholiker-Gruppe kommen mussten. Niemand anderes kannte uns in dem Ort, in den wir erst kurz zuvor gezogen waren. Es war einfach überwältigend, solche Freundlichkeit und Güte zu erfahren. Als Neunjährige glaubte meine Tochter nicht mehr an den Weihnachtsmann, aber in diesem Jahr kamen ihr doch noch einmal Zweifel.

Die Anonyme-Alkoholiker-Gruppe hatte für Mitglieder ohne Familie über die Feiertage ein offenes Haus eingerichtet. Ihre Mitglieder betrieben es ehrenamtlich, und es war Tag und Nacht geöffnet. Meine Tochter und ich übernahmen eine Schicht mitten in der Nacht. Wir servierten Essen und hielten die Kaffeemaschine am Laufen.

Über die Jahre besserte sich meine finanzielle Lage, meine Zeiten ohne Alkohol wurden stabiler, und ich wurde nicht mehr rückfällig. An Weihnachten hatten wir alles, was wir brauchten: eine Menge Geschenke, einen Truthahn auf dem Tisch und Freunde, mit denen wir das alles teilen konnten. Aber von Zeit zu Zeit schauten wir zurück und erinnerten uns daran, dass unser schönstes Weihnachtsfest jenes war, als wir die Liebe von Fremden empfingen und sie ihnen zurückgeben konnten. Die Liebe, die man mir geschenkt hatte, motivierte mich, trockenzubleiben, und seitdem habe ich keinen Tropfen mehr getrunken.«

Mattys Geschichte zeigt, welch transformierenden Effekt Gemeinschaften besonders in harten Zeiten haben können. Allerdings weiß ich auch, dass immer wieder auch erfolgreiche Gemeinschaften in relativ alltäglichen Zusammenhängen gegründet werden: Lesezirkel, Gruppen, die zusammen gärtnern, Autoren- und Künstlerzirkel, progressive Dinnerpartys und Nachbarschaftsvereine für das Älterwerden zu Hause. Ich habe Freundinnen und Freunde, die sich einmal im Monat treffen, um Gedichte zu rezitieren; ein Freund von mir hat eine Meditationsgruppe gegründet, um Umweltschutzthemen zu behandeln; wieder andere beteiligten sich nach Katastrophen wie in Haiti und New Orleans ehrenamtlich an Rettungsaktionen.

Diese Bewegung, die eigene Gemeinschaft zu gründen, hat den Vorteil, dass sie ausgesprochen flexibel ist. Ich rate, klein zu beginnen. Man muss sicherlich motiviert sein, doch Formalien und große Mitgliedszahlen sind nicht notwendig.

Vor einigen Jahren beschlossen einige Freundinnen und Freunde, zu denen auch ich zählte, eine Gruppe zu gründen, die wir *Turn Left*[28] *Community* (Linksabbieger-Gemeinschaft) nannten. Alles begann damit, dass ein Freund sagte, er habe morgens nach dem Aufwachen zwei Möglichkeiten: Sein Computer steht auf der rechten Seite seines Bettes, sein Meditationskissen liegt auf der linken. Wenn er sich nach rechts dreht, ist er versucht, seine E-Mails zu checken, und wenn er nach links »abbiegt« und zuerst meditiert, so sagte er, kann er weit besser mit den Anforderungen seines äußerst anspruchsvollen Berufs umgehen. Wir sind fünf »Linksabbieger« und beginnen fast jeden Morgen damit, uns eine E-Mail zu schicken. Wir schreiben uns Dinge wie: »Ich habe gerade dreißig Minuten gesessen«, oder: »Ich habe nur fünf Minuten meditiert, mea culpa, aber ich habe um acht Uhr bereits ein Treffen!«, oder vielleicht auch nur: »Ich bin in Seattle. Es regnet«. Wir kommunizieren alle auf eine unbeschwerte, aber bewusste Art, und unsere Rückmeldungen und der Austausch untereinander sind eine unschätzbare Bereicherung.

Etwas formeller als meine Turn-Left-Freunde haben sich in der ganzen Achtsamkeitswelt Gruppen von *Kalyana Mitta* (KM) – spirituellen Freundinnen und Freunden – gebildet. Nicht jeder kann regelmäßig ein Meditationszentrum besuchen, aber die meisten können sich vor Ort in privatem Kreis treffen, um zu sitzen, über Bücher zu diskutieren und ihre spirituellen Erfahrungen zu teilen. Meine Freundin Barbara und ihr Mann zogen unlängst von Washington D.C. nach Kalifornien um, und einer der schwierigsten Aspekte dieses Umzugs war, dass sie ihre

KM-Gruppe verlassen mussten.«Ein Kern von sieben von uns hatte sich über zwölf Jahre hinweg alle zwei Wochen in unserem Wohnzimmer getroffen«, erzählt Barbara. »Wir saßen zusammen, teilten unsere Geschichten, unterstützten einander in Krankheit, den Krisen unserer Kinder, beim Tod eines Elternteils und anderen wichtigen Veränderungen im Leben. Wir weinten und lachten zusammen. Wir teilten in dieser Gruppe ein Maß an Nähe und Vertrautheit, das schwer zu ersetzen ist.«

Ein weites Netz auswerfen

Wenn Gruppen, die soziale Medien nutzen, kreativ sind, können die so gegründeten virtuellen Gemeinschaften im Netz ebenfalls hilfreich sein. *Caring Bridge* (Brücke der Fürsorge) ist ein virtueller Treffpunkt für kranke Menschen und deren Angehörige, an dem ein Kreis von ausgewählten Familienmitgliedern, Freundinnen und Freunden direkt miteinander kommunizieren kann. Dies ist eine große Erleichterung für die Pflegepersonen, denn sie müssen nicht mehr so viel herumtelefonieren oder so viele E-Mails verschicken, wenn es darum geht, neue Entwicklungen mitzuteilen. Joyce Kornblatt schrieb Folgendes an ihren Caring-Bridge-Zirkel: »Diese Plattform für neue medizinische Informationen hat sich ganz unerwartet in eine Gemeinschaft der Weisheit, Liebe und Großzügigkeit verwandelt, und das war ein kostbares Geschenk für mich.«

Eine andere Meditationsschülerin, Susan McCulley, erzählte mir folgende Geschichte: »Es ist nun fünf Monate her, dass die Tochter eines Freundes zwei Tage vor Weihnachten bei einem Autounfall ums Leben kam. Von diesem Moment an flossen Wogen der Trauer, Anteilnahme und

Liebe von einem zur anderen. Unsere Gemeinschaft nennt dies ›das unsichtbare Netz der Liebe‹. Dies drückt aus, dass wir stets von Liebe umgeben sind, es aber nicht merken, solange wir nicht die Hand nach ihr ausstrecken. Nicht nur Menschen, die unserer Familie nahestehen, sondern auch Bekannte und sogar Fremde boten ihre Hilfe an. Viele von ihnen waren sich bewusst, dass dies jeden von uns hätte treffen können (und weiterhin kann), und wir alle wissen (oder können es uns vorstellen), welch ein Schmerz es ist, einen geliebten Menschen zu verlieren. An ihrem letzten Tag hatten die Tochter und ihre Mutter Brownies zum Frühstück gegessen, denn sie wollten den ersten Tag der Weihnachtsferien feiern. Zum Gedenken daran, was der siebte Geburtstag ihrer Tochter gewesen wäre, lud die Mutter zwei Monate nach ihrem Tod ihre Facebook-Gemeinde ein, ihre Liebsten zu feiern, indem sie Brownies zum Frühstück aßen. An diesem Tag begannen 38 000 Menschen auf der ganzen Welt ihren Tag mit einem Brownie. Liebe ist ein Netz, das uns alle verbindet.«

Durch die Trennung schauen

Während wir durch unser Leben gehen, sind wir täglich Teil von zahllosen vergänglichen Gemeinschaften: die Mitreisenden in einem Flugzeug, Zug oder Bus, das Publikum eines Konzerts, die Zuschauer eines Films oder die mürrisch dreinblickende Gruppe von Leuten, die in Sitzreihen auf die Zulassung ihres Wagens warten. Die meisten von uns sehen die Menschen, mit denen wir diese kurzen Momente teilen, nicht als Gemeinschaft. Dabei haben viele von uns bereits erlebt, wie ein unerwartetes Ereignis ein spontanes Band zwischen Fremden schuf. Dies sind Momente, in denen wir die unerschütterliche Wahrheit unserer gegenseitigen Verbundenheit verstehen.

Der Meditationsschülerin Shirley verhalf ein heftiger Schneesturm, der ihren ganzen Ort lahmlegte, zu dieser Erkenntnis. Nach einigen eisigen Stunden, die sie ohne Strom und Heizung zu Hause verbracht hatte, ging sie zum Abendessen in ein Restaurant in ihrer Nähe, wo sie hoffte, es warm zu haben und eine ruhige Ecke zum Lesen zu finden. Doch das Restaurant, das über einen Generator verfügte, war schnell von Kunden überfüllt. Widerwillig stimmte Shirley zu, ihren Tisch zu teilen. Doch plötzlich, so erinnert sie sich, änderte eine kleine Geste die gesamte Situation: »Ich bot meinen Tischgesellen etwas von meinen Rühreiern an, und das Eis in mir begann zu schmelzen.« Bald darauf rückten sie noch enger zusammen, um andere frierende und hungrige Menschen, die vor den Folgen des Sturms flüchteten, an ihren Tisch zu lassen. »Dies«, schließt sie, »ist der Weg von getrenntem Unwohlsein zu heiligen Zusammenkünften: von einer mürrischen Einstellung hin zu Dankbarkeit und zur Erkenntnis, dass das Unerträgliche geringer wird, wenn es mit Mitgefühl geteilt wird.«

Solch mitfühlendes Teilen ist Thema von Rebecca Solnits beeindruckendem Buch *A Paradise Built in Hell – The Extraordinary Communities that Arise in Disaster* (Ein Paradies in der Hölle: Außergewöhnliche Gemeinschaften, die während Katastrophen entstehen). Solnit erforschte eingehend fünf Katastrophen, darunter das Erdbeben in San Francisco des Jahres 1906, den 11. September und den Hurrikan Katrina. Sie stellte fest, dass Menschen bei Unheil spontan altruistisch reagieren, ihre Mittel zur Verfügung stellen und großzügig handeln. Statt panisch zu werden, kommen sowohl Nachbarn als auch Fremde zusammen, um andere zu retten und sich gegenseitig mit Nahrung sowie Unterkunft auszuhelfen. Als sie Überlebende interviewte, überraschte sie »besonders die Freude, die sie ausstrahlten«, schreibt Solnit. »Und bei denen, deren Berichte ich las, statt sie persönlich zu sprechen, überraschte mich die Freude, die ihre Worte widerspiegelten.« Sie schließt daraus, dass diese Freude eine unbefriedigte Sehnsucht nach Gemeinschaft, Entschlossenheit und einer sinnvollen Arbeit ausdrückt. Die Wünsche und Möglichkeiten sind so stark, dass sie selbst durch die Trümmer, ein Blutbad oder die Asche durchschimmern. Die Erzählungen zeigen, dass Bürger, die mutig, einfallsreich und großzügig sind, kein Paradies brauchen – denn für sie existiert es bereits.«[29]

Und dann gibt es diese erleuchteten Momente, die uns in den alltäglichsten Situationen einen Vorgeschmack dieser Verbundenheit schenken. Die Autorin Alix Kates Shulman beschreibt in ihrer Autobiographie *Drinking the Rain* (Den Regen trinken) eine solche Erfahrung:

»Ich saß alleine in der U-Bahn und fuhr durch die Innenstadt, um meine Kinder vom nachmittäglichen Musikunterricht abzuholen. Der Zug verließ gerade die Haltestelle an der *23rd Street* und beschleunigte auf seine normale Geschwindigkeit … Plötzlich begann das normalerweise etwas schummerige Licht im Abteil ungewohnt zu leuchten, bis alles um mich herum mit einer unglaublichen Aura strahlte. Ich erkannte in den zufällig zusammengewürfelten Mitreisenden, die in den Reihen vor mir saßen, die wundersame Verbindung zwischen allen Lebewesen. Es war keine reine Theorie, ich sah es wirklich. Was als halbherziger Gedanke begann, wuchs zu einer Vision an, immer größer und verbindender. Wir alle im Abteil, mich eingeschlossen, sausten gemeinsam Richtung Innenstadt, und das erinnerte mich daran, wie wir Menschen auf dem

Planeten uns zusammen um die Sonne drehen. Unsere gesamte lebendige Truppe wurde zu einer einzigen Familie, untrennbar verbunden durch den seltenen und mysteriösen Zufall Leben. Ganz gleich, wie zahllos unsere oberflächlichen Unterschiede auch sein mochten, wir waren allein deswegen gleich, weil uns dieser Augenblick zusammengebracht hatte – und dies bei all den vielen Möglichkeiten, die hinter und vor uns liegen. Die Vorstellung erfüllte mich mit grenzenloser Liebe für die ganze Menschheit und gab mir das Gefühl, dass, egal wie unvollkommen oder beschädigt unser Leben auch sein mag, wir uns überaus glücklich schätzen können, am Leben zu sein. Dann erreichte der Zug die nächste Haltestelle, und ich stieg aus.«[30]

Übungen zu Kapitel 22

Die vielen Facetten des Verbundenseins

Der Schriftsteller Wendell Berry sagte einmal: »Der kleinste gemeinsame Nenner für Gesundheit ist die Gemeinschaft.« Mit anderen in Kontakt zu sein verbessert sowohl unsere physische als auch unsere psychische Gesundheit und unser allgemeines Wohlbefinden: Es gelingt uns besser, Anspannung und Stress loszulassen, uns unterstützt zu fühlen und ein Gefühl des Einsseins zu verspüren, selbst wenn wir uns durch die Hektik unseres Lebens bewegen.

Es kann durchaus sein, dass wir uns im Alltag nicht unbedingt bestimmten Gruppen zugehörig fühlen, aber dennoch können wir in jedem Moment des Tages erleben, dass wir von einer Gemeinschaft unterstützt werden – und alles, was wir dafür tun müssen, ist einfach eine neue Art der Aufmerksamkeit zu kultivieren.

Hier sind fünf einfache Ratschläge, die uns helfen, im täglichen Leben Verbundenheit und Gemeinschaft zu empfinden (ganz gleich, ob wir gerade mit anderen sind oder nicht!):

1. Achten Sie darauf, wodurch Ihre verschiedenen Handlungen des Tages jeweils motiviert sind. Wollen Sie, wenn Sie jemandem die Tür aufhalten, einfach nur höflich sein, oder erwarten Sie Bestätigung? Nicht jede unserer Erwartungen zeigt sich in aller Deutlichkeit, achten Sie also gut darauf, ob unter Umständen schwerer fassbare Erwartungen oder Wünsche Ihr Verhalten motivieren.

2. Suchen Sie im täglichen Leben mit den Menschen, die Sie treffen, Augenkontakt und lächeln Sie sie an. Vielleicht bemerken die anderen dies nicht und erwidern das Lächeln möglicherweise auch nicht – aber vielleicht gibt es doch jemanden, den Sie damit glücklich machen.

3. Seien Sie entschlossen, sich selbst wirklich jedes Mal zu verzeihen, wenn Sie einen Fehler machen oder etwas vergessen. Wenn Sie in sich Güte und Selbstbeobachtung kultivieren, hilft Ihnen das, in Ihren Beziehungen zu anderen mit größerem Gewahrsein zu handeln – selbst mit solchen, mit denen Sie gerade nicht viel zu tun haben.

4. Atmen Sie vor einer Mahlzeit einige Male bewusst und denken Sie daran, wie viele Menschen daran beteiligt waren, das Essen, das jetzt auf Ihrem Tisch steht, herzustellen und zu Ihnen zu bringen: die Bauern, die es angebaut haben oder die Besitzer des Bauernhofs, die dafür Arbeiter angestellt haben; die Menschen, die die Nahrungsmittel dann transportierten und lagerten, und auch die Angestellten im Lebensmittelladen. Und das sind längst noch nicht alle, die daran mitgewirkt haben.

5. Bringen Sie während des Übens Ihre Aufmerksamkeit zu jeder Emotion, zu jedem Gedanken und zu jeder Erfahrung, die Sie während des Tages haben. Es gibt fraglos Augenblicke, die schwieriger sind, Augenblicke der Frustration, der Enttäuschung, des Ärgers und der Ablehnung. Vielleicht bewerten Sie solche Situationen als »schlecht«. Doch überprüfen Sie dieses Urteil und betrachten Sie es näher. Vielleicht zeigt sich darin ja Ihre Verletzlichkeit – Ihr »Leiden« oder Ihr »Schmerz«, also Dinge, die Sie mit allen anderen Lebewesen teilen. Wie fühlt es sich an, sich in dieser Weise neu auszurichten?

23 Von der Wut zur Liebe

Es gibt nichts Absolutes. Alles verändert sich,
alles ist in Bewegung, verwandelt sich,
ist flüchtig und geht vorbei.
— Frida Kahlo —

Vor Jahren, ich war gerade dabei, im IMS an meinem Computer einen Blogeintrag zu schreiben, landete in meinem Posteingang eine E-Mail eines Schülers von mir. Der junge Mann wollte etwas über die Natur des Ärgers wissen. Ich schrieb ihm zurück, man trenne sich, wenn man sich im Ärger verliert, von den anderen Menschen ab. Er begrenze unseren Horizont, und wir sähen uns und den Rest der Welt mit einem »Tunnelblick«. Sind wir wütend (und nicht nur etwas verstimmt, sondern so sehr, dass uns der Ärger wirklich überwältigt), scheine es, als könnten wir uns auf nichts anderes als die Person konzentrieren, auf die wir so wütend sind. Mit solchem Zorn neigten wir dazu, Menschen in Schubladen einzuteilen, wir spürten nicht mehr, dass wir mit allen anderen lebenden Wesen verbunden sind, und kollidierten stattdessen mit der Welt. Wir wehrten uns gegen alles, von dem wir denken, es sei uns im Weg.

Gleich nachdem ich auf »senden« geklickt hatte, stürzte der Computer ab. Meine Stresshormone begannen sich zu melden, und siedend heiß wurde mir bewusst, dass der Kollege am IMS, der sich am besten mit Computern auskannte, Urlaub hatte. Meine Panik, deswegen eine Frist nicht einhalten zu können, wurde schnell zu Ärger – Ärger auf denjenigen, der nicht da war, mir zu helfen; Ärger auf mich selbst, weil ich das Problem nicht lösen konnte; Ärger auf den Computer und sogar Ärger, weil ich mich ärgerte!

Ausbrüche von Ärger wie dieser scheinen ganz automatisch zu kommen. Doch inmitten meiner überschnellen Reaktion setzte ich mich hin, um meine Gefühle zu betrachten. Hörte mein Ärger deswegen gleich auf? Keinesfalls! Aber da ich mich einlud, auf alles, was sich zeigte, zu achten, gab ich mir den Raum, zu bemerken, wie der Unmut in mir den »Tunnelblick« schuf. Ich erinnerte mich daran, dass ich unseren Computermenschen sogar regelrecht ermahnt hatte, sich eine Auszeit von der Arbeit zu nehmen, und ihm obendrein geholfen hatte, seine Reise zu organisieren. Etwas später, als sich meine Panik gelegt hatte, gelang es mir sogar, den Computer wieder zum Laufen zu bringen.

Ärger auf eine Person oder einen Computer hat einen anderen Beigeschmack als Wut und Empörung über Ungerechtigkeit oder Gewalt. Das große Herzensleid, das uns erfüllt, wenn wir Zeugen von intensivem Schmerz sind, kann ganz natürlich einen heftigen Aufschrei eines »Nein« hervorrufen, den wir als Wut kennen. Auch wenn es uns völlig gerechtfertigt erscheinen mag, wütend zu werden, ist es dennoch nützlich, zu untersuchen, wie es ist, immer wieder von Ärger überwältigt zu werden, und welche Konsequenzen dies für uns selbst und andere hat.

Die meisten von uns kennen diese eigenartige Beschaffenheit des Ärgers, die uns süchtig zu machen scheint. Wir wissen, wie sie unseren Geist einnimmt, wissen, wie der Energieschub, der sie begleitet, es uns schwermacht, das Ruder herumzureißen. Der Buddha sagte dazu: »Wut, mit seiner vergifteten Quelle und seinem fiebrigen Höhepunkt, ist mörderisch süß.«[31] Wenn uns jemand oder etwas wütend macht, reagieren Körper und Geist tatsächlich mit einer Art immunologischer Abwehrreaktion, so als sei etwas im Körper entzündet. Instinktiv versuchen wir, uns zu verteidigen, auf die gleiche Weise, wie das Blut unverzüglich an die Stelle strömt, wo eine Biene uns gestochen hat.

Wird Ärger hingegen chronisch, entwickeln wir dadurch mit der Zeit einen eingeschränkten Blickwinkel. Doch wie sollen wir Probleme lösen, wenn unser Horizont begrenzt ist und wir uns von anderen getrennt fühlen? Ist es uns möglich, uns selbst in andere hineinzuversetzen, wenn Körper und Geist unter Strom stehen? Obwohl uns die Kraft des Ärgers und der Wut zum Handeln bringt, kann sie, wenn sie mit Angst gekoppelt ist, unseren Blick einengen. Und so laufen wir Gefahr, rücksichtslos um uns zu schlagen, wobei wir auch uns selbst Schaden zufügen können.

Doch wenn wir lernen, Ärger bereits bei seinem Entstehen zu erkennen und zu spüren, können wir seine Energie produktiv nutzen, statt verbittert und von ihm aufgezehrt zu werden. Auf den Ärger zu achten löst tatsächlich das Gift in ihm auf. Wir können so Gefühle der Angst, des Kummers und der Hilflosigkeit darin erkennen, die häufig von einem Anfall der Raserei verdeckt werden.

Loslassen ist Liebe

Intensive Momente der Wut können in allen möglichen alltäglichen Situationen entstehen und richten häufig einen beträchtlichen Schaden an. Eine Freundin von mir erzählt von den für sie lehrreichen Auseinandersetzungen in ihrem New Yorker Genossenschaftswohnungsgebäude. »Wir haben nur vier Wohneinheiten«, erklärt sie, »und es gibt keinen Vorstand, hinter dem wir uns verstecken können. Ich hatte sehr schmerzhafte und belastende Konflikte mit den Bewohnern unter mir – von jener Art, die einem den Magen aufwühlen und einen die ganze Nacht nicht schlafen lassen.« Ohne Frage, wir kennen das alle: Wir kochen vor Wut, weil unsere Mitbewohnerin ihre Zahnpastatube offen auf dem Waschbecken im Bad liegen lässt, oder sind frustriert, weil unser Vermieter nicht zurückruft, sind genervt von den Leuten am Strand, deren Radio dröhnt. Obwohl diese Beispiele relativ banal sind, ist der intensive Ärger, den sie auslösen, real.

Doch wenn wir es schaffen, loszulassen – mit Liebe sowohl für uns selbst als auch für andere –, bedeutet das nicht, nicht mehr wütend zu sein. Doch an diesen Gefühlen festzuhalten und ihnen zu erlauben, schwer und starr zu werden, verletzt uns selbst noch mehr als den anderen. Wir müssen nicht alle lieben, die in unserem Wohnhaus leben, und natürlich ist es äußerst ermüdend, wenn ein Mitbewohner unordentlich ist. Wir können anerkennen, dass wir frustriert sind, uns entschließen, etwas zu tun, und dann loslassen.

Im letzten Kapitel des zweiten Teils beschrieb ich im Abschnitt »Vergebung und Aussöhnung« den Prozess der Trauer und des Verzeihens im Zusammenhang damit, das eigene Leben als Teil von etwas Größerem zu sehen. Zu erkennen, dass unsere Leben gegenseitig voneinander abhängig sind – dass unser Vermieter genauso zählt wie wir und genauso glücklich sein möchte wie jeder andere auch –, ist bereits an sich ein radikaler Akt der Liebe. Dies zu sehen schafft ein stabiles Fundament für unsere Praxis des Loslassens.

Liebende Güte für alle Wesen zu praktizieren, einschließlich derer, auf die wir wütend sind oder die uns im täglichen Leben geschadet haben, heißt nicht, dass wir uns sofort mit ihnen gut fühlen. Mit der Praxis definieren wir vielmehr unsere Beziehungen zu ihnen neu; es ist, als wechselten wir das Fernsehprogramm. Wenn Sie Ihre Fähigkeit, genauer wahrzunehmen und zu lieben, stärken, bestimmt dies Ihre nächsten Begegnungen und die Art mit, wie Sie die Welt sehen. Sie senden den Menschen, die Sie treffen, Liebende Güte – und dies zum Wohle aller. Somit verwandeln wir Ärger nicht in Aktionismus, sondern wir nutzen die Energie für das Wohlbefinden aller.

Beginnen Sie, wo Sie sind

Ich habe immer und immer wieder erlebt, dass Ärger besonders für jene Menschen eine Zwickmühle darstellt, die ihr Leben in den Dienst der Linderung des Unrechts auf dieser Welt stellen. Oft bedarf es einer großen Portion Energie, um unsere Augen zu öffnen, uns aufzurütteln und uns aus unserer Selbstgefälligkeit zu befreien. Dies ähnelt dem intensiven Energieschub, der uns durchströmt, wenn wir in Rage sind. Viele von uns haben genug damit zu tun, ihren Alltag zu regeln, ganz zu schweigen davon, sich auch noch leidenschaftlich für jemanden einzusetzen, der etwas weiter unten in unserer Straße wohnt oder am anderen Ende der Welt. Andere widmen hingegen einen Großteil ihrer Zeit dem Kampf gegen Ungerechtigkeiten. Ihre Arbeit kann solche Aktivistinnen und Aktivisten allerdings für permanente Wut anfällig machen. Tatsächlich scheint für viele von ihnen das Kultivieren solcher Empörung ein Teil ihrer Stellenbeschreibung zu sein.

Es bedarf großen Mutes, solch fest verwurzelte Gefühle in neue Bahnen zu lenken. Meine Freundin Mallika Dutt engagiert sich seit dreißig Jahren gegen solche Ungerechtigkeiten und gründete im Jahr 2000 die internationale Menschenrechtsorganisation *Breakthrough* (Durchbruch). Wie sie vor einigen Jahren erkannte, untergrub der Ärger ihre körperliche und seelische Gesundheit und darüber hinaus ihre Fähigkeit, anderen zu helfen. Sie erklärte mir: »Viele von uns tragen Traumen aus dem eigenen Leben in sich und befassen sich gleichzeitig mit dem Schmerz und den Traumen jener, mit denen und für die sie arbeiten. Wenn du andauernd mit den schrecklichen Dingen konfrontiert bist, die Menschen sich gegenseitig antun, wiederholst du in gewisser Hinsicht das eigene Trauma. Bei der Schulung zu Interessensvertretern und Aktivisten lernen wir nicht, wie wir, während wir für andere Menschen und ihre Leiden sorgen, unser eigenes Trauma heilen und uns um uns selbst kümmern können.«

Kurz nachdem wir uns vor fünf Jahren kennenlernten, berichtete mir Mallika, sie fühle sich vollkommen erschöpft. Sie begann damals darüber nachzudenken, *wie* sie arbeitete. Nach jahrzehntelangem Engagement für die Beendigung der Gewalt gegen Frauen sagte sie: »Ich weiß nicht, wie ich meine Wut abschalten kann. Sie zeigt sich in meiner Organisation, in meinen Beziehungen. Ich muss ein anderes Verhältnis dazu entwickeln.« Dies und das Ende ihrer zwanzigjährigen Ehe führte sie in eine persönliche Krise. »Als Reaktion darauf begab ich mich auf den spirituellen Weg, etwas, das ich zuvor abgelehnt hatte«, sagt sie. »Im Lauf dieses Prozesses begann ich andere Gefühle als Ärger, Wut und die allesdurchdringende Sensibilität für Ungerechtigkeit zu erkunden. Ich öffnete mich mehr und mehr für das Mitgefühl, die Verbundenheit und die Liebe.«

Auf ihrer spirituellen Reise studierte sie den Schamanismus und andere indigene Traditionen, die sich der gegenseitigen Abhängigkeit allen Lebens bewusst sind. Auf diese Art konnte sie das eigene Trauma heilen und geht heute ihrer Arbeit in einer Haltung der Liebe und des Mitgefühls nach, mit einer Überzeugung, die sie folgendermaßen ausdrückt: »Wenn ich die Welt um mich betrachte, die damit ringt, die Probleme, mit denen wir heutzutage konfrontiert sind, zu lösen, fühle ich mich immer mehr in der Vorstellung zu Hause, dass Liebe ganz wesentlich ist für unser Vorankommen. Wenn wir davon ausgehen, dass wir alle miteinander verbunden sind, dann müssen wir alle und alles auf dem Planeten in die Lösung mit einbeziehen.«

Mallika betont, dass von einem liebevollen Standpunkt aus für soziale Gerechtigkeit zu arbeiten *nicht* bedeutet, dass man den Kampf aufgibt. Sie erklärt: »Martin Luther King Jr. schrieb die berühmte Rede über Liebe und Macht ... Er sprach davon, dass Liebe ohne Macht kraftlos und Macht ohne Liebe skrupellos sein kann. Für mich geht es also um die Frage, wie jemand mit seiner Macht umgeht und wie man seinen Einfluss mit einer liebevollen Einstellung nutzen kann.«

Zu erkennen, dass wir die Welt aus einer Position der Liebe und Stärke mitgestalten können, befreit uns von der Vorstellung, dass wir Ungerechtigkeit stets mit einer geballten Faust begegnen müssten. Wir verfeinern unser Unterscheidungsvermögen in Bezug auf unsere Wut und begreifen, dass wir durchaus die Wahl haben, wie wir den Wandel herbeiführen wollen, den wir uns ersehnen. »Kritische Weisheit kann ... kompromisslos und sogar rabiat (sein) und ist doch gleichzeitig feinsinnig und liebevoll«, schrieb mein Kollege Robert Thurman in *Umarme deinen*

Feind.[32] Wir *können* Hass mit Liebe begegnen. Doch um wie Mallika dazu in der Lage zu sein, müssen wir unser Augenmerk auch nach innen wenden und lernen, unsere Emotionen und Erfahrungen in Mitgefühl zu wiegen. Wie sie ganz zu Recht sagt: »Selbstfürsorge ist entscheidend. Wenn du dich nicht um dich selbst kümmerst, kannst du auch nicht wirklich für andere da sein.«[33]

Die entwaffnende Kraft der Liebe

Ai-jen Poo ist Leiterin der *National Domestic Workers Alliance* (Nationale Vereinigung der im häuslichen Bereich Arbeitenden), die sich in den USA dafür engagiert, dass Kindermädchen, Pflegepersonen von älteren Menschen und Haushälterinnen Einfluss, Respekt und faire Arbeitsbedingungen bekommen. Obwohl in diesem Bereich die Anstrengungen, etwas zu verändern, oft von Feindseligkeit und Konflikt begleitet werden, sagt sie: »Ich glaube, dass Liebe die stärkste Kraft für den Wandel in der Welt ist. Ich vergleiche eine große Kampagne oft mit einer großen Liebesaffäre, denn sie ist ein unglaublicher Katalysator für Veränderungen. Sie können die Politik verändern, aber Sie müssen während des Prozesses auch die Beziehungen und die Menschen ändern … Ich glaube, dass Sie jemanden selbst dann lieben können, wenn Sie mit ihm eine Auseinandersetzung haben.«[34]

Ai-jen Poo ist aus vielerlei Gründen eine einzigartige Aktivistin. Einer davon ist ihre großartige Fähigkeit, Menschen zu helfen, eine gemeinsame Basis zu finden. Ihre Organisation, *Caring Across Generations* (Generationenübergreifende Hilfe), unterstützt Arbeiterinnen und Arbeiter darin, sich auf ihre gemeinsamen Werte hinsichtlich der Familie und auf das Bewusstsein, dass wir alle Fürsorge brauchen, zu besinnen und diese zu nutzen.

Ich war bei der Vorstellung von Poos neuem Buch *Age of Dignity* (Zeitalter der Würde). Bevor sie ihre Rede begann, bat sie uns, uns unserem Nachbarn zuzuwenden und eine Begebenheit mit ihm zu teilen, bei der wir die Fürsorge eines anderen Menschen erfahren haben. Die erste Person, an die ich denken musste, war einer meiner Meditationslehrer, der unglaublich fürsorglich und liebevoll war. (Sie erinnern sich: Ich brach mit nur achtzehn Jahren nach einer äußerst schwierigen und traumatischen Kindheit nach Indien auf. Die spirituellen Lehrer, die ich dort fand, waren im Grunde erst einmal Ersatzeltern für mich.) Ich wusste natürlich nicht, wie meine Sitznachbarin auf die Vorstellung, ein Meditationslehrer sei eine fürsorgliche Person, reagieren würde, da diese Auffassung kulturell geprägt ist. Aber es stellte sich heraus, dass meine Partnerin für diesen Austausch aus Nepal stammte und wir in diesem Punkt durchaus die gleiche Meinung teilten.

So oft nehmen wir die Hilfe, die wir erhalten, für selbstverständlich und die Menschen, die sie uns schenken, gleich mit. Poo ruft in erster Linie dazu auf, einen Bewusstseinswandel anzustreben und der Liebe größeres Gewicht zu geben. Sie sagt: »Ich habe immer daran geglaubt, dass es wichtig ist, das Unsichtbare sichtbar zu machen und auf das aufmerksam zu machen und das wertzuschätzen, was gemeinhin für selbstverständlich genommen wird. Intuitiv habe ich schon immer gespürt, dass dies ein Schlüssel zu der Gesellschaft ist, in der ich gerne leben und meine Kinder großziehen würde.«[35]

Poo engagierte sich anfangs in der Arbeiterbewegung, wo sie ehrenamtlich in einem Frauenhaus arbeitete, in dem Immigrantinnen aus Asien Zuflucht finden konnten. Im

Rückblick auf die Anfänge ihrer Arbeit erzählte Poo der Zeitung *The Nation* von ihrem »wachsenden Hunger, zu den eigentlichen Ursachen der Angelegenheit vorzudringen – einer heimtückischen Mischung aus Armut und geschlechtsspezifischer Unterdrückung.«[36] Eines der Ziele, für die Poo *Caring Across Generations* gründete, war es, typische »Arbeiterthemen« auch auf frauenrelevante Fragen wie Lohndiskriminierung, Kinderbetreuung, Schulen und die Wohnsituation auszuweiten. Diese Themen, mit denen Frauen im Alltag zu tun haben, werden besonders wichtig, wenn es darum geht, mit der Arbeit die Familie zu ernähren und gleichzeitig voll im Berufsleben zu stehen. Ihre Organisation arbeitet ständig mit anderen nationalen Vereinigungen zusammen, darunter *9 to 5*[37] und andere gemeinnützige Organisationen, die sich mit geschlechterspezifischen und ethnischen Themen befassen.

Ai-jen Poo hilft nicht einfach nur den Arbeiterinnen, die richtigen Kämpfe zu führen – untereinander und zwischen ihnen und ihren Arbeitgebern; vielmehr versucht *Caring Across Generations* eine kooperative Struktur zu etablieren, in der alle Beteiligten sich gegenseitig unterstützen und die sowohl Fortschritt als auch Reformen begünstigt. Dieses Modell steht in drastischem Gegensatz zu den herkömmlichen Versuchen der Gewerkschaften, die Erwerbstätigen gegeneinander auszuspielen.[38] »Ich habe gelernt, dass es so etwas wie einen unwahrscheinlichen Verbündeten nicht gibt«, sagte Poo in einem anderen Interview mit *The Nation*.[39] Während ihre Arbeit sich sicherlich zu einem Teil aus der unerschütterlichen inneren Verpflichtung nährt, sich dem Status quo zu widersetzen, ist es doch auch offensichtlich, dass sie die entwaffnende Kraft von Liebe und Verbundenheit kennt.

Sich ganz auf die Liebe einlassen

Die Brüder Ali und Atman Smith sind gemeinsam mit Andres (»Andy«) Gonzalez Gründer der *Holistic Life Foundation* (Ganzheitliche Lebensstiftung) in Baltimore. Sie bezeichnen sich humorvoll als »Liebeszombies«. Das erste Mal traf ich sie vor einigen Jahren am Omega Institute bei einer Konferenz über Achtsamkeit und Erziehung und verliebte mich schlichtweg in sie. Ich spürte, dass sie mich ebenfalls ins Herz schlossen. Viele andere teilen diese Erfahrung, wie ich von Studenten, Praktikanten, Kollegen und Unterstützern hören konnte, die allesamt Statements abgaben wie: »Sie erinnerten mich an die Liebe, die existiert«; »sie zeigten mir, dass ich etwas wert bin«; »dank ihnen glaube ich nicht mehr, dass es daneben ist, ›ich liebe dich‹ zu sagen«.

Obwohl Ali und Atman im sozialen Brennpunkt West Baltimore aufwuchsen (dem Teil der Stadt, in dem 2015 ein junger Mann namens Freddie Gray von der Polizei erschossen wurde), waren sie keine typischen Jungs aus dem Viertel. Sowohl ihr Vater als auch ihr Onkel lehrten sie schon früh Yoga, und sie besuchten eine Privatschule der Quäker. Auch das Viertel selbst war damals noch anders: »Wir hatten noch einen größeren Gemeinschaftssinn, und es gab zum Beispiel ein formloses Mentorensystem, bei dem die Älteren Vorbilder für die Jüngeren waren«, sagt Atman. »Dann kam Crack und zerstörte das Leben einer ganzen Generation: Viele nahmen oder verkauften Drogen, wurden deswegen eingesperrt oder starben. Ich glaube, das ist auch der Grund, warum die Anzahl der Gangs so sprunghaft zunahm. Niemand zog die Heranwachsenden in der gleichen Weise zur Verantwortung, wie es noch in unserer Kindheit und Jugend üblich war.«[40]

Ali und Atman lernten Andy an der University of Maryland in College Park kennen. Die drei jungen Männer machten zusammen Yoga und verschlangen Bücher über Spiritualität. Nach dem Studium zogen sie zurück nach Baltimore und tauchten noch tiefer in Yoga, Meditation, Atemarbeit und Selbsterfahrung ein. Dann fragte Alis und Atmans Mutter die drei, ob sie nicht zwanzig »schlimmen Jungs« an der Schule, an der sie unterrichtete, in Fußball trainieren wollten. Beim anschließenden Treffen mit der Rektorin schlugen die drei vor, stattdessen Yoga zu lehren. Diese hatte nichts dagegen, es auszuprobieren. »Die Kinder waren anfangs verrückt und ziemlich wild«, erinnert sich Andy. »Doch«, so fügt er hinzu, »nach nur wenigen Wochen sagten uns die Lehrer und Mitarbeiter: ›Wir wissen nicht genau, was ihr mit den Kindern anstellt, und es ist uns auch egal. Aber was auch immer ihr tut – es funktioniert, also bitte macht weiter!‹« Kleiner Zeitsprung: Die meisten dieser bösen Jungs gehören heute, fünfzehn Jahre später, zum Team der *Holistic Life Foundation,* das explosionsartig von den ursprünglich drei Mitgliedern auf fünfundzwanzig angewachsen ist.

»Uns bot sich diese Gelegenheit, und wir nahmen sie ohne zu zögern wahr«, sagt Andy. »Überall war Leiden, und wir wollten etwas bewirken. Wir konzentrierten uns auf benachteiligte Bevölkerungsgruppen – Kinder aus ärmeren Stadtvierteln, Zentren für Drogenentzug, Einrichtungen für geistig Behinderte, Obdachlosenunterkünfte und Seniorenheime – alles Orte, an denen diese Praktiken nicht angeboten wurden. Unser Nachmittagsprogramm begann mit zwanzig Kindern, heute nehmen 120 daran teil. Ich kann mir vorstellen, dass in fünf oder zehn Jahren die Kids zu uns zurückkommen, um bei uns mitzuarbeiten – und so wird unsere Armee der Liebessoldaten immer größer werden.«[41]

Ali zeigt anhand der Geschichte von Janaysea, einem Mädchen aus dem Nachmittagsprogramm, wie wirkungsvoll die Arbeit der »Liebeszombies« ist. Janaysea war immer wieder in Kämpfe mit Altersgenossen verwickelt. »Ganz egal, ob Jungen oder Mädchen, wenn sich jemand über sie lustig machte, verprügelte sie diese«, sagt er. Eines Tages drückte sie während des Yoga ein Mädchen, das über sie eine abwertende Bemerkung gemacht hatte, gegen die Wand. »Sie schaute zuerst zu ihr, dann zu uns und sagte: ›Ihr solltet froh sein, dass ich meditiere‹«, erinnert sich Ali, »dann setzte sie sich in eine Ecke und meditierte für eine Weile. Danach stand sie auf, lächelte und ging raus, um mit ihren Freunden zu spielen.«

Im Rahmen der Unruhen nach den Todesschüssen der Polizei auf Freddie Gray in Baltimore organisierte das *Holistic Life Team* ein stadtweites Event, das sie *Be More Love* (Mehr Liebe sein) nannten. »Es war so viel Spannung und Ärger in der Luft, dass wir es als einzigen gangbaren Weg sahen, der Stimmung der Wut mit der Energie der Liebe zu begegnen«, erklärt Atman. »Daher brachten wir Menschen aus den verschiedensten Schichten und Gruppen der Bevölkerung in der Gegend zusammen, wo die Unruhen stattfanden. Unter ihnen waren auch wohlhabendere Menschen, die noch nie zuvor in West Baltimore gewesen waren. Sie wurden Zeuge von Dingen, die sie bisher nur im Fernsehen gesehen hatten. Auch Leute aus unserer Gemeinschaft kamen, darunter Kids aus unserem Programm. Wir führten eine Liebende-Güte-Meditation als Gruppe durch, und die Menschen sandten Liebe zu sich selbst, zu Freddie Grays Familie, den Opfern der Polizeigewalt und den Opfern der Gewalt überall auf der Welt.

Wir wollten die Wut überwinden und zur Heilung beitragen«, fügt Ali hinzu. »Der Zorn brachte viele Probleme ans Tageslicht, aber es war die Kraft der Liebe, die die Menschen zusammenführte.«[42]

Ali räumt ein, dass »Ärger der Funke sein kann, der das Feuer entzündet. Aber dann muss man zusehen, dass es kontrolliert abbrennt. Statt wie ein Waldbrand alles zu verzehren, was ihm in den Weg kommt, sollte es ein kontrolliertes Feuer sein, das nur das Unkraut verbrennt und alles andere weiter gedeihen lässt. Das Gleiche gilt für Wut. Man muss sagen: ›Okay, ich bin wütend.‹ Und dann den eigenen Fokus so einrichten, dass er von Liebe, Empathie und Mitgefühl genährt wird.«

Es wird immer Menschen und Situationen geben, auf die wir aus gutem Grund wütend sind. Wenn wir aufhören, unseren Ärger zu unterdrücken und uns ihm mit Achtsamkeit zuwenden, befreien wir uns aus seinen Klauen. Sobald wir zulassen, einfach nur zu spüren, was wir empfinden, brauchen wir nicht mehr zu fürchten, dass er uns gänzlich auffrisst. Die Gefühle können an die Oberfläche kommen, und wir können sie loslassen – sie kommen und gehen wie die Gezeiten der Meere und das Zunehmen und Abnehmen des Mondes. Bei dieser Praxis entschließt man sich dazu, sich mit den Gefühlen nicht zu identifizieren und sie nicht festzuhalten. Dadurch bleibt uns mehr Kraft, etwas zu verändern, und diese Kraft wird klarer und stärker …

Übungen zu Kapitel 23

Die vielen Seiten von Wut und Ärger

Manchmal ist es nicht einfach, Wut und Ärger in ihrer ganzen Komplexität zu sehen. Wenn wir auf jemanden wütend sind, hängen wir zumeist in einem äußerst statischen Bewusstseinszustand fest, auf den wir uns fixieren. Wenn wir uns aber darin üben, schon beim Entstehen des Ärgers achtsamer zu sein, können wir tatsächlich verhindern, uns in der Enge dieses Tunnelblicks zu verlieren. Wir können stattdessen erkennen, dass Ärger viele Brüche und Facetten besitzt, die auch Gefühle der Ängstlichkeit, Trauer und sogar der Liebe beinhalten.

Auch wenn es sehr schwierig zu sein scheint, die unterschiedlichen Aspekte des Ärgers wahrzunehmen, ermöglicht uns dies doch, besser mit ihm umzugehen. Wir verstehen, dass er nicht unveränderbar ist und auch nicht unbezähmbar, sondern Teil unserer fortwährend im Wandel begriffenen Dynamik der Gefühle und der äußeren Umstände.

1. Machen Sie sich mit dem Facettenreichtum des Ärgers vertraut. Schreiben Sie dafür alle Emotionen auf, die Sie empfunden haben, als Sie auf eine andere Person, eine Situation oder sogar sich selbst wütend waren.

2. Es kann hilfreich sein, während dieses Brainstormings die Augen zu schließen und sich eine bestimmte Situation, in der Sie wütend waren, zu vergegenwärtigen. Welche Emotionen tauchen auf? Schreiben Sie, wenn Sie mögen, einige der Gefühle auf, die sich zeigten, bevor es zum Ausbruch Ihres Ärgers kam.

3. Atmen Sie bewusst ein und aus und kontemplieren Sie, wie Ihr Körper diese Gefühle spiegelt. Waren Ihre Muskeln angespannt? War es Ihnen danach, zu weinen? Bedenken Sie, dass bei Ärger und Stress das Stresshormon Cortisol ausgeschüttet wird, das den Blutdruck und den Puls in die Höhe treibt.

Sie können diese körperlichen Auswirkungen des Ärgers auf Ihrer Liste notieren, doch versuchen Sie, sich auf die eher psychischen Nuancen des Ärgers zu konzentrieren (Enttäuschung, Ungeduld, Unsicherheit usw.).

Die Kunst der Selbst-Klärung

Ärger ist nicht nur unangenehm, sondern macht auch abhängig! In schwierigen Situationen zeigt sich Ärger als Mechanismus der Selbstverteidigung, als Werkzeug, das Ihnen hilft, aktiv zu werden, und Ihnen die Kraft gibt, das zu bewältigen, was das Gefühl ausgelöst hat. Jedes Mal, wenn wir ärgerlich werden, versuchen wir uns einzureden, dass das innere Feuer der Wut uns hilft, mit der Person oder der Angelegenheit, die uns verletzt hat, fertigzuwerden. Doch wir sind uns dessen nicht sonderlich bewusst, wie tief es uns selbst verletzt, wenn wir unser Inneres von der Wut vergiften lassen.

Die gute Nachricht: Sobald wir verstehen, dass es meist zum Schaden aller ist, wenn der Ärger die Kontrolle übernimmt, können wir schon dann eingreifen, wenn wir wütend werden. Das nächste Mal, wenn eine solche Situation entflammt, können Sie versuchen, mit der folgenden Praxis zu reagieren:

1. Erkennen Sie den Ärger bereits bei seinem Entstehen. Den Ärger zu unterdrücken, führt nur dazu, dass er noch intensiver und unüberwindbarer wird.

2. Überlegen Sie sich, wenn möglich, ob es konkret etwas gibt, mit dem Sie die Situation verbessern können (wie etwa den Raum zu verlassen, in dem die hitzige Diskussion stattfindet, oder einen Spaziergang zu machen, um sich zu beruhigen).

3. Wenn Sie gerade nichts Konkretes tun können, dann richten Sie Ihr Gewahrsein auf die schlichte Wahrnehmung des Ärgers. Die einfache Geste, Ihren Geist darauf zu lenken, der Situation mit Achtsamkeit zu begegnen, bewahrt Sie vor dem Tunnelblick. Dies ist Ausdruck der Fürsorge für sich selbst.

4. Sollte es unerträglich werden, das Unbehagen Ihres Ärgers auszuhalten, dann versuchen Sie Ihre Perspektive zu erweitern. Denken Sie an all das, wofür Sie Dankbarkeit empfinden. Das kann Ihnen helfen, die jeweilige Situation anders wahrzunehmen.

Ob Sie es glauben oder nicht, es drückt Mitgefühl und Liebe aus, uns – so ärgerlich wie wir auch sein mögen – zu akzeptieren. Diese Momente werden immer und immer wieder kommen und gehen. Die entscheidende Frage, die wir uns dann stellen sollten, ist: Wie können wir den Ärger in eine liebevolle Handlung umwandeln?

24 Zum Leben ja sagen

Du bist allein auf die Welt gekommen.
Du stirbst allein. Der Sinn des Zeitraums dazwischen
liegt in Vertrauen und Liebe.
— LOUISE BOURGEOIS —

Vor vielen Jahren bestieg ich in Neu-Delhi den Zug, um zu einem stillen Meditationsretreat in Bodhgaya zu fahren. Das heißt, genau genommen ging ich davon aus, dass ich am Ende der siebzehnstündigen Fahrt in der legendären Stadt aussteigen würde, wo Buddha Erleuchtung fand. Ich kroch also auf die kleine Pritsche in dem Liegeabteil und schlief ein. Als ich erwachte, musste ich jedoch feststellen, dass der Zug unterdessen kehrtgemacht hatte und sich auf dem Rückweg nach Delhi befand. Eine sture Kuh – oder vielleicht war es auch eine ganze Herde, das konnte ich nie sicher in Erfahrung bringen – hatte die Gleise nicht verlassen wollen.

Bevor ich mich also auf meinem Meditationskissen niederlassen konnte, wurde ich an eine der tiefgründigsten Lektionen des Achtsamkeitstrainings erinnert: *Breche mit der Wirklichkeit nie einen Streit vom Zaun.* Selbst damals, so jung und naiv, wie ich war, erkannte ich, dass ich in der Situation auf zwei Arten reagieren konnte: entweder voller Wut und aufgebracht, weil ich den Anfang des Retreats verpassen würde, oder dem Geschehen gegenüber offen, voller Neugier auf das überraschungsreiche Abenteuer, das mich erwartete. Ich wusste, dass ich daraus etwas lernen

365

könnte, doch mir war nicht klar, was. Doch schon bald erwies sich meine Sorge, zu spät zu kommen, als völlig unbegründet: Als ich endlich ankam, stellte ich fest, dass der Lehrer, mit dem ich in Bodhgaya zu sitzen gedachte – der wunderbare S. N. Goenka –, im selben Zug wie ich gereist war!

In den vier Jahrzehnten seit meiner Zugfahrt ins Nirgendwo wurde ich immer und immer wieder daran erinnert, dass wir, wenn wir dem Leben mit dem Abenteuergeist und der Offenheit begegnen, die ich an dem Morgen in Delhi empfand, nirgendwohin gehen müssen. Es reicht aus, einfach nur *ja* zum Leben zu sagen.

Ja zum Leben zu sagen ist erfrischend und belebend.

Ja zum Leben zu sagen befreit unsere Kraft, gegenwärtig zu sein, was auch immer geschieht.

Ja zum Leben zu sagen, ist das Tor zu unerwarteten Abenteuern und Möglichkeiten – und die stehen uns immer zur Verfügung, ganz gleich, ob wir in unserem Wohnzimmer sitzen oder durch Indien reisen. Es kommt darauf an, wie wir mit den Erfahrungen, so wie sie sich entfalten, umgehen.

Sich für den jeweiligen Moment öffnen

Susan, eine Meditationsschülerin, schrieb mir Folgendes: »Wenn ich mich abgetrennt, einsam oder beklommen fühle, bemühe ich mich, jedem Detail meines Erlebens meine volle Aufmerksamkeit zu schenken. Ich weiß, wie beruhigend Aufmerksamkeit sein kann, weiß, dass sie – vorzügliche, außergewöhnliche Aufmerksamkeit – ein Weg ist, sich zu verlieben. Ich kann mich in die Feinheiten eines Ahornsamens verlieben, in die Kämpfe der Eichelhäher und Eichhörnchen und sogar in die Spannung in meinem Herzen und meiner Kehle, die ich empfinde, wenn ich an die Ungewissheit der kommenden Monate denke. Es ist eine Liebe, zu der ich mich bewusst entscheide und die jeden Augenblick verwandelt – von einem, durch den ich eile oder in dem ich voller Ungeduld bin, hin zu einem, in dem ich diese Liebe empfinde.«

Je mehr wir uns für die jeweilige Situation öffnen – sowohl für unsere innere Erfahrung als auch für die Beziehungen zu anderen und der Welt um uns –, desto mehr schaffen wir die Bedingungen, in denen Glück erblühen kann. Und so erkennen wir, dass alles, was wir brauchen, um glücklich zu sein, bereits da ist, wenn wir ja zum Leben sagen.

Ja zum Leben zu sagen bedeutet nicht, immer alles mögen zu müssen. In Wirklichkeit können wir, wenn wir wachsam sind, sogar aus den Momenten, in denen wir nein zum Leben sagen, lernen und so wachsen und glücklicher werden. In einem Herbst war ich in Santa Fe bei einem Retreat mit dem tibetischen Lehrer Tsoknyi Rinpoche. Eines regnerischen Nachmittags fuhr ich auf den Parkplatz meines Hotels und bemerkte, wie die Leute den Himmel fotografierten. Ich schaute nach oben und sah einen unglaublich schönen Regenbogen. Ich sprang aus meinem Wagen, um wie die anderen den Augenblick zu dokumentieren, doch bis mein altes und langsames iPhone so weit war, war der Regenbogen schon wieder verschwunden. Stattdessen zeigten sich strahlende rosa Wolken am Himmel, die ebenfalls recht außergewöhnlich aussahen. Statt die Schönheit des Regenbogens und der Wolkenbilder danach zu genießen, ärgerte ich mich darüber, dass ich versäumt hatte, ein neues iPhone zu kaufen. Gleich anschließend verließen zwei Frauen das Hotel und liefen an mir vorbei. Ich hörte, wie die eine zur anderen sagte: »Wow! Schau dir die unglaublichen Wolken an.« Das erinnerte mich daran, dass auch ich ja zum Leben sagen konnte, und tat es. Ich konnte über meine Angewohnheit lachen, mich von der Schönheit des Lebens abzuschneiden, indem ich an alten Mustern, Geschichten, Bewertungen und der immer gleichen alten Kritik festhielt. Als ich mir so zulachte, ließ ich los. Ich kam zurück in den Augenblick und gestattete es meinem Nein, zu einem Ja zu werden.

Wenn wir uns für *diesen* Augenblick öffnen und ihn weder bewerten noch versuchen, etwas zu ändern, tauchen wir in die Weite des Geistes ein, selbst wenn wir leiden und die Dinge gerne anders hätten. So können wir mit Geschick, Unterscheidungsvermögen und Freude vorankommen. Mit anderen Worten: Wir beziehen bewusst alle Aspekte unserer Erfahrung mit ein. Es gibt keine unerwünschten Gedanken, Emotionen oder Körperwahrnehmungen, die wir hinter uns lassen müssten. Dies ist Ganzheit.

Neugier und Staunen

So wie wir zuvor bereits Wege betrachtet haben, wie wir diese Qualitäten in persönlichen Beziehungen wiederentdecken können, sie uns transformieren und diese nichts mit Kitsch oder Klischees zu tun haben, helfen sie uns, Neugier und Staunen auch in unserer Beziehung zum Leben selbst wiederzuerlangen.

Staunen bittet uns nicht um Erlaubnis, bevor es uns begeistert. Es klatscht uns einfach etwas Größeres ins Gesicht, ohne sich die Mühe zu machen, uns davon zu überzeugen, dass unsere Langeweile öde ist. Ein einziger flüchtiger Blick, ein bezaubernder Klang, eine Geste, die von Herzen kommt, all das kann uns zum Staunen bringen. Denken Sie daran, wie wir uns im täglichen Leben auf unseren Wegen mit dem besagten Tunnelblick immer wieder entlangschleppen, vor und zurück, bis wir vielleicht schließlich an einem Fliederbusch in voller Blüte vorbeikommen. Als Erstes erfasst sein Duft unsere Sinne, und dann nimmt uns die Schönheit seiner Blüten gefangen. Wenn wir uns dann kurz die Zeit nehmen, dies zu genießen, kann es uns an den Zauber des Lebens als solches erinnern. Auf ganz ähnliche Weise kann Staunen die belebende Frische des Neuen in unsere alltäglichen Beziehungen bringen, die sonst Gefahr laufen, fade und langweilig zu werden.

Neugier ist der Ort, an dem das Staunen geboren wird, und sie beginnt mit dem Schärfen unserer Sinne. Auch wenn wir durchaus wissen, dass das Leben viele Mysterien für uns bereithält, nehmen wir sie doch erst dann wahr, wenn wir wirklich auf sie achten – zum Beispiel die innere Größe und die Besonderheiten, die jeden Mensch anders und jede Begegnung so frisch und lebendig machen. Wenn wir unsere Sinne schärfen und der Welt um uns mehr Aufmerksamkeit schenken, stellen wir unter Umständen fest, dass Menschen, deren Verhalten wir zu kennen glaubten, in Wirklichkeit weit differenzierter sind, als wir dachten. Bei anderen wiederum sehen wir, wenn wir ihnen mit offenem Herzen begegnen, dass sie weit unkomplizierter sind, als wir zuvor glaubten. Neugier bringt uns das Unerwartete. Es ist eine Arznei für Zeiten, in denen wir in unserem alten Trott gefangen und nicht in der Lage sind, irgendetwas Neues aufzunehmen; es sind oft Zeiten, in denen wir nicht Gefahr laufen wollen, aus dem eintönigen, aber bequemen Lauf unseres Alltags auszusteigen, und wir in einem Gemütszustand gefangen sind, in dem wir befürchten, Neugier koste zu viel Energie: *Warum willst du zu*

allem Überfluss auch noch meine Wirklichkeit in Frage stellen?
Ich habe wahrlich keine Zeit für Staunen und Wunder.

Statt an solch fixen Ideen darüber, wie die Dinge sind oder wie sie sein sollten, festzuhalten, können wir uns darin üben, diese Überzeugungen nicht so ernst zu nehmen und jeden Tag mit der Bereitschaft zu beginnen, das Leben neu zu erkunden. Wir haben es dann nicht nötig, von der Welt zu erwarten, dass sie uns ständig bestätigt. Stattdessen können wir ihr zurufen: »Überrasche mich!« Wir können uns für die Vorstellung begeistern, unsere Augen und Herzen für Neues zu öffnen. Wenn wir mit dieser Offenheit Staunen kultivieren, bedeutet das nicht, leichtgläubig oder sentimental zu werden. Verharren wir jedoch in einer leicht zynischen Haltung – in der wir uns nicht beeindrucken lassen, weil wir fürchten, naiv zu wirken –, werden wir allerdings das Leben aus einer gewissen Distanz erfahren. Wenn wir unser Herz stattdessen für die wahre Liebe öffnen, erlauben wir uns, die Wunder des Lebens zu spüren. Und dies ist, so bestätigt es auch die Wissenschaft, für unsere Verbindung untereinander und zur Welt entscheidend.

Das Spektrum des Staunens reicht von der freudvollen Inspiration, die uns auch recht kleine Dinge bringen können, bis hin zu Luftsprüngen über das Himmlische und Erhabene. Am einen Ende der Skala ist das »Oh!« – die Reaktion, die wir haben, wenn uns etwas an die Kämpfe, die wir mit allen teilen, erinnert und daran, wie wir sie uns alle zutiefst zu Herzen nehmen und uns bemühen, das Beste zu geben. Dieses »Oh« entfährt uns oft, fast unmerklich; es drückt die spontane Verbindung aus, die wir im Herzen verspüren, wenn wir ein Kind sehen, das von seiner strahlenden Großmutter an den kleinen Händen gehalten seine ersten stolzen Schritte tut. Das kleine Kind ist voller

Freude dabei, mit seinem kleinen Körper neue Erfahrungen zu machen, begeistert, immer mehr dazuzulernen. Die Oma ihrerseits ist glücklich, ein weiteres Kind auf den Weg in die Fülle des Lebens zu führen. Ohhhh! Wir sehen einen jungen Hund nach einem Stock laufen, wir bekommen einen unerwarteten Anruf von einem Freund, der daran gedacht hat, dass heute der Todestag unserer Mutter ist, wir sehen zu, wie ein Teenager, der aussieht, als sei er einem furchteinflößenden Endzeitfilm entsprungen, in der U-Bahn von seinem Sitz aufspringt, um einem älteren Mann seinen Platz zu überlassen. Dieses »Oh« drückt unsere Überraschung über die einfachen Dinge und wundersamen Augenblicke aus, die sich ohne Unterlass zwischen den Menschen ereignen.

Und am anderen Ende des Spektrums ist das Staunen, das von den kleinen Dingen des Lebens ausgelöst wird, die kleinen persönlichen Triumphe. Mit ihnen bekommen wir einen Vorgeschmack auf die Grenzenlosigkeit der Welt mit all ihren Möglichkeiten und ihrer Weite. Wir sehen, dass wir unseren Mosaikstein zu ihrer Entwicklung beitragen können. Dieses Staunen ist ganz im Einklang mit unserer Verbindung mit dem Großen und Unbegrenzten. In unserer Erfahrung von wahrer Liebe zu uns selbst, zueinander und zur Welt spüren wir das ganze Spektrum des Staunens, vom alltäglichen bis hin zum grenzenlosen, wir spüren es genauso im Kontakt mit denen, die gerade in unserer Nähe sind, und auch in der Verbindung zu allem Leben.

Die beiden Psychologieprofessoren Paul Piff und Dacher Keltner untersuchten die Bedeutung des Staunens in einem Experiment. Sie bezeichnen Staunen als eine Qualität, die uns »mit einer Weite verbindet, die unser Verständnis der Welt transzendiert ... [und] unsere Aufmerksamkeit von unserem engen Eigeninteresse löst«. Sie versammelten die Teilnehmer des Experiments in einem Eukalyptushain am Rande des Campus der University of California in Berkeley. Piff und Keltner wollten demonstrieren, dass die Erfahrung des Staunens unsere Zusammenarbeit, Akzeptanz und die Bindungen untereinander stärkt.

Sie ließen den Teilnehmern die Wahl, entweder an den großartigen, etwa sechzig Meter hohen Bäumen hochzuschauen oder stattdessen die Betonfassade des Wissenschaftsgebäudes direkt gegenüber dem Wäldchen zu betrachten. Während die Teilnehmer über das Objekt ihrer Wahl kontemplierten, initiierten die Professoren ein Missgeschick: Sie ließen jemanden den Weg entlanggehen, der vorgab zu stolpern. Dabei verlor er einige Stifte. Diejenigen, die eine Minute – nur eine einzige Minute – an den Bäumen hochgeblickt hatten, waren spontan hilfsbereiter und halfen dieser Person, mehr Stifte aufzuheben, als diejenigen, die das Betongebäude betrachtet hatten. Die eintönige Architektur des Gebäudes aktivierte das rationale Bewusstsein, schlossen die Forscher, nicht aber das Herz. Wenn Herz und Verstand durch die Betrachtung der Bäume geöffnet wurden, stärkte dieses Staunen die Bereitschaft der Probanden, einem Fremden mit weniger Eigeninteresse und mehr Hilfsbereitschaft zu begegnen.[43]

Ich erinnere mich noch, wie ich auf meiner ersten Reise nach Indien in Istanbul die Ufer des Bosporus erreichte. Während ich auf die Fähre wartete, schaute ich voller Begeisterung über die schmale Meerenge, die die beiden Kontinente verbindet, und sah auf der einen Seite Europa und auf der anderen Asien, mit all seinen Mysterien und Möglichkeiten, die es barg. In diesem Moment hatte ich ein Gefühl, das dem glich, das die Menschen in der eben erwähnten Studie hatten, als sie die hohen Bäume betrachteten: Ich fühlte mich mit der immensen Weite der Welt verbunden, der Grenzenlosigkeit meiner Träume und der Neugier, was als Nächstes kommen mochte.

Eine Freundin, die in Berkeley studiert hat, möchte mir gern den Eukalyptushain zeigen, denn sie spürte dort das Gleiche wie das, was ich ihr über meine Erlebnisse am Bosporus erzählte. Manchmal, so erzählte sie mir, suchte sie zwischen den Seminaren in diesem Wäldchen Zuflucht und atmete tief den Mentholduft der Bäume ein. Dort unter den Bäumen ist es kühler als auf dem übrigen Campus, und morgens steht hier der Nebel und verzaubert den Wald. Zwei Arme des Strawberry Creek, eines Flusses, der durch Berkeley fließt, umgeben den Hain. Während sie den Duft der Bäume einatmete und dem Rauschen des Wassers lauschte, das über die Steine im Flussbett plätschert, erfüllte sie die Empfindung, ihr Körper sei nichts als eine Ansammlung von Atomen unter anderen Atomen, gestützt von der Welt, und gleichzeitig ein vitaler und integraler Bestandteil des Geflechts des Lebens. Sie empfand Demut und spürte gleichzeitig die Verbindung zur unendlichen Vielfalt des Lebens. Während Freude ihren Körper durchfloss, nahm sie als dies in sich auf und merkte, wie das Geplapper in ihrem Geist abklang. Sie fühlte sich weit entspannter und für die Menschen in ihrem Leben emotional erreichbarer. Meine Freundin erlebte, was Forscher als die Auswirkungen des Staunens beschreiben, nämlich, dass die Menschen erfüllt sind von Demut und einer anderen Wahrnehmung ihrer selbst, bei der sie Teil von etwas Größerem sind.

Im Fall meiner Freundin suchte sie die Erfahrung bewusst, als Hilfe, um die Verbindung zu sich selbst und dem Universum zu stärken und wieder Energie zu tanken für die, die sie liebte. Wir können unseren Geist darin üben, wie der ihre zu werden: Sich für die Dinge des alltäglichen Lebens zu begeistern stärkt auch uns und hilft uns, uns selbst und jene, die wir lieben, ganz zu sehen. Mir gefällt, was die Schauspielerin Rashida Jones von ihren Eltern, dem Musikproduzenten Quincy Jones und der Schauspielerin Peggy Lipton, erzählt, denn es lässt vermuten, dass auch sie staunen können: »Meine Eltern sind wirklich in jeder Hinsicht einfach die Allercoolsten«, sagte Rashida in einem Interview, »und das liegt daran, dass sie jeden einzelnen Augenblick ihres Lebens würdigen.«[44]

Aus unserem Nein ein Ja machen

Wenn wir größere Achtsamkeit kultivieren, sehen wir deutlicher, was sich direkt vor uns auftut, wir würdigen es, und unsere Erfahrungen werden nicht mehr von Urteilen oder Erwartungen getrübt. Und je mehr wir das Leben um uns herum wertschätzen, desto mehr mögen wir uns auch selbst. Es ist eine kraftvolle Gleichung.

Erst als Donna ihre neue Wohnung bezogen hatte, bemerkte sie das Postamt auf der anderen Seite der Straße. Sie hatte sich auf der Suche nach Ruhe und Frieden in der kleinen Stadt angesiedelt, aber das Postamt und sein dazugehöriger Parkplatz waren überaus geschäftig. Donna ärgerte sich über sich selbst, da sie dies nicht vor der Unterzeichnung des Mietvertrags bemerkt hatte. Doch sie wollte nicht wieder umziehen, und so entschied sie sich, sowohl auf ihre inneren Widerstände als auch auf die Umtriebigkeit draußen vor ihrem Fenster bewusst zu achten.

An einem der ersten Morgen stieg eine Familie aus einem großen Kombi aus. Die Mutter rief: »Okay, jeder zeigt mir sein Passfoto!« Die Familie war eindeutig im Begriff, sich auf ein Abenteuer einzulassen, und die Vorfreude übertrug sich auch auf Donna.

Bald schon bemerkte sie den älteren Mann, der einmal die Woche kam, um seine Post abzuholen. Gebückt stützte er sich auf seinen Stock und überquerte langsam den Parkplatz. Donnas erste Reaktion war ihre Sorge, dass auch sie mit zunehmendem Alter ihre Mobilität verlöre. Aber als der Mann zum Wagen zurückkam, sah sie, wie er sich bückte und schmerzerfüllt Abfall aufhob. Donna stellte sich vor, dass er, solange er konnte, helfen wollte, die Welt zu einem besseren Ort zu machen. Die Aussicht auf ihre eigene Zukunft hellte sich auf.

An einem anderen Tag konnte sie mit ansehen, wie ein alter Toyota mit quietschenden Bremsen auf dem Parkplatz einparkte. Eine Mutter stieg aus und mühte sich, ihr Handy zwischen Schulter und Ohr eingeklemmt, ihr schlafendes Kleinkind aus dem Kindersitz zu nehmen. In ihrer Eile stieß sie den Kopf des Kleinen gegen das Auto, und er wachte heulend auf. Sie steckte das Handy weg, hielt ihren Sohn an die Brust, küsste ihn und murmelte Worte des Trostes, bis er sich beruhigte.

Donna erlebte diese flüchtigen, alltäglichen Situationen als sehr aufbauend. Auch wenn die Menschen, die sie beobachtet hatte, sich später selbst vielleicht nicht mehr an die Vorfälle erinnerten, deren Zeugin sie geworden war, tat sie es sehr bewusst, und dies nährte ihr Glück, half ihr, sich an Reisen zu erinnern, die sie früher unternommen hatte, und an die freudvollen, aber dennoch anstrengenden und stressigen Jahre, als sie ihre Kinder großzog. Sie musste an ihr eigenes allmähliches Altern denken. Während sie all die Leute beobachtete, die unten vorbeikamen, wurde Donna bewusst, wie sehr sie sich tagtäglich abmühen, um glücklich zu sein. Und das Beste an all dem: Sie verstand, dass, wenn sie ihr mitfühlendes Gewahrsein auf andere ausweiten konnte, sie dadurch in der Lage war, es sich auch selbst zu schenken.

Für manche sind die Hürden, die ihnen alltäglich auferlegt werden, enorm, vielleicht sogar so groß, dass sie das Leben, von dem sie träumen und auf das sie hingearbeitet haben, bedrohen. Die Inderin Sudha Chandran, die bereits in früher Kindheit mit ihrer Ausbildung zur Tänzerin begonnen hatte, wurde mit sechzehn Jahren bei einen Autounfall schwer verletzt. Man amputierte ihren rechten Fuß, und es dauerte drei Jahre, bis sie sich von dem Unfall erholt hatte. Auf der Facebook-Seite eines Projekts namens *Humans of Bombay* (Menschen aus Bombay) teilte Chandran ihre Geschichte: »Ich erinnere mich daran, dass Leute zu Besuch kamen und Dinge sagten wie: ›Es ist so traurig, dass du deinen Traum nicht mehr leben kannst‹, oder: ›Wir wünschten, du könntest wieder tanzen‹. Ich beschloss, es wieder zu lernen, denn das war schließlich, was ich mein ganzes bisheriges Leben getan hatte«, erinnert sie sich in einem Blogeintrag. »Es war ein langsamer und schmerzhafter Prozess, aber bei jedem Schritt, den ich dazulernte, wusste ich, dass es genau das war, was ich wollte.«[45]

Am Tag ihres ersten Auftritts nach dem Unfall titelte die Tageszeitung: »Verliert einen Fuß, aber macht einen riesigen Schritt vorwärts.« Chandran hat seither nicht wieder aufgehört zu tanzen.

Auch wenn Chandran zweifelsohne Frustration, Enttäuschung, Grübelei und Reue erlebte, während sie sich ihrem Verhältnis zum Tanz neu annäherte, war sie offen und anpassungsfähig genug, zu sehen, was sie wieder lernen konnte. Letzten Endes ist vielleicht der größte Triumph nicht, dass sie wieder tanzt, sondern dass sie die Herzensgröße hatte, sich nicht von ihrem Schicksalsschlag entmutigen zu lassen. Daran muss ich immer denken, wenn ich über ihren Ausspruch »man braucht keine Füße zum Tanzen« kontempliere.

Unsere flüchtige Welt ist nichts als eine Feder im Wind

Zeit ist sowohl ein unerbittlicher Dieb, der die Geschenke des Lebens stiehlt, als auch ein heiliger Botschafter, der sie uns verleiht.

Theoretisch wissen wir, dass jeder Tag unser letzter sein kann. Doch wir wollen es nicht wahrhaben. Wenn wir uns allerdings für die Realität selbst unserer schlimmsten Verluste öffnen, finden wir Augenblicke unvorstellbaren Segens.

Rosemary, eine Innenarchitektin und langjährige Praktizierende des tibetischen Buddhismus, verlor ihren Mann Jonathan. Zehn Jahre nachdem man Krebs bei ihm diagnostiziert hatte, starb er vor einigen Jahren an der Krankheit. »Wir bekamen die Diagnose an unserem Hochzeitstag«, erinnert sich Rosemary. »Ich war am Boden zerstört, und mir war danach, heimzugehen und zu trauern. Doch Jonathan wollte davon nichts wissen. Er sagte: ›Rosemary, wir haben keine Ahnung, was passieren wird. Lass es uns nicht zulassen, dass der Krebs unser Leben bestimmt, lass uns einfach als diejenigen weitermachen, die wir sind.‹« Jonathan beschloss, trotz seiner Krankheit ein normales Leben zu führen, auch wenn dies heftige Dosen an Chemotherapie und eine schwierige Stammzellentransplantation umfasste. »Wir alle erleben andauernd Verluste«, sagte er Rosemary. »Der meine ist einfach nur auffälliger.«

Obwohl sie Zeit hatte, sich auf Jonathans Tod vorzubereiten, war sie, als er schließlich starb, vollkommen am Boden zerstört. »Wenn man zuvor einen liebevollen Austausch hatte«, sagt Rosemary, »ist meiner Meinung nach das Schlimmste am Witwendasein, dass man sich erst einmal so fühlt, als habe jemand den Stecker herausgezogen, so dass man Liebe weder geben noch empfangen kann. Mir war klar, dass es schwer sein würde, aber hätte nicht gedacht, dass es so wäre, als sei ich von einer Klippe gestürzt.«

Rosemary bekam in den Wochen nach dem Tod ihres Mannes Hilfe von ihrer Familie, ihren Freundinnen und Freunden sowie einer Selbsthilfegruppe für Witwen. Die Gruppe gab ihr ein Vertrauen, so berichtet sie, das es ihr ermöglichte, sich weit mehr zu öffnen, als wenn sie alleine geblieben wäre. Und ihre spirituelle Gemeinschaft, die Rosemary und Jonathan über die Jahre der Krankheit enorm unterstützt hatte, war ebenfalls eine sehr wichtige Hilfe im Verlauf der Trauerarbeit: »Menschen um mich zu haben, die Jonathan gekannt hatten, machte einen großen Unterschied«, sagt sie. »Wenn ich in ihrer Nähe war, empfand ich das als Brücke, die von dem, wie ich zuvor war, über das, wo ich damals stand, zu dem, wohin ich ging, reichte. Es war ein langer Weg, aber ich hatte nicht mehr den Eindruck, am Rande des Abgrunds zu stehen.«

An einem bestimmten Punkt, so Rosemary, musste sie aufhören, sich auf ihren Verlust zu konzentrieren. »Der Schmerz war so stark, dass ich das Gefühl hatte, dass er mich nach unten zog«, erklärt sie. »Auch wenn es wichtig ist, die Trauer zuzulassen, muss man ihr, so glaube ich, Grenzen setzen. Man kann sich nicht einfach in ihr verlieren. Manchmal muss man einen Spaziergang machen, eine Freundin anrufen oder einen Film anschauen. Und eines Tages wachst du auf und beschließt, nicht mehr in der Vergangenheit leben zu wollen. Jonathan hatte einen ausgeprägten Mut, das Leben so zu leben, wie es sich ihm zeigte, und das wollte ich würdigen, indem ich versuchte, es ihm gleichzutun – und damit auch das gemeinsame Leben, das wir geführt hatten.«

Heute, drei Jahre später, sagt Rosemary: »Es ist, als ginge jetzt die ganze Liebe, die ich meinem Mann geschenkt habe, zur ganzen Welt und als sei die ganze Welt mein Gatte.«

Als ich Rosemarys Geschichte hörte, musste ich an eine Begebenheit vor vielen Jahren denken, als ich zu meinem tibetischen Lehrer Nyoshul Khen Rinpoche[46] nach Taiwan flog. Ich liebte Khenpo, wie wir ihn alle nannten, zutiefst und war überglücklich, ihn wieder zu treffen. Doch als ich ihn sah, sorgte ich mich sehr, da er besonders gebrechlich und krank aussah. Er war nie wirklich bei guter Gesundheit gewesen, aber diesmal wirkte er sehr viel schwächer als sonst.

Nach dem Besuch kehrten wir in unsere in der Nähe gelegene Herberge zurück und beschlossen, Khenpo kurz darauf noch einmal zu besuchen. Am Tag unseres zweiten Besuchs traf sich unsere Gruppe vor unserem Hotel. Wir hatten Blumen und Geschenke mitgebracht und suchten Taxis, um zu Khenpo zu fahren. Ich war unglaublich traurig. Ich schien nichts anderes als *Oh nein, dies ist vielleicht das letzte Mal, dass ich ihn treffe* denken zu können. Die Aussicht war niederschmetternd, und ich war zutiefst aufgewühlt.

Rinpoche war in der Zwischenzeit an einen anderen Ort umgezogen, den die Taxifahrer nicht zu kennen schienen, denn sie verfuhren sich hoffnungslos in den Straßen Taiwans. Während wir so die Stadt ziellos durchquerten, änderte sich meine Einstellung hinsichtlich des Treffens mit

Rinpoche: Mir wurde klar, wie kostbar die Gelegenheit war, und ich dachte: *Ich würde alles dafür geben, ihn noch einmal zu sehen. Ihn nur noch ein einziges Mal zu sehen, wäre die beste Sache im ganzen Universum! Es wäre das größte Geschenk, das ich je bekommen könnte!*

Schließlich fanden die Taxis doch noch zur richtigen Adresse, und wir trafen Rinpoche. Ganz anders als befürchtet, lebte er noch viele Jahre und ich konnte ihn noch oft sehen. Doch diese Erfahrung lehrte mich eine kostbare Lektion, denn ich verstand, dass »noch ein einziges Mal« die beste Aussicht sein kann, die man haben kann – oder die schlimmste, je nach unserer Einstellung dazu.

Mit der Achtsamkeit lernen wir, präsenter zu sein. Wir werden uns zwar weiterhin manchmal gegen die Gegenwart wehren, an der Vergangenheit festhalten und versuchen, die Zukunft zu kontrollieren. Aber diese inneren Kämpfe werden doch allesamt dadurch stark abgeschwächt, dass man sich daran erinnert, einfach nur mit dem zu sein, was ist. Indem wir auf diese Weise reagieren, lassen wir uns in einen Bereich der tiefen und dankbaren Verbundenheit sinken – der Liebe zum Leben selbst. Vergessen Sie nie, dass das, was wir in einem Augenblick mit einem Freund, einem Ort, einem Tanz oder einem Gedicht empfinden, dieses »nur noch ein einziges Mal« *sein kann.* Wissen Sie es zu schätzen!

Liebe, Verlust, Trauer und Loslassen und dann wieder die Liebe und das Leben voll umarmen – all dies bildet den liebevollen, unvermeidlichen, aber natürlichen Rhythmus unseres Lebens. Wenn wir uns für diesen Rhythmus öffnen, finden wir in uns selbst die unerschütterliche Liebe, die wir gesucht haben. Und auch hierzu lernen wir *ja* zu sagen.

Wenn Liebe eine Qualität, eine angeborene und mir innewohnende Kraft ist, die darauf wartet, geweckt zu werden, impliziert dies dann nicht auch eine gewisse Verantwortung? Meine persönliche Verantwortung? Dies ist eine Frage, mit der ich ringe. Wie frei bin ich, zu wählen – mich mit Güte oder Grausamkeit zu behandeln, wenn ich einen Fehler begehe, dabei mein Herz mit Scham zu erfüllen oder das Getane mit Abstand zu betrachten? Die Leichtigkeit, mit der ich lache; die Art, wie ich mich um mich kümmere, mich selbst ermutige oder mich tröste, wenn mein Herz bricht – steht das alles in meiner Macht? Was, wenn ich einen Fremden treffe oder jemandem Dankbarkeit schulde, einen alten Freund treffe, der keiner mehr ist, wenn ich sehe, wie sich mein Herz dank der bewundernden Blicke eines anderen öffnet, oder spüre, wie ich verschwinde, da ich immer und immer wieder versuche zu gefallen – liegt meine Antwort wirklich in meiner Hand?

Was, wenn das Leben mir übel mitspielt, wenn ich wegen Ungerechtigkeit und Grausamkeit ins Schwanken gerate, wenn mein Körper nicht mehr mitspielt, mein Nachbar mich missachtet oder mein Land alle betrügt, die mir wichtig sind? »Mitgefühl ist eine Kraft und keine Schwäche« ist vielleicht mein Lieblingsspruch, doch was ist mit all den Zeiten, in denen es so unrealistisch erscheint, ihn umzusetzen, dass ich mich frage, ob ich nicht besser die Finger hinter dem Rücken kreuze, wenn ich ihn ausspreche? Liegt die Liebe, die der Öffnung folgt oder auch nicht folgt – für mich selbst, für einander oder für das Leben selbst –, auch in meiner Hand?

Ich glaube, es ist tatsächlich an mir. Es ist an jeder und jedem von uns. Und ich glaube, die Arbeit, diesen Wunsch wahr zu machen, ist das wirklich Erstaunlichste, für das wir unser Leben nutzen können.

Wesentliche Punkte aus den verschiedenen Teilen des Buches

Wesentliche Punkte aus Teil 1

- Die Fähigkeit zur Liebe lebt *in* uns.
- Wir können uns von den negativen Geschichten und dem schlechten Selbstbild, das wir uns einreden, befreien.
- Wenn wir die Begrenztheit unserer Urteile und Voreingenommenheit überprüfen, kann Selbstliebe entstehen.
- Wir verändern uns ohne Unterlass und besitzen ein unschätzbares Potenzial.
- Mit Perfektionismus nutzen wir unsere Aufmerksamkeit nicht auf produktive Weise. Selbsthass macht uns nicht »besser«.
- Akzeptanz erlaubt uns, zu erkennen, dass alles, was wir erleben, eine Gelegenheit bietet, zu lernen und zu wachsen.
- Liebende Güte für uns selbst hilft uns, unser unvollkommenes Selbst zu akzeptieren – und zu lieben.

Wesentliche Punkte aus Teil 2

- Sobald wir die Erwartungen, Annahmen und Gewohnheiten identifizieren, die wir bezüglich der Liebe zu anderen haben, können wir uns für die wahre Liebe öffnen.

- Ein gewisses Maß an Neugier beizubehalten ist eine wichtige Grundlage für die Liebe zu anderen. Selbst über diejenigen, die uns nahestehen, können wir noch viel lernen.

- In einer Beziehung zu einem anderen Menschen ist Fairness kein feststehendes Prinzip von richtig und falsch, sondern die gegenseitige Bereitschaft, die Situationen neu zu überdenken und gemeinsam eine neue Sichtweise anzunehmen.

- In engen Beziehungen gibt es immer auch einen Bereich, der uns trennt. Mit Achtsamkeit sind wir fähig, zu erkunden, welche Möglichkeiten uns dieser Raum bietet, statt ihm angstvoll zu begegnen.

- Loslassen ist eine Grundvoraussetzung der Liebe – es ist das Gegenteil des Festhaltens an Erwartungen, wie die Dinge sein *sollten*. Loslassen ermöglicht es uns, die anderen (und uns selbst!) so zu akzeptieren, wie sie (wir) sind.

- Wenn wir verstehen, dass kein anderer auszugleichen vermag, was uns fehlt, stärkt dies unsere Fähigkeit zu lieben und die Liebe anderer zu empfangen.

- Durch Achtsamkeit können wir einen Konflikt von einem neuen Standpunkt aus betrachten und so Emotionen wie Ärger zulassen, ohne uns darin zu verlieren.

- Mitfreude verringert die Konzentration auf die eigenen Sorgen. So können wir erkennen, dass es viel mehr Gelegenheiten gibt, Freude zu finden, als wir bislang glaubten.

- Verzeihen ist ein Weg zum Frieden und ein kraftvolles Element der Liebe zu uns und anderen.

Wesentliche Punkte aus Teil 3

- Mitgefühl ist kein Geschenk und kein Talent – es ist das natürliche Ergebnis davon, aufmerksam zu sein und die grenzenlosen Gelegenheiten zu erkennen, sich mit anderen zu verbinden.

- Wenn wir uns bemühen, in alltäglichen Situationen kleine Gesten der Güte zu zeigen, verringert das den Stress in unserem Leben und macht es für uns selbst und andere angenehmer.

- Liebende Güte auf andere auszuweiten (und sogar auf jene, die wir vielleicht nicht einmal kennen) macht uns nicht zu Schwächlingen, sondern stärkt uns und macht uns authentischer.

- Der erste Schritt, anderen mit Mitgefühl begegnen zu können, liegt in der Absicht, dies zu tun. Wir können Freude daran finden, immer mehr Menschen in unsere Güte einzubeziehen und unsere Selbstakzeptanz zu vergrößern.

- Wenn unsere Angstreaktion das Ruder übernimmt und wir uns von Menschen, die wir als fremd, anders oder bedrohlich wahrnehmen, isolieren, schränken wir damit die eigene Identität ein.

- Wenn wir über unsere Konditionierung hinausschauen, erkennen wir, dass viele Unterschiede, die wir zwischen den Menschen zu sehen glauben, von sozialen Konventionen herrühren.

- Selbst wenn wir keiner konkreten Gruppe angehören, teilen wir tagtäglich verschiedene, nur kurz bestehende Gemeinschaften – in einem Zugabteil, der Schlange an der Zulassungsstelle oder anderswo. In diesen gemeinsam erlebten Situationen können wir erkennen, wie sehr wir gegenseitig aufeinander angewiesen sind.

- Es bedarf unglaublichen Mutes und großer Offenheit, Gefühle wie Ärger in Liebe und Hoffnung zu wandeln.
- Wenn wir lernen, uns schwierigen Gefühlen wie Ärger nicht mehr zu widersetzen, können wir ihnen mit Gewahrsein begegnen; und dabei entdecken wir, dass diese Gefühle nicht von Dauer sind.
- Wir können dem Leben stets mit Abenteuergeist begegnen, ganz gleich, wo wir sind.

Anmerkungen

EINLEITUNG: *SUCHE NACH LIEBE*

1 Aus John O'Donohue: *Anam Cara – Das Buch der keltischen Weis-heit.* dtv, München 2014. (Die Übersetzung der Zitate stammt hier und im Folgenden von Gerd Bausch.)

TEIL 1

1 Linda Carroll in einem Interview mit der Autorin, Juli 2015.
2 James Baldwin: *They Can't Turn Back, The Price of the Ticket. Collected Nonfiction.* St. Martin's Press, New York 1985.
3 Sonja Lyubomirsky: *Glücklich sein – Warum Sie es in der Hand ha-ben, zufrieden zu leben.* Campus, München 2008.
4 Maya Angelou: *Letter to My Daughter.* Random House, New York 2008.
5 Kristin Neff: *The Chemicals of Care: How Self-Compassion Manifests in Our Bodies,* http://self-compassion.org/the-chemicals-of-care-how-self-compassion-manifests-in-our-bodies (Stand: März 2017).
6 Die *Insight Meditation Society* in Barre, Massachusetts, die Sharon Salzberg mitgegründet hat, ist heute eines der bekanntesten Medi-tationszentren der Vipassana-Tradition in den USA.
7 Das College in den USA entspricht dem Grundstudium europäi-scher Hochschulen.
8 Mark Wolynn: *Dieser Schmerz ist nicht meiner – Wie wir uns mit dem seelischen Erbe unserer Familie aussöhnen.* Kösel, München 2017.
9 L. H. Lumey u. a.: *Prenatal Famine and Adult Health,* in: Annual Review of Public Health Nr. 32, 2011.
Gunnar Kaati, Lars Olov Bygren, Marcus Pembrey und Michael Sjöström: *Transgenerational response to nutrition, early life circumstan-*

ces and longevity, in: European Journal of Human Genetics, 2007, No. 15, S. 784–790. Die Studie fand heraus, dass Kinder und Enkel von Menschen, die in der langsamen Wachstumsphase vor der Pubertät eine Hungersnot erlebten, z. B. weniger zu Diabetes neigen.

10 Rachel Yehuda u. a.: *Holocaust Exposure Induced Intergenerational Effects on* FKBP5 *Methylation,* in: Biological Psychiatry, 1. September 2016, Volume 80, Issue 5, S. 372–380.

11 Nancy Napier im Interview mit der Autorin, November 2016.

12 Daten aus dem Jahr 2004 der i-SAFE Foundation survey, https://www.isafe.org/outreach/media/media_cyber_bullying (Stand: März 2017). In Deutschland lag das Durchschnittsalter im Jahr 2014 sogar bei 9,3 Jahren.

13 Frank Bruni: *Our Weddings, Our Worth,* in: New York Times, 26. Juni 2015.

14 Paul Raushenbush: *Debating My Gay Marriage? Don't Do Me Any Favors,* in: Huffington Post, 20. Oktober 2014, www.huffington-post.com/paul-raushenbush/dont-do-me-any-favors_b_6014926.html (Stand: März 2017).

15 Die Position in der Endentspannung wird im Yoga *Shavasana* oder »Totenstellung« genannt.

16 Daphne Zuniga im Interview mit der Autorin, August 2015.

17 Jordi Quodbach u. a.: *Emodiversity and the Emotional Ecosystem,* in: Journal of Experimental Psychology 143, Nr. 6, 2014.

18 Barbara Graham in einem Interview mit der Autorin, März 2016.

19 George Mumford: *The Mindful Athlete – Secrets to Pure Performance.* Parallax Press, Berkeley 2015.

20 Mark Coleman im Interview mit der Autorin, Oktober 2016.

21 Es stammt wahrscheinlich vom protogermanischen Wort *skem* oder *kem* ab, das »bedecken« bedeutet (Douglas Harper: Online Etymology Dictionary).

22 Tinder nutzt die Facebook-Seiten der Mitglieder, um je nach deren Interessen Bekanntschaften vorzuschlagen, und da sind sexuelle Interessen nicht ausgeschlossen.

23 Eine *opferlose Straftat* ist ein »Vergehen«, das niemandem schadet, aber beispielsweise gegen die Moralvorstellungen eines Landes verstößt.

24 Barbara Fredrickson: *Die Macht der Gefühle – Ein neuer Blick auf das größte Gefühl.* Campus, Frankfurt a. M. 2014.

TEIL 2

1 Linda Carroll im Interview mit der Autorin, Juli 2015.

2 Zadie Smith: *Zähne zeigen.* Droemer, München 2000.

3 Atul Gawande: *Hellhole,* in: New Yorker, 30. März 2009, http://www.newyorker.com/magazine/2009/03/30/hellhole (Stand: März 2017).

4 Zur Bindungstheorie siehe: John Bowlby: *Mütterliche Zuwendung und geistige Gesundheit.* Ernst Reinhardt Verlag, München 1973, S. 58.

5 Barbara Fredrickson: *Remaking Love,* TedX, 10. Januar 2014.

6 Barbara Fredrickson: *Die Macht der Gefühle – Ein neuer Blick auf das größte Gefühl.* Campus, Frankfurt a. M. 2014.

7 James Hollis: *The Eden Project – In Search of the Magical Other.* Inner City Books, Toronto 1998.

8 James Baldwin: *Hundert Jahre Freiheit ohne Gleichberechtigung oder The Fire Next Time.* Rowolt, Reinbek 1964.

9 Erich Fromm: *Die Kunst des Liebens.* Ullstein Verlag, Frankfurt a. M. 1956, S. 55.

10 Virginia Satir u. a.: *Das Satir-Modell.* Junfermann, Paderborn 1995.

11 Zitiert im Artikel von Emily Esfahani Smith »Masters of Love« in: *The Atlantic,* 12. Juni 2014.

12 Artikel in der *Huffington Post,* 15. November 2011. Von den beiden ist auf Deutsch das Buch erschienen: *Liebe macht stark – Von der Abhängigkeit zur engagierten Partnerschaft.* Mosaik, München 2004.

13 John und Julie Gottman: *And Baby Makes Three: The Six-Step Plan for Preserving Marital Intimacy and Rekindling Romance After Baby Arrives.* Harmony, New York 2007.

14 Mark Wolynn: *Dieser Schmerz ist nicht meiner – Wie wir uns mit dem seelischen Erbe unserer Familie aussöhnen.* Kösel, München 2017.

15 B. Janet Hibbs: *Try to See It My Way: Being Fair in Love and Marriage.* Avery, New York 2009.

16 Unter Sandwich-Generation versteht man die Altersgruppe, die sich noch um ihre Kinder und schon um ihre Eltern kümmern muss.

17 Deborah Luepnitz: *Schopenhauers Stachelschweine – Psychotherapiegeschichten über die Nähe und ihre Tücken.* Psychosozial-Verlag, Gießen 2007.

18 Thomas Merton: *Keiner ist eine Insel – Betrachtungen über die Liebe.* Patmos, Ostfildern 2015.

19 Alice Walker: *Good Night Willie Lee, I'll See You in the Morning.* Doubleday, New York 1979.

20 James Hollis: *The Eden Project – In Search of the Magical Other.* Inner City Books, Toronto 1998.

21 Christine Carter: *Raising Happiness,* in: Greater Good, 29. April 2014, http://greatergood.berkeley.edu/raising_happiness/ (Stand März 2017).

22 Im Original *rocket scientist,* eine liebevolle Bezeichnung für einen Menschen, den man genial findet.

23 George Taylor: *A Path for Couples – Ten Practices for Love and Joy.* Smuggling Donkeys Press, Fairfax 2016.

24 Shelly L. Gable, Gian C. Gonzaga, Amy Strachman: *Will You Be There for Me When Things Go Right? Supportive Responses to Positive Event Disclosures,* in: Journal of Personality and Social Psychology 2006, Vol. 91, Nr. 5, 904–917.

25 Aus Naomi Shihab Nye: *Honeybee – Poems and Short Prose.* HarperCollins Publishers, New York 2008.

26 Helen Whitney: *Forgiveness – A Time to Love and a Time to Hate.* (DVD) PBS 2011.

27 Frederick Buechner: *Telling the Truth – The Gospel as Comedy, Tragedy, and Fairy Tale.* Harper & Row, New York 1977.

28 Rainer Maria Rilke im Brief an Franz Xaver Kappus, Borgeby gård, Flädie, Schweden, am 12. August 1904.

TEIL 3

1 Jason Garner in einem Interview mit der Autorin, Juli 2016.

2 Jacqueline Novogratz: *The Blue Sweater – Bridging the Gap Between Rich and Poor in an Interconnected World,* Rodale, Emmaus, PA, 2010.

3 *Feeling Others' Pain: Transforming Empathy into Compassion,* Interview mit Tania Singer in: Cognitive Neurological Society, 24. Juni 2013, www.cogneurosociety.org/empathy_pain/ (Stand: März 2017).

4 Julianne Holt-Lunstad u. a.: *Social Relationships and Mortality Risk: A Meta-Analytic Review,* in: PLoS Medicine 7, 2010.

5 Der deutsche Ausdruck Mitgefühl ist missverständlich. In der buddhistischen Terminologie bezeichnet er (im Gegensatz zu Mitleid), für das Leid der anderen da zu sein, ohne sich von dem entsprechenden Leiden überwältigen zu lassen.

6 Kevin Berrill im Interview mit der Autorin, September 2015.

7 Daniel Goleman: *Rich People Just Care Less,* in: New York Times, 5. Oktober 2013.

8 Sonja Lyubomirsky: *Glücklich sein – Warum Sie es in der Hand haben, zufrieden zu leben.* Campus, München 2008.

9 Antoine de Saint-Exupéry: *Der kleine Prinz.* Karl Rauch Verlag, Düsseldorf 1956.

10 Rhonda Magee: *How Mindfulness Can Defeat Racial Bias,* in: Greater Good, 14. Mai, 2015, http://greatergood.berkeley.edu/article/item/how_mindfulness_can_defeat_racial_bias (Stand: März 2017).

11 Karin Evans: *Fear Less, Love More,* in: Mindful, 7. Januar 2016, www.mindful.org/fear-less-love-more (Stand: März 2017).

12 Thomas Pettigrew und Linda Tropp: *A Meta-Analytic Test of Intergroup Contact Theory*, in: Journal of Personality and Social Psychology 90, 2006.

13 Andrew Todd u. a.: *Does Seeing Faces of Young Black Boys Facilitate the Identification of Threatening Stimuli?*, in: Psychological Science Nr. 27, 2016.

14 Zitiert in Karin Evans: *Fear Less, Love More*, in: Mindful, 7. Januar 2016, www.mindful.org/fear-less-love-more (Stand: März 2017).

15 Ebenda.

16 Der Eintrag findet sich auf Facebook: www.facebook.com/amanalistatus/posts/10103715731256804?notif_t=like (Stand: März 2017).

17 Thich Nhat Hanh: *Einfach Lieben*. O. W. Barth, München 2016.

18 Heute bekannt als *Highlander Research and Education Center*.

19 Eine wichtige Aktivistin im Kampf gegen die Diskriminierung von Afroamerikanern.

20 Interview von Jon Stewart mit Malala Yousfazai, in: The Daily Show, 8. Oktober 2013, www.cc.com/video-clips/a335nz/the-daily-show-with-jon-stewart-malala-yousafzai (Stand: März 2017).

21 www.TheForgivenessProject.com.

22 Robi Damelin: *Palestinian and Israeli Bereaved Mothers Feel the Same Pain*, in: Haaretz, 24. Februar 2016, www.haaretz.com/opinion/.premium-1.703226 (Stand: März 2017).

23 Zitiert in Sharon Salzberg: *Three Simple Ways to Pay Attention*, in: Mindful, 4. März 2016, www.mindful.org/meditation-start-here/ (Stand: März 2017).

24 Barbara Fredrickson: *Die Macht der Gefühle – Ein neuer Blick auf das größte Gefühl*. Campus, Frankfurt a. M. 2014.

25 Robert Putnam: *Bowling Alone – The Collapse and Revival of American Community*. Touchstone Books, New York 2001.

26 Miller McPherson u. a.: *Social Isolation in America: Changes in Core Discussion Networks over Two Decades*, in: American Sociological Review 71, Nr. 3, 2006.

27 Diese Form der stufenweisen Lösung von Suchtverhalten wurde

von den Anonymen Alkoholikern entwickelt, wird inzwischen aber auch in anderen Bereichen angewandt.

28 *Turn Left* steht in den USA auf der Linksabbiegerspur.

29 Rebecca Solnit: *A Paradise Built in Hell – The Extraordinary Communities That Arise in Disaster.* Penguin, New York 2010.

30 Alix Kates Schulman: *Drinking the Rain – A Memoir.* Farrar, Straus and Giroux, New York 1995.

31 Samyutta Nikaya, 11:21: Die Vernichtung des Zornes.

32 Sharon Salzberg und Robert Thurman: *Umarme deinen Feind – Buddhistische Techniken zur Befreiung von inneren und äußeren Widersachern.* Lotos Verlag, München 2014, S. 40.

33 Mallika Dutt im Interview mit der Autorin, April 2016.

34 Zitiert nach Mark Engler: *Ai-jen Poo: Organizing Labor – With Love,* in: Yes! Magazine, 9. November 2011. www.yesmagazine. org/issues/the-yes-breakthrough-15/ai-jen-poo-organizing-labor-with-love (Stand: März 2017).

35 Zitiert nach: *An Incredible Container for Transformation: An Interview with Labor Organizer and Feminist Ai-jen Poo,* in: Believer, 9. Mai 2014, https://logger.believermag.com/post/2014/05/09/an-incredible-container-for-transformation?rq=container%20for%20transformation (Stand: März 2017).

36 Zitiert nach: Bryce Covert: *How the Rise of Women in Labor Could Save the Movement,* in: The Nation, 10. Januar 2014, www.thenation.com/article/how-rise-women-labor-could-save-movement (Stand: März 2017).

37 9to5.org, eine US-Frauenorganisation, die sich für gerechte Bezahlung und Gleichberechtigung der Frauen einsetzt.

38 In den USA gibt es verschiedene Gewerkschaften, die bisweilen die Interessen ihrer eigenen Mitglieder gegen die einer anderen ausspielen.

39 Zitiert nach: Laura Flanders: *Can ›Caring Across Generations‹ Change the World?,* in: The Nation, 11. April 2012, www.thenation.com/article/can-caring-across-generations-change-world (Stand: März 2017).

40 Atman Smith im Interview mit der Autorin, April 2016.

41 Andy Gonzalez im Interview mit der Autorin, April 2016.

42 Ali Smith im Interview mit der Autorin, April 2016.

43 Paul Piff, Dacher Keltner u.a.: *Awe, the Small Self, and Prosocial Behavior,* in: Journal of Personality and Social Psychology 2015, Vol. 108, Nr. 6.

44 Zitiert nach: Sean O'Neal: *Interview with Rashida Jones,* in: A.V.Club, 8. April 2009, www.avclub.com/article/rashida-jones-26240 (Stand: März 2017).

45 *Humans of Bombay* ist ein Projekt von Karishma Mehta, der die unbekannten Geschichten einiger Bewohner von Bombay erzählt, die er auch im gleichnamigen Buch veröffentlichte. Chandrans Facebook-Post vom 18. Januar 2016 findet sich auf: http://ow.ly/hjoe307axmx (Stand: März 2017).

46 Noshul Khen Rinpoche (1932–1999) war ein hochverwirklichter Meister der Nyingmapa-Tradition des tibetischen Buddhismus.

Danksagung

Großer Dank gilt meinem amerikanischen Verleger Bob Miller vom Verlag Flatiron, denn er ist ein mutiger Fürsprecher der Liebe, und auch an Carole Tonkinson von Bluebird, da sie so einfühlsam verstand, was ich sagen wollte, und an Joy Harris, denn sie ist die beste Agentin und eine so gute Freundin.

Wie bei allen Dingen in meinem Leben war ich bei der Arbeit an diesem Buch nicht allein: Viele Menschen haben großzügig mit ihren Geschichten, Gedichten, Zitaten und Bildern der Liebe dazu beigetragen; sie wurden so wirklich zu seinem Herzen und seiner Seele.

Danelle Morton half mir sehr, das Buch zu strukturieren, und auch dabei, die Geschichten der Leute zusammenzutragen und sie dann so zusammenzufügen, dass sie diese Struktur mit Leben erfüllten. Sie war die Erste, die aus mir herauskitzelte, was ich wirklich zu sagen hatte. Lise Funderburg beleuchtete den verschlungenen Pfad durch den Dschungel der Liebe, die wir miteinander teilen, so dass dieser klarer wurde, ganz gleich, ob es sich um die Liebe zu einem Elternteil, einem Kind, Liebhaber, Kollegen oder Haushund handelt!

Lily Cushman wurde kurz nachdem ich begonnen hatte, an dem Buch zu arbeiten, meine Assistentin. Sie brachte meine Arbeit auf ein ganz anderes Niveau in Bezug auf Präsentation, Kreativität und Aussagekraft.

Die ungeheuer talentierte Schriftstellerin Barbara Graham legte ihre eigene Arbeit beiseite, um mir zu helfen, als ich es am meisten brauchte. Durch ihr breitgefächertes Wissen über Forschungsergebnisse zu Themen wie Meditation, Trauma und Dankbarkeit, verbunden mit ihrem

Humor, ihrer Güte und ihrem fundamentalen Know-how des Schreibhandwerks, bekam ihre Mithilfe unschätzbaren Wert.

Charlotte Lieberman arbeitete mit mir lange an diesem Projekt, von den Anfängen eines beängstigend leeren Bildschirms hin zur Erkundung der Vision des Buches. Durch ihre einfühlsamen Interviews half sie die Geschichten der Befragten zu verstehen. Sie unterstützte mich dabei, während der verschiedenen Phasen des Projekts den redaktionellen Vorschlägen des Verlags nachzukommen, indem sie jede erdenkliche schreckliche Kleinarbeit erledigte, um die ich sie bat – wie etwa die Genehmigungen für den Abdruck von Zitaten einzuholen, was wirklich eine zermürbende Arbeit ist.

Ich wollte schon immer mit der Lektorin Toni Burbank zusammenarbeiten, und endlich kam es dazu. Sie ist eine Legende, und das verdientermaßen. Durch meine ständigen Reisen und meine Lehrverpflichtungen war es mit Sicherheit nicht leicht, mit mir zu arbeiten. Toni war immer großartig darin, darauf hinzuweisen, was getan werden musste, und diese Qualität spiegelt sich im gesamten Buch wider.

Von den vielen Freunden, mit denen ich in diesem Leben gesegnet bin – zu viele, um sie hier alle zu nennen –, möchte ich besonders Jason, Christi und Kevin Garner danken. Gerade während der intensivsten Phasen der Arbeit am Buch schienen sie einfach so da zu sein und kümmerten sich um mich, ganz gleich, ob es während der Arbeit am ersten Entwurf des Buches oder an der letzten Version war. Und als ich einmal feststeckte, ganz entmutigt war, das Gefühl hatte, nicht mehr als ein mittelmäßiges Buch hinzubekommen, und überlegte, ob ich nicht vielleicht besser aufgeben sollte, nahmen Jason und Kevin mich zu einer Aufführung von *Hamilton* mit. Als ich aus dem Musical kam, wusste ich, dass ich für dieses Buch alles geben musste, was in mir war. Daher auch ein Dankeschön an Lin-Manuel Miranda, dem Autor und Komponisten dieses genialen Stücks, das alles verändert hat.

Thich Nhat Hanh

DAS WUNDER
IM JETZT

Der große buddhistische Lehrer teilt in »Das Wunder im Jetzt« erstmals viele persönliche Erfahrungen seines Lebens. Er beschreibt seine eigene Suche, seine Zweifel auf dem Weg und seine tiefen Einsichten. Besonders beeindruckend ist, wie Meditation und Poesie ihm geholfen haben, das Erleben von Gewalt und Unterdrückung zu transformieren und sich in der Welt zu engagieren. Diese letzten von ihm selbst verfassten Texte wirken durch ihre brillante Klarheit und ermöglichen es, einen Raum der Zeitlosigkeit und tiefen Erkenntnis zu erfahren.

»Wo andere 300seitige Biographien schreiben, wählt Thich Nhat Hanh auch hier Bescheidenheit in Umfang und Aufbereitung, die umso wirkungsvoller seine Botschaft vermittelt. Ein Must-Have.«
Susanne Strobach